Eltern unter Druck

herausgegeben von
Christine Henry-Huthmacher
und Michael Borchard

W0236763

Tanja Merkle und Carsten Wippermann

Eltern unter Druck

Selbstverständnisse, Befindlichkeiten und Bedürfnisse von Eltern in verschiedenen Lebenswelten

Eine sozialwissenschaftliche Untersuchung von Sinus Sociovision GmbH im Auftrag der Konrad-Adenauer-Stiftung e.V.

Herausgegeben von Christine Henry-Huthmacher und Michael Borchard

 Lucius & Lucius · Stuttgart · 2008

Autoren und Herausgeber:
Dr. Michael Borchard, Leiter der Hauptabteilung Politik und Beratung
der Konrad-Adenauer-Stiftung
Christine Henry-Huthmacher, Koordinatorin für Frauen- und Familienpolitik
der Konrad-Adenauer-Stiftung
Tanja Merkle M.A., Sinus Sociovision
Dr. Carsten Wippermann, Sinus Sociovision

Bibliografische Information der Deutschen Nationalbibliothek

Die Deutsche Nationalbibliothek verzeichnet diese Publikation in der
Deutschen Nationalbibliografie; detaillierte bibliografische Daten sind im Internet über
http://dnb.d-nb.de abrufbar

ISBN 978-3-8282-0424-9

© Lucius & Lucius Verlagsgesellschaft mbH Stuttgart 2008
Gerokstraße 51 · D-70184 Stuttgart
www.luciusverlag.com

Satz, Druck und Bindung: Druckhaus Thomas Müntzer, Bad Langensalza

Inhalt

Eltern unter Druck
Zusammenfassung der wichtigsten Ergebnisse der Studie

Christine Henry-Huthmacher

Warum eine Studie über Eltern wichtig ist?

Die spektakulären Fälle von Kindesvernachlässigung in der letzten Zeit, aber auch die Diskussion um Schulabbrecher, Medienverwahrlosung, Fehlernährung und die zunehmenden Sprachdefizite bei Kindern und Jugendlichen haben die Frage nach dem Selbstverständnis von Eltern und ihrem Erziehungsverhalten aufgeworfen. Nicht selten fühlen sich Eltern vom Alltag mit Kindern, den Erziehungsaufgaben und den wachsenden Anforderungen an die Elternrolle überfordert. Den Eltern wird heute ein Maß an Verantwortung und Mitsprache für ihre Kinder zugewiesen, das es in früheren Elterngenerationen so nicht gab. Über die Lebenssituation von Eltern wissen wir jedoch wenig. Zwar prägen sie maßgeblich das Lebensumfeld und die Entwicklung ihrer Kinder, doch spielen sie in der familienpolitischen Diskussion nur eine marginale Rolle. Da das Hauptaugenmerk der Familienpolitik auf dem Kindeswohl liegt, geraten Eltern leicht aus dem Blickfeld.

Dabei ist es nicht minder notwendig, zu wissen, wie es den Eltern geht, da sie der Schlüssel aller Erziehungsprozesse sind. Doch Elternschaft ist auch in der familienwissenschaftlichen Forschung ein wenig beachtetes Themenfeld. Die Konrad-Adenauer-Stiftung hat deshalb die Lebenssituation der Eltern in den Mittelpunkt einer sozialwissenschaftlichen Untersuchung gestellt. Im Vordergrund stehen die Fragen: Wie geht es Eltern? Was brauchen Eltern? Auf der Grundlage der Sinus-Milieus® (entwickelt von Sinus Sociovision) geht die Eltern-Studie differenziert auf die unterschiedlichen Lebenssituationen von Eltern ein.

Modell Familie passt wenige u Gesellschaft

1. Einführung:
Elternschaft ist heute anders …

Elternschaft: option, wahl liegt bei Erw.

Elternschaft war noch bis vor 30 Jahren ein klares, unhinterfragtes Lebensmodell und fest im gesellschaftlichen Mainstream verankert. Waren Kinder ehemals noch selbstverständlicher Bestandteil einer Biografie von Frauen und Männern, so hat sich dies grundlegend gewandelt. Elternschaft ist heute eine Option unter anderen Lebens- und Partnerschaftsformen geworden. Enge Bindungen und langfristiger Zusammenhalt wie in der klassischen Familie passen zunehmend weniger in Wirtschaft und Gesellschaft, die von Kurzfristigkeit und Flexibilität geprägt sind. Die moderne Arbeitswelt fordert den möglichst uneingeschränkt mobilen und verfügbaren Menschen. Idealerweise sind dies Menschen ohne familiale Bindungen, die sich schnell an veränderte Lebens- und Arbeitsbedingungen anpassen können. Bereits in der Schule werden heute Flexibilität und Kreativität propagiert. Die gesamte und äußerst umfangreiche Ratgeberliteratur über Management und Selbstmanagement zielt darauf ab, uns zum Unternehmer unserer selbst zu machen. Dahinter steht die Vorstellung, dass wir uns in Eigeninitiative fit machen müssen für den Wettbewerb. Eltern mit Kindern können diesem ungebundenen Leitbild aber kaum genügen. Sie müssen die Erfahrung machen, dass ein Leben mit Kindern Abhängigkeiten und Verpflichtungen schafft, die ohne Konstanz und Verlässlichkeit nicht zu bewältigen sind und die Teilnahme am Wettbewerb erschweren. Elternschaft wird daher häufig als eine einschränkende Lebensbedingung erfahren.

- Veränderte Kindheit
  Die Anforderungen, die heute an Eltern gestellt werden, haben sich nicht zuletzt aufgrund der Veränderung von Kindheit selbst gewandelt. Die Ära der öffentlichen „Straßenkindheit" – wie man sie noch bis in die 1980er Jahre hinein kannte und die in der Freizeit primär draußen stattfand – ist der verhäuslichten Familienkindheit gewichen: Immer mehr Freizeit wird ins Innere, in den häuslichen Bereich verlagert. Vor dem Hintergrund geringer Geschwisterzahlen oder von Geschwisterlosigkeit sowie häufig mangelnder Spielkameraden im gleichen Wohnviertel zeigt dieser Wandel konkrete Auswirkungen auf die Eltern: Sie werden als „Familienmanager" mit der Aufgabe, eine Verinselung ihrer Kinder durch gezielte Freizeitgestaltung zu überbrücken, vermehrt zum Begleit-, Spiel-, aber auch Hausaufgabenpartner und investieren viel Zeit, Energie und finanzielle Mittel, um die eigenen Kinder mit anderen Kindern zusammenzubringen, zu fördern und einen abwechslungsreichen und anregenden Alltag zu gewährleisten.

Elternschaft hat sich in den letzten Jahrzehnten in vielerlei Hinsicht grundlegend verändert. Nicht zuletzt die veränderte Einstellung gegenüber Kindern, die Aufwertung der gesellschaftlichen Stellung des Kindes sowie der hohe Anspruch an eine „gelingende" Erziehung tragen dazu bei, dass Elternschaft als zunehmend schwieriger zu bewältigende Gestaltungsaufgabe wahrgenommen wird. Hieraus und aus der Tatsache, dass auf die Belange von Eltern wenig gesellschaftliche Rücksicht genommen wird, resultieren Probleme, die Eltern alleine nicht lösen können.

- Die große Bedeutung des Kindeswohls
  Im Zentrum der Elternschaft steht die Beziehung der Eltern zu ihrem Kind, die auf allgemeinen Regelungen und Pflichten gegenüber dem Kind basiert und zur bestmöglichen Gewährleistung des Kindeswohls beitragen soll. Die Sorge um das Kindeswohl ist als klare Aufgabe der Eltern definiert, die mit dieser Aufgabe jedoch weitgehend alleingelassen werden und sich damit zunehmend überfordert fühlen. Während die Ansprüche an eine gute und glückliche Kindheit und an eine gelingende Erziehung wachsen, fällt es Eltern immer schwerer, den an sie gestellten Erziehungsanforderungen zu entsprechen. Zum einen, weil sie beruflich zumeist stark eingespannt sind oder etwa aufgrund fehlender Beschäftigungsmöglichkeit kaum die notwendigen ökonomischen Ressourcen aufbringen können, zum anderen, weil die gesellschaftliche Neudefinition des Kindes als gleichberechtigtem Partner Elternschaft per se anspruchsvoller und voraussetzungsreicher gemacht hat.

Seit den 1980er Jahren ist eine nachhaltige Emanzipation des Kindes zu beobachten, welche das Kind hinsichtlich seiner Rechte den Eltern gleich-, aber von möglichen Pflichten weitestgehend freistellt. Im Rahmen dieser Emanzipation des Kindes lässt sich eine starke Pädagogisierung der Elternrolle mit deutlichen Auswirkungen auf die Eltern-Kind-Beziehung selbst konstatieren. Die aktuelle, partnerschaftlich-egalitäre Beziehung basiert auf veränderten Erziehungszielen und -stilen. Normativ hat ein offenes, am Leben der Kinder interessiertes Erziehungsverhalten, bei dem jedoch durchaus Regeln aufgestellt werden und gelten, alte Erziehungsziele wie Gehorsam, Anpassung und Pflichtbewusstsein abgelöst. In der Praxis zeigt sich jedoch, dass gerade diese Aushandlungsprozesse im Familienalltag Eltern immer mehr an die Grenzen ihres erzieherischen Handelns bringen. Zwischen den Extremen von verwöhnten Wunschkindern vs. sich selbst überlassenen, zum Teil vernachlässigten Kindern versuchen Eltern ihrer Elternrolle gerecht zu werden und das individuell richtige Maß für ihr Kind zu finden.

- Die Diskrepanz von Anspruch und Wirklichkeit in der Elternrolle
  Elternschaft bedeutet nach wie vor für Väter etwas anderes als für Mütter: Noch
  immer erbringen Mütter den überwiegenden Teil der Erziehungsleistungen. Dies
  ist oftmals mit einem (zumindest zeitweiligen) Verzicht auf eigene Berufstätigkeit
  verbunden. Mit dem Übergang zur Elternschaft findet in Deutschland eine nachhaltige Retraditionalisierung der Aufgabenteilung zwischen Frauen und Männern
  statt. Dieser Effekt lässt sich bereits beim ersten Kind beobachten und verstärkt
  sich bei weiteren Kindern.

  Eltern stellen heute hohe Anforderungen an ihre Mutter- und Vaterrolle; sie haben das Bedürfnis und Pflichtgefühl, in der Erziehung alles richtig machen zu
  wollen. Der persönliche Anspruch, diesen Vorstellungen auch in der Praxis zu
  genügen, setzt Eltern häufig unter großen Druck. Vor allem Väter befinden sich
  in einer unbestimmten Situation: Der Wandel des Rollenbilds vom Ernährer zum
  Erzieher kollidiert im Familienalltag mit den gestiegenen Ansprüchen im Berufsleben. Zwar sind die „neuen Väter" heute häufig stärker in die Familienarbeit
  eingebunden als vor Dekaden noch ihre eigenen Väter, doch wächst gleichzeitig
  der Anteil derjenigen Väter, die aufgrund gestiegener Scheidungshäufigkeit und
  größeren beruflichen Einsatzes nur sehr wenig Zeit mit ihren Kindern verbringen.

  Für Mütter, die zumeist die Hauptverantwortung für die Erziehung der Kinder
  tragen, stellt sich die Situation etwas anders dar. Sie stehen häufig in einem dauerhaften und ausgeprägten Spannungsfeld zwischen einerseits der Alltagswirk-
  lichkeit und dem Bestreben von Vereinbarkeit von Familie und Beruf und andererseits der kulturell stark verankerten Norm der „guten Mutter", welcher sie mit
  größter Anstrengung zu entsprechen versuchen. Auch wenn sich inzwischen ein
  Wandel dieser Norm dahingehend beobachten lässt, dass diese nicht mehr zwingend auf der Vorstellung beruht, die Zuwendung für das Kind müsse automatisch mit dem Verzicht auf eine eigene Berufstätigkeit einhergehen, so sind die
  Erwartungen an die mütterliche Zuwendungsbereitschaft keinesfalls geringer geworden.

- Verantwortete Elternschaft als Leitvorstellung
  Eltern sehen sich heute mit veränderten Rollenerwartungen, einem veränderten
  Partnerschaftsverständnis und Aufgaben konfrontiert, die an sie deutlich mehr
  Ansprüche und Erwartungen stellen als noch vor einigen Jahrzehnten. Die Norm
  der verantworteten Elternschaft, d. h. die Leitvorstellung, Kinder nur dann in die
  Welt zu setzen, wenn man sich „gut" um sie kümmern und ihnen eine ausrei-

chende materielle Grundlage bieten kann, ist eine neue, oftmals persönlich verinnerlichte Voraussetzung. Somit hat Elternschaft heute eine völlig andere Bedeutung als zu der Zeit, als man Kinder „sowieso" hatte. Seitdem Kinder nicht mehr selbstverständlich sind, müssen Staat und Gesellschaft sorgfältig klären, welche Unterstützungsleistungen sie Eltern gewähren. Hierbei geht es um die Zukunft der Gesellschaft und um die gerechte Bewertung von Leistungen und Belastungen in der Gegenwart. Daraus resultieren neue Gestaltungsaufgaben für Staat und Gesellschaft.

2.   Die Dringlichkeit der Studie

Einen wichtigen Befund lieferte die Studie, noch bevor die erhobenen Daten ausgewertet wurden. Dieser Befund sind die Eindrücke, die sich aus den Interviews selbst ergaben. So brachten die befragten Eltern eine große Dankbarkeit zum Ausdruck, dass sich jemand tatsächlich für sie in ihrer Rolle als Eltern in ihrem alltäglichen Leben interessierte und sich mit ihnen auseinandersetzte. Die Möglichkeit, ungefiltert die persönlichen Erfahrungen und Befindlichkeiten, insbesondere den als enorm erlebten Druck – der sich in Zeit-, Organisations-, Leistungs- und Erfolgsdruck äußerte – einer neutralen und wertschätzenden Person gegenüber zu schildern, wurde von ihnen als sehr positiv erlebt.

Im Rahmen der Interviews wurde schnell deutlich, dass Eltern in Deutschland kein Ventil haben, das es ihnen erlaubt, ihre Anliegen zu thematisieren. Insofern hatten die Interviews z.T. regelrechten Therapiecharakter, indem sie die Möglichkeit boten, aufgestaute Emotionen in einem geschützten Rahmen zum Ausdruck zu bringen.

Immer wieder wurde deutlich, dass Elternschaft subjektiv als zunehmend schwieriger zu bewältigende Gestaltungsaufgabe mit hohen Erwartungen erlebt wird, was in vielen Milieus zu massiver Verunsicherung der Eltern führt. Elternschaft wird als so komplex und anspruchsvoll wahrgenommen, dass Eltern in ihrer Eigenperspektive diesen hohen Ansprüchen kaum genügen können. Ihre eigene Erziehungsqualität betrachten sie voller Selbstzweifel, verunsichert und empfinden sie als mit großen Defiziten behaftet.

Die Gespräche wurden von den Eltern sehr positiv aufgenommen, da sie sich keiner wertenden oder moralisierenden Person gegenübersahen. Vielmehr erzeugte die Vorstellung, dass sich eine objektive Instanz mit dem Thema befasst und Eltern nicht mit einem bereits fertigen Programm konfrontiert werden, große Akzeptanz und ein gewisses „Aufatmen". Insofern wurde auch die Hoffnung geäußert, dass mit einer solchen Studie nicht neue Anforderungen an Elternschaft verbunden werden. Stattdessen wünschen sich Eltern Wertschätzung und Entlastung, um ihre Vorstellung von guter Elternschaft überhaupt umsetzen zu können. Dazu gehört auch die Veränderung von Strukturen und ein familienpolitisches Sprachrohr, das nicht moralisiert und den Eltern die Möglichkeit gibt, ihre Lebenssituation realitätsnah zu thematisieren.

- „Die Politiker müssten mal wirklich die Eltern an der Basis fragen, wo es brennt."

- „Politiker sollten sich umhören, was im wahren Leben wirklich passiert. Die meisten Politiker sind von den wahren Problemen viel zu weit weg."

- „Die Minister sollten mehr mit Familien am grünen Tisch sprechen – und nicht über sie."

- „Natürlich sind Kinder superwichtig, sie sind die Zukunft. Aber wenn man sich die Politik mal anschaut: Die reagieren erst, wenn das Kind schon in den Brunnen gefallen ist."

3. Die feinen Unterschiede der Eltern

In Abhängigkeit von der Lebenssituation der Eltern haben sich in Deutschland in den letzten Jahren vielfach parallele Kinderwelten ausgeformt. Die Entwicklungsmöglichkeiten der Kinder unterscheiden sich erheblich darin, ob sie beispielsweise im Schatten von Arbeitslosigkeit aufwachsen, keinen häuslichen Umgang mit Büchern, aber möglicherweise mit PC-Spielen haben, durch engagierte Eltern gefördert werden oder mit ungelösten Migrantenproblemen konfrontiert werden.

Die Erkenntnis, dass es in Deutschland einen engen Zusammenhang zwischen sozialer Herkunft, Migrationshintergrund und Schulerfolg gibt, scheint unumstritten. In Abhängigkeit von der Lebenswelt der Eltern mit ihren jeweils milieu- und kulturspezifischen Ausprägungen existiert gleichermaßen ein unterschiedliches Verständnis von Bildung und der Notwendigkeit von Bildung, aber auch von Erziehungszielen und -stilen. Zu beobachten ist, dass sich in den jeweiligen Milieus einander fremde Sinn- und Wertehorizonte entwickeln, die unter dem Druck verstärkter Anforderungen an Bildung, Erziehung und Beruf in einer Wissensgesellschaft weiter auseinanderklaffen. So beobachten wir in den letzten Jahren ein deutliches Auseinanderdriften der Milieus sowohl in räumlicher als auch in kultureller Hinsicht. Deutschland scheint auf dem Weg in eine neue Art von Klassengesellschaft zu sein, wobei die Trennungslinie eben nicht nur über Einkommen und Vermögen, sondern auch über kulturelle Dimensionen wie etwa Bildungskapital und Bildungsaspirationen, aber auch Werte und Alltagsästhetik verläuft. Ebenso erweisen sich Ernährung, Gesundheit, Kleidung und Medienumgang als Abgrenzungsfaktoren.

Der Zulauf zu privaten Schulen ebenso wie das Umzugsverhalten von Eltern der Bürgerlichen Mitte geben ein beredtes Zeugnis dieser Entwicklung: Spätestens bei den eigenen Kindern hört üblicherweise die Toleranz auf. So ziehen Eltern mit ihren Kindern aus Wohnvierteln weg, die keinen ausgeglichenen Anteil von Angehörigen ihres eigenen bürgerlichen Milieus haben, was zu einer erheblichen Entmischung von Stadtteilen führt. Da Eltern wissen, wie entscheidend der Einfluss des Umfeldes für die Entwicklung des Kindes in den ersten Jahren ist, ist ihre Vermeidungslogik höchst rational. Neu an dieser Entwicklung ist, dass nicht mehr nur Akademikerfamilien, sondern bereits die Eltern der breiten Mittelschicht sich massiver nach unten abgrenzen.

Die erste massive Trennungslinie sozialer Abgrenzung verläuft heute zwischen aktiven Eltern, die sich um ihre Kinder kümmern, sie bewusst erziehen und intensiv fördern, gegenüber Eltern, die die Entwicklung ihrer Kinder laufen lassen. Diese Eltern sind schnell mit ihren Kindern überfordert, stellen an sie eher niedrige Anforderungen und sind oft schon zufrieden, wenn sie nicht kriminell oder schwanger werden. Der Anteil dieser Eltern liegt bei etwas mehr als einem Fünftel. Diese Trennungslinie trennt die Ober- und Mittelschicht von den Milieus am unteren Rand der Gesellschaft.

In sozialpolitischer Hinsicht ist diese Entwicklung problematisch für die gesellschaftliche Solidarität. Gerade Eltern der Bürgerlichen Mitte sehen sich unter enormem Druck und solidarisieren sich gegen Milieus am unteren Rand der Gesellschaft. Kinder der Bürgerlichen Mitte haben heute kaum mehr Kontakt zu Kindern unterer Schichten. Sie sammeln somit keine gemeinsamen Erfahrungen, lernen nicht, wie man dort miteinander kommuniziert und welche Werte, Ziele und Sorgen dort bestehen. Vor diesem Hintergrund kann sich Empathie als Grundlage für Solidarität nur schwerlich entwickeln. Ein bemerkenswertes Ergebnis der Sinus-Studie ist jedoch auch die Abgrenzung der unteren Mittelschicht und der Milieus am unteren Rand der Gesellschaft gegenüber jenen, die noch tiefer stehen. TV-Sendungen wie beispielsweise „Die Super Nanny" sehen Eltern des Konsum-Materialistischen Milieus etwa nicht zuletzt deshalb gerne, um sich selbst zu beruhigen, dass es anderen Eltern noch schlechter geht.

Die zweite Trennungslinie verläuft soziokulturell und trennt die gehobenen Milieus voneinander. So kommt die Bürgerliche Mitte heute nicht nur zunehmend unter Druck, da sie versucht, sich bewusst nach unten abzugrenzen, sondern auch, da sie bestrebt ist, den Anschluss an die gehobenen Milieus zu halten. Eltern jener Milieus wahren jedoch bewusst die Distanz zu Eltern der Bürgerlichen Mitte, so dass sich kaum enge Freundschaften über die Milieus hinweg zu entwickeln scheinen. Man bleibt lieber unter sich.

Elternschaft erweist sich somit weniger als Schritt in Richtung einer Solidargemeinschaft, sondern vielmehr als Klärungsprozess, der allerdings die soziokulturelle Identifikation mit der je eigenen Lebenswelt und das damit verbundene weltanschauliche Selbstbewusstsein zu verstärken scheint.

4. Die Elternrollen: die Norm der „guten Mutter" und die Unbestimmtheit der Vaterrolle

Elternschaft bedeutet für Väter und Mütter etwas gänzlich anderes: Mütter erbringen weiterhin den Großteil der Erziehungs-, Betreuungs- und Pflegeleistungen. Zwar gaben in der Sinus-Studie 53 % der befragten Eltern an, dass beide Elternteile die Verantwortung für die Erziehung der Kinder tragen. Nach der tatsächlichen Erziehungsarbeit befragt, nannten jedoch 68 % der befragten Eltern, dass die Hauptarbeit ausschließlich bei der Mutter liegt.

Während der Lebenslauf von Vätern durch Elternschaft in vielerlei Hinsicht vergleichsweise wenig berührt wird, erfahren Frauen in den meisten Fällen eine einschneidende Veränderung ihrer Lebensumstände. Diese Umgestaltung ist oftmals verbunden mit einem Verzicht auf eine größere gesellschaftliche Teilhabe, vor allem hinsichtlich der Berufstätigkeit, die für das Kind unterbrochen oder aufgegeben wird. Das Spannungsverhältnis von Elternschaft und Berufstätigkeit wird daher besonders intensiv von Frauen wahrgenommen. Mit dem Übergang zur Elternschaft findet in Deutschland eine Retraditionalisierung der partnerschaftlichen Aufgabenteilung statt. Interessanterweise erfolgt das Muster der Retraditionalisierung der partnerschaftlichen Aufgabenteilung durch alle Milieus hinweg, jedoch mit durchaus unterschiedlicher Akzentuierung.

So ist die Situation von Vätern heute durch starke Ambivalenzen geprägt: Einerseits streben sie ein neues Rollenideal jenseits des männlichen Ernährermodells an und wünschen sich eine stärkere Einbindung in die Erziehung ihrer Kinder. Andererseits erleben sie tagtäglich, dass dieses Ideal mit den realen Arbeitsbedingungen – vor allem bei gut ausgebildeten Vätern – massiv konkurriert. So können die meisten Väter dem persönlichen Wunsch nach „aktiver Vaterschaft" allenfalls am Wochenende oder am Feierabend entsprechen. Dann gestalten sie ihre Rolle milieuspezifisch unterschiedlich akzentuiert aus. In den Milieus am unteren Rand der Gesellschaft stellt sich die Situation insofern oftmals anders dar, als der Anteil von Personen, die von Arbeitslosigkeit betroffen und/oder alleinerziehend sind, vergleichsweise hoch ist.

Gegenüber der Vaterrolle zeigt sich die Mutterrolle eindeutiger bestimmt. Insbesondere in den alten Bundesländern erweist sich die Norm der „guten Mutter" als weiterhin von ungebrochener Bedeutung und prägt das Verhalten junger Mütter. Im Kern basiert diese Norm auf der Prämisse, dass die kindliche Entwicklung am besten gelingt, wenn das Kind mit der ausschließlichen Zuwendung und Versorgung durch die Mutter aufwächst. Daraus leitet sich unmittelbar die Folgerung ab, dass jede andere Betreuungskonstellation eine weniger gute Lösung für das Kind darstellt.

Junge Mütter erleben diese kulturell verfestigten, unterschwelligen Muster als äußerst ambivalent. Sie setzen sich einerseits mit Normbildern aus zwei Epochen auseinander, die stilbildend waren. So sind die Normbilder der 1950er/1960er Jahre, die ihrer Großeltern, aber auch die ihrer Eltern aus den 1970er Jahren eine starke Referenz zur Orientierung, aber gleichzeitig auch zur Abgrenzung. Gerade dadurch ist das Bild der guten Mutter außerordentlich wirkmächtig. Die Bedeutung dieser Norm für das Fremdbild, aber auch für das Selbstbild junger Mütter ist nicht zu unterschätzen und prägt ihr Verhalten. Diese Normbilder wurden nicht in ihrer Kompaktheit in die Gegenwart transportiert, wohl aber wesentliche Elemente. So ist das normative Ausmaß an Verzicht und Aufopferung, das Mütter für ihre Kinder zu erbringen haben, heute zwar wesentlich geringer als vor 30 oder 40 Jahren, dennoch sind die Erwartungen an die mütterliche Zuwendungsbereitschaft und Versorgung der Kinder nicht wesentlich geringer geworden.

Eltern wissen andererseits, dass eine gute Mutter heute anders sein muss als vor 30 oder 50 Jahren. Das Lebensumfeld, das pädagogische Alltagswissen, veränderte Rollenbilder, Partnerschaft und die Berufstätigkeit vieler Frauen haben das Bild von Elternschaft massiv verändert. Für Mütter bedeutet dies den Konflikt zwischen dem

Mutterbild ihrer eigenen Großelterngeneration, dem Bild der modernen Frau, die auch jenseits der Kinder ein „Stück eigenes Leben" hat, und der Mutterrolle, die sie durch die Erwartungshaltung ihrer Kinder und der Umwelt erfahren. Diesen Rollenkonflikt gilt es für die Frauen individuell zu lösen und die Mutter- und Elternrolle dementsprechend zu gestalten.

Die eigentliche Norm der guten Mutter, die ihr Leben sehr stark auf das Leben ihrer Kinder ausrichtet, findet sich primär in zwei Milieus wieder: in der Bürgerlichen Mitte und im Postmateriellen Milieu, die zusammen knapp ein Drittel aller Mütter ausmachen. Die gut qualifizierten Mütter der Postmateriellen erleben dabei eine starke Rollendiskrepanz zwischen dem Anspruch und der Realität von partnerschaftlicher Aufgabenaufteilung bezüglich Familie und Beruf.

Aber auch die Mutter aus der Bürgerlichen Mitte befindet sich im Konflikt und sieht sich von verschiedenen, heterogenen Ansprüchen an eine gute Mutter umstellt. Sie hat im Rahmen des Selbstverständnisses „Kindererziehung als Lebensaufgabe und Berufung einer Mutter" internalisiert, dass sie mindestens sechs Monate nach der Geburt zu Hause bleiben sollte. Mütter, die frühzeitig arbeiten gehen oder gar Vollzeit arbeiten, gelten weitgehend immer noch als Rabenmütter. Dieses Selbstverständnis konkurriert jedoch mit dem Anspruch der modernen Frau, den auch Frauen der Bürgerlichen Mitte an sich stellen: Als moderne Frau ist man nicht mehr das „Heimchen am Herd", sondern nimmt nach einiger Zeit sein Erwerbsleben wieder auf.

Wie die Sinus-Studie verdeutlicht, kommt für Mütter der Bürgerlichen Mitte erschwerend das „Muss" hinzu, ein zweites Einkommen dazuzuverdienen, um dem Kind entsprechende Angebote von Sport über Musik bis hin zu mehr oder weniger exklusiver Freizeitgestaltung finanzieren zu können. Statt Blockflöte sollte es auch in der Bürgerlichen Mitte heute gerne die Violine, das Saxofon oder das Klavier sein.

Eltern der Bürgerlichen Mitte investieren viel Geld und Zeit, um den Anschluss nicht zu verlieren – eine Dynamik, die durch die Ergebnisse der PISA-Studien verstärkt wird. Bildung wird für die Bürgerliche Mitte zum Vehikel der Abgrenzung gegenüber den Milieus am unteren Rand der Gesellschaft. Dies führt zu einem weiteren Konflikt zwischen konkurrierenden Ansprüchen: Einerseits kann die Mutter der Bürgerlichen Mitte in ihrem Selbstverständnis von „Kindern als Lebensaufgabe" nicht berufstätig sein, da sie sich umfassend um die schulischen Belange ihrer Kinder kümmern muss. Denn von der Hausaufgabenbetreuung bis zum Mama-Taxi am Nachmittag ist sie in der Rolle der allzuständigen Förderin ihrer Kinder unerlässlich. Andererseits möchte sie mit den Vorgaben der gehobenen Milieus mithalten. Das hat zur Folge, dass sie aus finanziellen Gründen in den Beruf zurückkehren muss.

In den gehobenen Milieus stellt sich dies etwas anders dar. Die Bildungsaspirationen der Eltern dieser Milieus für ihre Kinder sind ebenfalls hoch. Allerdings stehen neben den Kindern weitere Lebensinhalte der Mütter im Vordergrund. In den bildungsfernen Milieus hingegen ist die Mutterrolle oftmals stark auf die Versorgerrolle reduziert und nicht in selten in Konflikt mit der Rolle als Partnerin und Ehefrau. Die sozialen Verbindlichkeiten, die Dauerhaftigkeit und Abhängigkeit, die in der Eltern-Kind-Beziehung zum Ausdruck kommen, haben häufig Auswirkungen auf die Paarbeziehung. Partnerschaft und Elternschaft geraten dann in eine Konkurrenzsituation.

5.   Der Bildungsdruck

Die Mehrzahl der Eltern hat wenig Vertrauen in das öffentliche Bildungssystem – so der eindeutige Befund der Sinus-Studie. Die Kritik der befragten Eltern reicht von der schlechten Ausstattung der Schulen, zu großen Schulklassen, Überforderung der als wenig engagiert und häufig als schlecht ausgebildet erlebten Fachkräfte bis hin zu starren Strukturen und wenig innovativen Konzepten.

Die Reaktion der Eltern gehobener Milieus bis in die Bürgerliche Mitte hinein besteht darin, die Förderung ihrer Kinder zu einem möglichst frühen Zeitpunkt selbst in die Hand zu nehmen. Dahinter verbirgt sich zumeist eine tiefe Verunsicherung, bei der Eltern die Zauberformel „Frühförderung" als Rettungsanker ansehen. Selbst bei Eltern allerkleinster Kinder im Kindergartenalter zeigt sich diese Verunsicherung. Selbst sie kaufen in der Sorge, dass ihre Kinder im öffentlichen Bildungssystem nicht angemessen und wettbewerbstauglich gefördert werden, bereits in vielfältiger Form Bildung ein. Der Druck, nur keine Chance auszulassen, da sie sonst ihrer heutigen Elternpflicht, das Kind optimal zu fördern, nicht gerecht werden, scheint allgegenwärtig. Gleichzeitig haben sie das Gefühl, dass es heute unabdingbar ist, einen Vorsprung vor den anderen zu haben.

Dieser Bildungsdruck setzt sich im Grundschulalter fort: Eltern unternehmen enorme Anstrengungen und investieren viel Geld in private Anbieter, damit ihr Kind gute Noten erhält. Privat organisierte Lerngruppen, die den Wechsel auf das Gymnasium ermöglichen sollen, sind heute keine Seltenheit. Mütter verzichten deshalb sogar mitunter auf eine eigene Erwerbstätigkeit. In einigen Bundesländern ist bereits ein neuer Markt mit unterstützenden Lernmaterialien für Grundschüler der dritten und vierten Klasse entstanden.

Der Bedeutungsanstieg der Schule stellt Eltern unter einen deutlich erhöhten Anforderungsdruck. Auch innerfamiliär kommt dem Bildungsabschluss mittlerweile ein überragender Stellenwert zu. In dem Maße, in dem der erreichte Schulabschluss zum Schlüsselbegriff für gesellschaftlichen Erfolg oder Misserfolg wird, avanciert das Ideal der bestmöglichen Entwicklung aller kindlichen Fähigkeiten zum allgemeinen Leitwert. Nahezu allen Eltern ist heute die Bedeutung von Bildung und Schule als der zentralen Zuweisungsstelle von sozialen Lebenschancen präsent.

Die Relevanz des Schulerfolgs und die intensive Auseinandersetzung mit Fragen der beruflichen Lebensplanung ihrer Kinder zeigt sich anhand folgender Zahlen: 75 % der Eltern bewerten den Schulabschluss ihres Kindes als persönlich sehr wichtig. Nur 1 % hält ihn für nicht wichtig und 2 % für weniger wichtig. Damit die Kinder den Anforderungen der Schule gerecht werden können, helfen fast 40 % der Eltern häufig bis regelmäßig bei den täglichen Hausaufgaben. Dabei geht es noch nicht um eine gezielte Vorbereitung auf die Klassenarbeiten.

Das große Engagement der Eltern für die schulischen Belange ihrer Kinder ist auch als Konsequenz aus der Überantwortung von schulischen Aufgaben an die Eltern zu sehen. So werden Hausaufgaben heute nur noch selten von Lehrern korrigiert und schulisches Üben in hohem Maße den Eltern übertragen. Eltern, vor allem Mütter, kommen in die Rolle der Hilfslehrerin und geraten in den Dauerkonflikt von Ohnmacht und dem Gefühl, für das Kind nicht genug getan zu haben, damit es mithalten kann. Dieses Delegieren von Bildung der Schule an die Eltern setzt jedoch voraus, dass Eltern intellektuell und didaktisch den Schulstoff verstehen und ihrem Kind vermitteln können sowie über die notwendige Zeit verfügen.

Angesichts des großen Engagements der Eltern, insbesondere der Mütter, ist es nicht erstaunlich, dass die Belange der Schule mittlerweile zum beherrschenden Thema des Familienlebens, vor allem in der Bürgerlichen Mitte, geworden sind. Eltern wirken mit den gestiegenen Anforderungen von Schule und gesellschaftlichen Bildungserwartungen an Kinder weniger als Filter, der die Leistungsanforderungen abmildert, denn als Katalysator, der die Leistungsmotivation antreibt. Die Eltern-Kind-Beziehung verändert sich zunehmend in eine Schulbeziehung, in der Zuneigung nach Schulnoten dosiert und diese häufig in Form von Geldzuwendungen honoriert werden. Dies lässt sich vor allem in den Milieus der Etablierten und Modernen Performer beobachten, die etwas mehr als ein Viertel der Eltern ausmachen.

Bildungssensibilität und -aspirationen sind auch bei gebildeten Zuwanderungsmilieus zu finden. Vor allem von Eltern aus den Ländern der ehemaligen Sowjetunion, aber auch aus der Türkei ist bekannt, dass sie ihre mit der Zuwanderung verbundenen

Aufstiegswünsche auf die Bildungskarrieren der Kinder projizieren. Doch werden diese Aufstiegswünsche häufig von der Realität eingeholt.

Trotz der großen Bedeutung, welche die Bildung der Kinder heute für Eltern hat, wird ein Fünftel der Kinder und Eltern durch die bildungspolitische Diskussion um die bestmögliche Förderung kaum oder gar nicht erreicht. Diese Kinder werden von ihren Eltern kaum gefördert. Zwar betonen etwa die Eltern des Konsum-Materialistischen Milieus die Wichtigkeit guter Noten und solider Allgemeinbildung, damit Kinder später Chancen auf einen Arbeitsplatz haben, doch zeigen sie in der Praxis ein nur geringes Interesse am Bildungsweg ihrer Kinder. Bildung ist in diesem Milieu weder eine verfügbare Ressource qua Herkunft, noch werden Bildungsinteressen kultiviert. Der Schulalltag des Kindes stellt sich häufig als permanenter Kampf dar. Hier häufen sich Lernschwächen, gesundheitliche Störungen oder Verhaltsauffälligkeiten, die von den Eltern gerne verdrängt werden.

Bildung als „Muss" im Sinne von Notwendigkeit ist die Einstellung von Eltern des bildungsfernen Milieus der Hedonisten. Eltern dieses Milieus verfolgen i. d. R. kein bestimmtes Bildungsziel und haben zumeist nur geringe Anforderungen an den Schulabschluss des Kindes. Den Anforderungen der Schule sehen sie sich und ihre Kinder hilflos ausgeliefert.

6. Der Erziehungsdruck

Eltern sehen sich heute vielfältigem Druck ausgesetzt: So beherrscht nicht selten zunehmender Zeitdruck, Organisations- und Leistungsdruck den Alltag von Eltern. Viele Eltern sind verunsichert, ein Drittel fühlt sich im Erziehungsalltag oft bis fast täglich gestresst, die Hälfte immerhin gelegentlich, so ein Ergebnis der Sinus-Studie.

Wie groß die Verunsicherung der Eltern ist, zeigt die Flut an Erziehungsratgebern und Elternzeitschriften, die mit unterschiedlichen Konzepten, Erziehungsphilosophien und -rezepten die Verunsicherung der Eltern eher noch verfestigen.

Gleichzeitig ist in vielen Milieus der Trend zu beobachten, dass eine ganzheitliche Erziehungsphilosophie abgelöst wird durch die Suche nach praktischen und kurzfristig wirksamen Rezepten für kurzfristig anstehende Probleme. Auch dieses funktionale, themen- und situationsorientierte Denken ist Ausdruck von Hilfsbedürftigkeit und eben nicht von innerer Gelassenheit und Selbstsicherheit. In ihrer subjektiven Perspektive haben Eltern nur selten das Gefühl, eine gute Mutter oder ein guter Vater zu sein. Viele sind von Selbstzweifeln geplagt, die sie in der Öffentlichkeit kaschieren – denn natürlich ist es eine Norm für Eltern, dass sie „glücklich" zu sein haben.

Dazu kommt der – durch PISA verstärkte – (Ein-)Druck, dass der zeitliche Korridor für die Weichenstellung für ihr Kind sehr eng ist und jede Chance genutzt werden muss – „sonst ist es womöglich zu spät und der Zug ist für das Kind abgefahren".

Wohl noch nie gab es so viele reflektierende, bewusst erziehende und in ihrer Erziehung selbstkritische Eltern, die alles darauf ausrichten, dass ihr Kind keinen Schaden nimmt, und die es gezielt fördern. Eltern treten ihrem Kind gegenüber nicht mehr als distanzierte Autoritätsperson auf. Im Erziehungsverhältnis wird das Kind als Persönlichkeit mit eigenen Wünschen, Bedürfnissen und Rechten akzeptiert. Diese Wertschätzung der Persönlichkeit des Kindes zeigen Eltern heute in einem so genannten autoritativen Erziehungsstil. Im Gegensatz zur autoritären Erziehung wird nicht strikter Gehorsam eingefordert. Vielmehr werden Kinder als Lebens- und Gesprächspartner ernst genommen. Eltern versuchen, sich in die Perspektive des Kindes zu versetzen. Diese Erziehung „Freiheit in Grenzen" sucht sich das Beste aus verschiedenen Erziehungsstilen heraus und fordert von den Eltern auch einen flexiblen Umgang mit den Erziehungsstilen. Damit können nicht alle Eltern gleichermaßen gut umgehen. Vor allem dann kommt es zu einem erhöhten Erziehungsdruck, wenn Eltern vom Verlust des Arbeitsplatzes betroffen sind und/oder Kinder massive Bildungsdefizite aufweisen. Angesichts des zunehmenden Konsums der Kinder, des selbstverständlich gewordenen Medienumgangs von Kindern und Jugendlichen sind Eltern in ihren Erziehungsaufgaben täglich gefordert.

Ganz anders gestaltet sich die Erziehung im „Religiös-verwurzelten Milieu" der Migranten. Diese sehr auf Familiendisziplin und konformem Geschlechterrollenverhalten und Einhaltung der moralischen und religiösen Gebote basierende Erziehung wird mit strengen autoritären Erziehungspraktiken der Eltern durchgesetzt. Allerdings müssen diese Eltern die Erfahrung machen, dass sie häufig ihr Ziel verfehlen, da sich die Kinder dem engen familiären und religiös-moralischen Rahmen entziehen. Dagegen setzt sich das „Traditionelle Gastarbeitermilieu" durch eine weniger strenge Erziehung, vor allem durch die Mutter, ab. Beide Migranten-Milieus vermitteln jedoch durch eine rigide Moralvorstellung, dass sich der Einzelne mit seinen Bedürfnissen der vorgegebenen Ordnung unterwerfen muss. Der Erziehungsdruck, den die Eltern empfinden, entspricht weniger den gesellschaftlichen Leistungsanforderungen als der kulturellen Norm nach einer „moralisch richtigen Erziehung". Diese Eltern haben das Gefühl, als Eltern persönlich zu versagen, wenn ihre Kinder einen für sie inakzeptablen westlichen Lebensstil praktizieren. Gleichzeitig fehlt es

[handwritten annotation: mit älteren Kd. fehlt Einfluss wegen Peergroup → gefühl Entfremdung / Verlust]

ihnen mit zunehmendem Alter der Kinder an Einfluss und Mitteln der Intervention. Da der Einfluss von Freunden, Cliquen und Szenen weitaus größer ist, erreichen die Eltern ihre Kinder ab dem Jugendalter immer weniger. So entsteht für viele Eltern das Gefühl der Entfremdung und des Verlustes. Die häufige Flucht in autoritäre Erziehungsmittel und härtere Strafen ist Ausdruck ihrer Hilflosigkeit. Ein ähnlicher rigoroser Erziehungsstil findet sich auch bei Eltern des Entwurzelten Flüchtlingsmilieus wieder.

7.   Das Vereinbarkeitsdilemma

Eltern aus nahezu allen Milieus erleben einen erhöhten Druck aufgrund der Schwierigkeit, Familie und Beruf zu vereinbaren. Der Druck ist keineswegs „nur" eine subjektive und damit relative Befindlichkeit, sondern er ist objektiv da. Unternehmen stehen im Wettbewerb unter dem Druck zu mehr Flexibilität und Mobilität, die sie auch von den Mitarbeitern und Mitarbeiterinnen verlangen (müssen).

Wie die Sinus-Studie zeigt, sind Mütter (seltener: Väter) innerhalb des Unternehmens die abhängige Variable, die flexibel auf die sich wandelnden Anforderungen im Erwerbsalltag reagieren muss. Sie sind nach ihrer Rückkehr aus der Elternzeit im unternehmensinternen Wettbewerb unter Beobachtung, ob sie den Anforderungen gerecht werden, ob sie wie alle anderen weiterhin ungebrochen flexibel, mobil und belastbar sind, oder ob ihre Kollegen auf sie – unverhältnismäßig und leistungsungerecht – Rücksicht nehmen müssen.

Krankheiten der Kinder, Anrufe aus dem Kindergarten oder aus der Schule, dass sie abgeholt werden müssen, bringen Eltern am Arbeitsplatz unter Rechtfertigungsdruck – und sie machen dabei, egal wie sie sich entscheiden, einen Fehler als Mutter/Vater *und* als Arbeitnehmerin/Arbeitnehmer. De facto führt Elternschaft am Arbeitsplatz zur Schwächung der zugeschriebenen Kompetenz, der übertragenen Verantwortlichkeiten und der Aufstiegschancen im Unternehmen.

Die Gesellschaft erwartet, dass Eltern viel Zeit mit ihren Kindern verbringen, doch die Arbeitswelt vollzieht einen Totalzugriff auf die Eltern, vor allem auf die Väter.

So befinden sich Väter in einer höchst unbestimmten Situation: Die gestiegenen Anforderungen an Mobilität, Flexibilität, Verfügbarkeit und Einsatzbereitschaft stehen dem Wunsch nach einer größeren Beteiligung am Erziehungsalltag gegenüber. Für viele Mütter bedeuten die verlängerten Öffnungszeiten wöchentlich neu zu organisierende Arbeitszeiten, die sie mit den Kindern in Einklang bringen müssen.

Ein zentraler Befund der Sinus-Studie ist, dass Frauen trotz der Dilemmata aber nicht in die traditionelle Arbeitsteilung zurück wollen und sich vom Rollenbild als Hausfrau und Mutter als Standardmodell distanzieren. Und auch die Väter wollen das nicht. Das Bedürfnis der jüngeren Generation nach Familie ist groß – aber auch ihre Erwartung, dass sie individuell entscheidet, ob und in welchem Umfang sie berufstätig ist, ohne dauerhaft in Konflikt zu geraten oder ein schlechtes Gewissen als Eltern zu bekommen.

Trotz der Wahrnehmung verbesserter Möglichkeiten und größerer Freiheiten im Vergleich zu früheren Generationen werden aktuelle familien- und arbeitsmarktpolitische Strukturen als unzureichend erachtet. Vor allem Frauen äußern massive Kritik an der Entweder-oder-Entscheidung zwischen Beruf und Kindern. Sie erleben einen starken Bruch in ihrer Berufsbiografie durch ihre Mutterrolle. Beruflicher Stillstand oder gar Zurückstufung sind Alltagserfahrung berufstätiger Mütter. Umgekehrt haben junge Väter den starken Wunsch, mehr Zeit und Kraft für sich selbst und die Familie zu haben, doch sie beobachten das Image, den Spagat und den Karriereknick von Müttern in ihrem Unternehmen – und wagen oft nicht, für mehrere Monate Elternzeit zu nehmen oder offensiv zu kommunizieren, dass sie abends pünktlich nach Hause gehen (und keine Überstunden machen), nur um bei ihrer Familie zu sein. Im Zweifel für den Beruf und gegen die Familie ist eine Eltern oft aufgezwungene Entscheidung im Erwerbsleben.

Die Akzeptanz berufstätiger Mütter ist heute deutlich größer als noch vor einigen Jahren – und darüber hinaus sogar eine soziale Erwartung: Eine Mutter, die auch nach dem dritten Lebensjahr des Kindes „nur" Hausfrau und Mutter sein will, ist unter Rechtfertigungsdruck – ebenso wie Mütter, die versuchen, Familie und Berufstätigkeit früher zu vereinbaren. Allerdings behindern gesellschaftliche Strukturen die tatsächliche Umsetzung dieses normativen Wandels. So sind Kinderbetreuungseinrichtungen für Kinder unter drei Jahren im Westen nur unzureichend vorhanden. Auch ist die Übermittagsbetreuung für Kinder zwischen drei und sechs Jahren im Westen keinesfalls die Regel. Für einkommensschwache Eltern ist die institutionelle Betreuung ihrer Kinder oft zu teuer. Das betrifft auch die Mittagsbetreuung in der Grundschule, die in Deutschland nicht flächendeckend existiert.

8.   Der finanzielle Druck

Der finanzielle Druck ist für Eltern aus den bildungsfernen Milieus wie Konsum-Materialisten und Hedonisten existentiell: Eltern aus den Milieus am unteren Rand der Gesellschaft haben in der Regel eng begrenzte finanzielle Ressourcen und verfügen über wenig Bildungskapital. Der Anteil Langzeitarbeitsloser und von Hartz-IV-Empfängern ist hier vergleichsweise hoch.

Nach Schätzungen von Experten sind heute knapp ein Drittel der Eltern mit der Erziehung ihrer Kinder überfordert. Verantwortlich hierfür sind u. a. wirtschaftliche Gründe. Nach offizieller Statistik leben in Deutschland 15 % der Familien in relativer Armut. In der vorliegenden Sinus-Studie gehören ca. ein Fünftel der Eltern zu den bildungsfernen und materiell ungesicherten Familien.

In diesen Familien der Milieus am unteren Rand der Gesellschaft ist die Beziehung der Eltern zu den Kindern häufig schwierig. Die Kinder finden nicht den nötigen Halt, den sie brauchen, weil die Eltern mit anderen Problemen belastet sind. Da die Kinder die Knappheit des Geldes in der Familie spüren, fühlen sie sich häufig Altersgenossen aus anderen Gesellschaftsschichten gegenüber benachteiligt: Sie können nicht die gleiche Kleidung tragen, sich nicht die gleichen technischen Geräte kaufen und die Eltern können sich nicht die gewünschten Ferien mit ihren Kindern leisten. Die engen Grenzen, bedingt durch die ökonomische Situation, sind allgegenwärtig. Sie leben aber gleichzeitig heute in einer sehr auf Konsum und auf Zurschaustellung von Markenartikeln gerichteten Gesellschaft, in der Medien und Werbung die materielle Ausrichtung ständig unterstreichen. Erschwerend hinzu kommt der zumeist hohe TV-Konsum in diesen Familien. Eltern fühlen sich angesichts dieser Kommerzialisierung unter großem Druck – nur wenige treten dieser Entwicklung selbstbewusst entgegen und haben gelernt, mit ihren knappen finanziellen Mitteln verantwortungsbewusst umzugehen. Dies ist auch vor dem Hintergrund zu sehen, dass Konsum in diesen Familien letztlich oftmals die Funktion der Fürsorge hat.

So versuchen viele Eltern in den bildungsfernen Milieus am unteren Rand der Gesellschaft durch demonstratives Unterstützen ihrer Kinder mit einer technischen Ausstattung durch PC, Playstation, X-Box, Handy, DVD-Player etc. einem Förderanspruch zu genügen. Dies geschieht u.a. durch Umlenken ihres knappen Geldes auf glitzernde Konsumartikel, in der Hoffnung, ihr Kind möge die Chance haben, mit anderen Kindern mitzuhalten. Das Milieu der Konsum-Materialisten scheint nicht zuletzt durch eine monetäre Ambivalenz der Kinder geprägt: Einerseits kosten Kinder Geld, andererseits tragen sie aufgrund staatlicher Transferleistungen jedoch auch zum Haushaltseinkommen bei.

Finanzieller Druck betrifft aber keineswegs nur Eltern am unteren Rand der Gesellschaft, sondern hat die breite Mittelschicht erfasst – zumindest im Lebensgefühl und in der (latenten) Angst vor dem sozialen Abstieg. In der Bürgerlichen Mitte ist die soziokulturelle Norm einer „heilen Familie" mit „guter Versorgung" groß und meint konkret das eigene Haus mit Garten sowie die vielfältige Förderung der eigenen Kinder. Dazu braucht man materielle Ressourcen, Geld und man verzichtet persönlich auf vieles, damit die Familie gesichert und die Kinder optimal gefördert werden. Eltern mit mittlerem Einkommen blicken gleichzeitig auf kinderlose Paare, beklagen die eigenen finanziellen Belastungen und erleben Familien in Deutschland als überlebensnotwendig für die Zukunft der Gesellschaft – aber auch als ohne Lobby.

Finanzieller Druck bedeutet, dass ein einziges Einkommen heute nicht mehr ausreicht, um über die Runden zu kommen. Die verschiedenen Frühförderungen ihrer Kinder in Kindergarten, Schule und Freizeit kosten viel Geld, das verdient werden muss. Wenn aber auch die Mutter (in Teilzeit) erwerbstätig ist, tappt die Familie in die Organisationsfalle und es kommen zusätzliche Kosten für die Betreuung dazu. So entsteht das wachsende Gefühl, im Dilemma zu stecken, benachteiligt zu sein und als Familie ausgebeutet zu werden, ohne sich dagegen wehren zu können.

Die Unzufriedenheit der Eltern kommt deutlich darin zum Ausdruck, dass sie das Gefühl haben, vor allem sie als Eltern seien von staatlichen Einsparungen und steigenden Preisen betroffen. Das Gefühl der materiellen Verschlechterung betrifft einerseits die Mehrbelastungen durch Steuern und Abgaben, andererseits aber auch die Entwicklung der Einkommen, die nicht entsprechend der allgemeinen Preisentwicklung gestiegen sind. Die wirtschaftlichen Voraussetzungen für Elternschaft werden somit von einem großen Teil der Eltern als zunehmend schwieriger empfunden.

9. Kinder- und elternunfreundliche Gesellschaft

Die milieuübergreifende Erfahrung aller Eltern in Deutschland ist die Kinderunfreundlichkeit des gesellschaftlichen Umfeldes. Eltern vermissen im Alltag ein kinderfreundliches Klima. Sie wünschen sich eine größere Akzeptanz und Wertschätzung in der Öffentlichkeit, sei es in Restaurants und Cafés, im Wartezimmer beim Arzt, bei Behörden, Ämtern, Banken, in Supermärkten oder bei der Wohnungssuche. Insbesondere in Bezug auf kinderreiche Familien sprechen sehr viele Eltern von einer Stigmatisierung. Auch jene Eltern, die günstige Rahmenbedingungen für ihre Kinder ermöglichen können, kritisieren offen das wahrgenommene wenig kinderfreundliche Klima in Deutschland.

So bemängelten Eltern die teilweise engen, als intolerant geltenden Vorgaben aus dem sozialen Umfeld. Diese reichen von detaillierter Nutzungsanweisung des Spielplatzes mit Uhrzeit und Altersangabe über die Hausordnung bezüglich des Abstellens von Kinderwagen und Fahrrädern bis hin zur Schließung etwa eines Kindergartens in Hamburg wegen Geräuschbelästigung der Anwohner, um nur einige Beispiele zu nennen. Gleichzeitig werfen Eltern Gesellschaft und Politik mangelnde Unterstützung vor. Sie fühlen sich oftmals alleingelassen, wobei dieses Gefühl bei Alleinerziehenden besonders ausgeprägt ist. Die negativen Reaktionen des sozialen Umfeldes auf die Kinder bestärken Eltern häufig in der Wahrnehmung, dass Kinder für die Öffentlichkeit und rückwirkend auch für die Eltern selbst eine Belastung sind.

Zu überlegen ist in diesem Zusammenhang, ob wir es neben der Kinderunfreundlichkeit auch mit einer Elternunfreundlichkeit zu tun haben. Dies kommt deutlich in der Sinus-Studie heraus, wenn Eltern immer wieder die mangelnde Wertschätzung beklagen, die ihnen entgegengebracht wird. In der familienpolitischen Diskussion, aber auch im Alltag bleiben die Belange der Eltern vielfach ausgeblendet, wenn es um die Diskussion der zukünftigen Gesellschaft geht. Dabei wird übersehen, dass Kinder nur dort optimal aufwachsen können, wo sie es mit kindgerechten gesellschaftlichen Verhältnissen und mit zufriedenen Eltern zu tun haben. Die von den Eltern als Problem angesehene Kinderunfreundlichkeit des Umfeldes wird sich mit der abnehmenden Anzahl von Kindern und der Zunahme älterer Menschen zukünftig eher verschärfen als entspannen. Um ein Beispiel zu nennen: Wenn Bolzplätze wegen Lärmbelästigung älterer Menschen aufgelöst werden, ist das kaum ein Signal für „Toleranz gegenüber Kindern", sondern wird eher das Gefühl älterer oder kinderloser Menschen bestätigen, dass „laute" Kinder eine unzumutbare „Belästigung" sind. Dieses Empfinden spiegelt die derzeitige Wirklichkeit wider.

10. Was Eltern brauchen …

Die wichtigste Botschaft seitens der Eltern ist: Es gibt nicht das eine Rezept, nicht den einen Hebel, den man bedienen muss, um Eltern, Kindern und Familien gerecht zu werden. Die Diskussion um die richtigen Maßnahmen kann nicht auf finanzielle Zuwendungen oder den Ausbau von Infrastruktur reduziert werden. Dies würde der Vielfältigkeit und den Wechselwirkungen nicht gerecht werden.

Eltern aus allen Milieus üben deutliche Kritik daran, dass Politik und Gesellschaft sie nur unzureichend unterstützen. Sie erleben ihren täglichen Spagat nicht nur unzureichend gewürdigt, sondern beklagen, dass sie als Eltern vor vielfältigen – unnötigen –

Hürden stehen. Vor allem machen sie die Erfahrung, dass zwischen der verbal geäußerten Relevanz, die Kinder für die Gesellschaft haben, und der praktischen, konkreten Wertschätzung von Kindern in einer älter werdenden Gesellschaft eine immer größere Kluft entsteht.

Eltern wollen zuallererst eine stärkere **Wertschätzung** und Anerkennung. Sie sehen nicht, dass sie in der politischen Diskussion überhaupt vorkommen. Das afrikanische Sprichwort, wonach man ein ganzes Dorf benötigt, um Kinder zu erziehen, spiegelt die Realität von Eltern in Deutschland in keinerlei Weise wider – im Gegenteil: Eltern fühlen sich heute hohen Erwartungen ausgesetzt und damit gleichzeitig alleingelassen.

Das gilt in besonderem Maße für Alleinerziehende (deren Zahl steigt und bei denen ein relevanter Anteil junge Eltern sind); das Gefühl des Alleingelassenseins gilt aber auch für „vollständige" Familien.

Ein zentraler Punkt im Alltagsleben von Eltern ist das nach wie vor ungelöste Problem der **Vereinbarkeit von Familie und Beruf.** Die Spannung und der Spagat zwischen der Arbeitswelt und der Berufswelt wird individuell von den Eltern ausgetragen/ausgehalten, da derzeit stützende Strukturen und Unternehmenskulturen fehlen. Das betrifft die Frage von Halb-/Ganztagsschulen, die quantitative und qualitative Betreuungssituation in Kindertagesstätten sowie die strukturelle Rücksichtslosigkeit des Wirtschaftssystems gegenüber familiären Belangen. Diese für die Eltern unbefriedigende und konfliktreiche Situation führt Eltern in die Falle einer „Entweder-oder-Entscheidung". Eltern mit akademischer Berufsqualifikation, aber auch jene mit geringer Ausbildung brauchen eine familiengerechte Personal- und Zeitpolitik in Unternehmen, eine Ausweitung von Teilzeit- und Heimarbeitsplätzen und eine verbesserte Betreuungssituation für die Kinder.

Für Mütter, die wegen der Erziehung und Betreuung ihrer Kinder zu Hause geblieben sind (i. d. R. keine Akademikerinnen), ist der Wiedereinstieg in den Beruf von großer Bedeutung. Vor allem Mütter in der Bürgerlichen Mitte zeigen sich besorgt, ihren Arbeitsplatz verlieren oder beruflich degradiert werden zu können, wenn sie nach einigen Jahren wieder in ihren Beruf zurückkehren möchten.

Besonders groß ist der berufliche Druck bei den geringqualifizierten Frauen. Sie haben auch aufgrund wenig kontinuierlicher Beschäftigungsverhältnisse massive Schwierigkeiten, wieder in einen (neuen) Job einzusteigen, und sind zudem aufgrund der geringen Entlohnung häufig finanziell darauf angewiesen, mehrere Jobs gleichzeitig auszuüben. Diese Mütter benötigen eine Fortbildung während ihrer Zeit, die sie zu Hause mit den Kindern verbringen, um eine Chance auf dem Arbeitsmarkt zu haben; sie brauchen aber auch Unterstützung seitens der Politik, die ihre Situation ernst nimmt und sich ihrer annimmt.

Für die große Mehrheit der Eltern ist die Betreuungssituation unbefriedigend und muss dringend verbessert werden. Dabei stehen der quantitative Ausbau und die verbesserte Qualität von Betreuungsangeboten im Vordergrund. Eltern haben konkrete Vorstellungen davon, was sie entlasten könnte: Sie benötigen längere Betreuungszeiten und eine innovative Zeitpolitik, um ein höheres Maß an Flexibilität zu gewinnen. Auch stellt sich für Alleinerziehende und Eltern aus sozial schwachen Familien die Frage der Kosten. Menschen aus gut situierten Milieus, die im Alltag nicht mit monetären Sorgen konfrontiert sind, leisten sich ohnehin zunehmend eine private Betreuung.

Als ein von den Eltern wenig hinnehmbarer Zustand erscheint in der Sinus-Studie das öffentliche Bildungssystem. Kritisiert werden die schlechte Ausstattung, zu große Schulklassen, überforderte und/oder wenig engagierte Lehrer, schlecht strukturierter Unterricht, wenig individuelle Förderung des Kindes, mangelhafte verlässliche Schulzeiten, fehlende Übungskultur. Eltern haben das Vertrauen in die öffentlichen Schulen verloren. Sie haben zudem immer mehr das Gefühl der Privatisierung der Bildung. Eltern erleben zunehmend die Praxis bei Lehrern, Aufgaben systematisch auf die Eltern zu übertragen, sie selbstverständlich in die Schularbeit einzubeziehen. Wenn Eltern die Defizite der Schule nicht ausgleichen können oder wollen, leidet ihr Kind. So sind Übung und Nachhilfe zu Hause heute selbstverständlich und ritualisiert. Wie soll man/frau da berufstätig sein und am Abend entspannt Familie leben?

Eltern benötigen eine qualitativ bessere Bildung für ihre Kinder in kleineren Klassen und Lehrer, die auf die Kinder eingehen und sie motivieren. Sie benötigen eine Entlastung – keine zusätzliche Belastung, z. B. durch Überantwortung schulischer Aufgaben (Hausaufgabenbetreuung etc.) an sie selbst. Von vielen Eltern wird daher ein Ganztagsschulsystem gewünscht, welches ihnen den (auch zeitlichen) Druck nimmt.

Eltern brauchen aber auch eine stärkere finanzielle Wertschätzung. Elternschaft darf schon gar nicht zum Armutsrisiko werden – sie sollte aber noch nicht einmal mit der Sorge verknüpft sein, dass Elternschaft zu finanzieller Enge führt: Die Einkommenssituation vieler Eltern und ihrer Kinder hat sich in den letzten Jahren verschlechtert. Heute leben 2,6 Millionen Kinder in Familien in relativer Armut. Dies hat erhebliche Auswirkungen auf das Leben der Kinder. Sie bleiben in ihren Wohnvierteln unter sich, ohne gute Schulbildung, Ausbildungsmöglichkeiten und ausreichende soziale Unterstützung. Für diese Eltern sind bereits ein kostenloses Mittagessen in den Einrichtungen, aber auch die Bezuschussung von Schulmitteln sowie niedrige Betreuungskosten elementar.

Aber auch Eltern aus anderen gesellschaftlichen Milieus sehen sich im Vergleich mit Kinderlosen benachteiligt. Sie betrachten Leistungsangebote wie Kinder- oder Elterngeld bzw. Steuervergünstigungen angesichts der steigenden Ausgaben für Kinder zwar als wichtig, aber noch unzureichend. Eltern der Bürgerlichen Mitte beklagen, dass die Bemessungsgrundlagen zu niedrig sind. Für viele Eltern ist es unter dem Strich kaum noch lohnenswert, ein zweites Einkommen zu erwirtschaften.

Finanzielle Anerkennung der Familienarbeit bezieht sich auch auf renten- und sozialversicherungsrelevante Berücksichtigungszeiträume. Da für viele Frauen der Bürgerlichen Mitte die Berufstätigkeit zum Nullsummenspiel wird, wenn sie eine Fremdbetreuung benötigen, erwarten sie eine stärkere Berücksichtigung in den Rentenanwartschaften und in den Kosten der Kindererziehung sowie der Ausbildung der Kinder.

Darüber hinaus werden Freizeitangebote von den Eltern als ungenügend erachtet. Dies betrifft den Alltag und reicht von nicht intakten Kinderspielplätzen über preiswertere Sportvereine und Musik- und Kunstschulen bis hin zu Ferienprogrammen während der schulfreien Zeit.

Fazit:

Eltern stehen heute unter enormem Druck, sowohl hinsichtlich ihrer subjektiven Befindlichkeit als auch hinsichtlich der objektiv gestiegenen Anforderungen. Ein Leben mit Kindern bedeutet heute nicht nur Sinn und Glück, sondern auch Spagat, vielfache Spannungen und oft auch das Gefühl von Ungenügen. Familiäre Werte stehen dem Leitbild der wettbewerbsorientierten Wirtschaft entgegen, in der sich jeder Einzelne als Wettbewerbsteilnehmer begreifen muss. Die Familie – so ein Ergebnis der Sinus-Studie – ist die abhängige Variable.

Auch wenn Eltern den verschiedenen, von der Gesellschaft an sie herangetragenen Anforderungen kaum genügen können, so hat der Wettbewerb längst Einzug in die Familien gehalten. Eltern gehobener Milieus haben die Herausforderungen angenommen und versuchen ihre Kinder zu fördern und ihnen optimale Startchancen für ihr Leben zu geben. Von diesen engagierten Eltern setzt sich etwas über ein Fünftel der Eltern ab, die aus bildungsfernen Milieus am unteren Rand der Gesellschaft stammen. Sie erleben einen existentiellen finanziellen Druck aufgrund ihrer ungesicherten Arbeitsplätze und ihrer Arbeitslosigkeit, doch müssen sie sich auch mit ihren bildungsmüden Kindern auseinandersetzen, die ihrerseits kaum auf kulturelle Ressourcen und Motivationskompetenz ihrer Eltern zurückgreifen können. Schulprobleme, intensiver Medienkonsum und hohe Konsumausgaben münden in diesen Milieus oftmals in Erziehungsprobleme und Überforderung der Eltern. Während die Eltern aus gehobenen Milieus in Aushandlungsprozessen ein Gesprächspartner und engagierter Lebensbegleiter ihrer Kinder sein möchten, haben Eltern der modernen Unterschicht keine klaren Erziehungsziele und überlassen die Kinder schon in relativ jungen Jahren sich selbst.

Was Eltern brauchen, ist eine größere gesellschaftliche Wertschätzung, indem ihre Bedürfnisse stärker als bisher berücksichtigt werden. Ebenso sind Eltern in ihren vielfältigen unterschiedlichen Lebenssituationen und in ihren unterschiedlichen Bedarfen stärker anzuerkennen als bisher. Und noch ein wichtiges Ergebnis der Studie: Nicht alle Eltern brauchen das Gleiche. Vielmehr zeigt die Studie sehr deutlich, dass Eltern Entlastungen unterschiedlichster Art benötigen, v. a. in Form von gesellschaftlichen Rahmenbedingungen, damit sie ihr Lebenskonzept, das sie sich wünschen, auch umsetzen können. Angesichts einer Überfrachtung der Elternrolle mit zunehmenden Ansprüchen und Erwartungen ist auch zu bedenken: Wer das Kindeswohl fördern will, kann dies nur tun, wenn er die Situation der Eltern verbessert. Eine gesellschaftliche Debatte über die Leistungsträger der Gesellschaft, über Mütter und Väter, ist längst überfällig.

Eltern unter Druck

Tanja Merkle/Carsten Wippermann

1. Hintergrund

Eltern sind **Hochleistungsträger unserer Gesellschaft**. Ohne Eltern funktioniert Gesellschaft nicht und hat keine Zukunft.

Die Institution der Elternschaft und die damit verbundenen Rollenzuweisungen sind scheinbar normal, natürlich, unspektakulär und so selbstverständlich, dass es nahezu schändlich und grotesk ist, dass sie in den Sozialwissenschaften keine Beachtung finden. Zwar gibt es eine Familiensoziologie, eine Soziologie der Kindheit und eine Jugendsoziologie – aber eben *keine Elternsoziologie*. Und auch die erziehungswissenschaftlichen und therapeutischen Professionen haben meist die Kinder im Visier.

Kindern geht es gut, wenn es den Eltern gut geht. Die OECD-Studie *„Babies and Bosses"*[1] stellt fest: „Ob ein Kind glücklich ist, hängt davon ab, wie zufrieden die Eltern mit ihrer eigenen Lebenssituation sind." Wenn das Kindeswohl im Fokus der Familienpolitik steht, ist es nun notwendig, zu wissen, wie es Eltern geht, da sie die Lebensbedingungen der Kinder prägen. Wir haben als Gesellschaft und Bürger somit allen Grund, uns für Eltern zu interessieren.[2]

Weil Eltern – unbestritten – eine tragende Funktion für die *systems of provision* unserer Gesellschaft haben, müssen wir uns fragen, wie die *objektiven Umstände* für Elternschaft heute sind, wie das *subjektive Empfinden* von Eltern heute ist und *was Eltern heute brauchen*.

Die zentralen Fragen der vorliegenden Studie sind:

> Wie geht es Eltern heute?
>
> Was brauchen Eltern?

Das ist notwendig, denn seit den 1950er/1960er Jahren und verstärkt in den letzten 30 Jahren haben sich die **äußeren Rahmenbedingungen** (Arbeitsmarkt, Bildungs-

---

[1] „Babies and Bosses: OECD Recommendations to help families balance work and family life", http://www.oecd.org

[2] Am Tag der Konrad-Adenauer-Stiftung am 13. September 2007 in Berlin wählte Marie-Luise Lewicki, Chefredakteurin der Zeitschrift „Eltern", in der Podiumsdiskussion ein treffendes Bild aus dem Bereich der Flugreise: „Bei Druckabfall soll man die Maske immer zuerst sich selbst über den Mund ziehen, bevor man Kindern hilft. Wenn das richtig ist, dann müsste auch bei der Erziehung zuerst den Eltern geholfen werden."

system, Familien- und Verwandtschaftsstrukturen, soziale Unterstützungssysteme) **sowie die Lebensformen und Lebensentwürfe der Menschen erheblich verändert.**

Damit müssen wir als Gesellschaft und als politische Öffentlichkeit einerseits die stützenden Systeme auf den Prüfstand stellen, andererseits die Befindlichkeiten, Bedürfnisse und Perspektiven von Eltern heute ernsthafter zur Kenntnis nehmen – und zwar ohne gleich zu moralisieren.

*

Die vorliegende Studie ist repräsentativ für die Eltern in Deutschland.

- Grundgesamtheit der *qualitativ-ethnomethodologischen Untersuchung* sind *Eltern mit Kindern im Alter von 0 bis 16 Jahre.* Dabei wurden in der Untersuchung zu gleichen Anteilen Mütter und Väter befragt. Wichtig war zudem, verschiedene Stadien von Elternschaft in den Blick zu nehmen, also Eltern mit Kindern in allen Altersstufen.

- Ergänzend dazu fand eine *quantitativ repräsentative Erhebung* von Eltern mit Kindern im Alter von 0 bis 17 Jahre im Haushalt statt (Untersuchungsanlage in Kapitel 5).

Im Rahmen der qualitativen Untersuchung wurde gleichzeitig ein Blick auf Eltern mit Migrationshintergrund (auch gemischtnationale Paare) aufgrund der Annahme geworfen, dass Elternschaft, Erziehungsziele und -stile hier deutlich differenzieren. Die Studie bestätigt diese Annahme und benennt die wesentlichen Unterschiede, kann aber nicht beanspruchen, das Thema erschöpfend zu behandeln.

Um das gesamte Spektrum zu erfassen, wurde ein methodischer Ansatz gewählt, der neben soziodemografischen Merkmalen (Alter, Bildung, Einkommen, Berufsprestige) auch soziokulturelle Merkmale (Werte, Lebensstile) berücksichtigt. Ein solch integratives, ganzheitliches Modell sind die **Sinus-Milieus®**.[3]

---

[3]   Die Sinus-Milieus® sind das Ergebnis von drei Jahrzehnten sozialwissenschaftlicher Forschung. Die Sozialstrukturanalyse des Milieumodells orientiert sich an der Lebensweltanalyse unserer Gesellschaft. Die Sinus-Milieus® gruppieren Menschen, die sich in ihrer Lebensauffassung und Lebensweise ähneln. Grundlegende Orientierungen gehen dabei ebenso in die Analyse ein wie der Alltag in Bezug auf Arbeit, Familie, Freizeit, Geld und Konsum. Milieus konstituieren sich über drei Hauptdimensionen: Werte (Kognitionen, Einstellungen), Lebensstil (Routinen, Gewohnheiten) und soziale Lage (Einkommen, Bildung, Beruf, Alter). Die Sinus-Milieus® rücken somit den Menschen und seine Lebenswelt ganzheitlich ins Blickfeld.

Die Sinus-Milieus® in Deutschland 2007
Soziale Lage und Grundorientierung

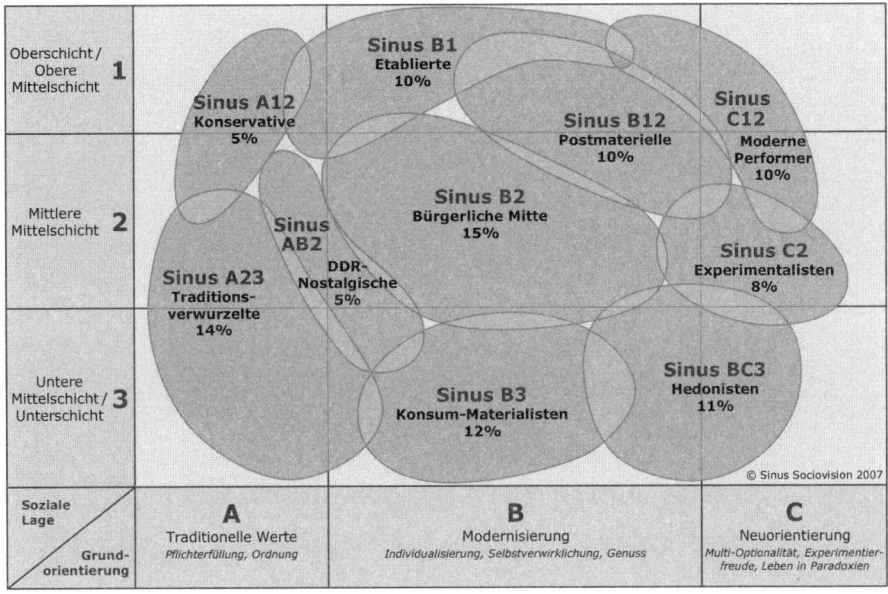

Grundgesamtheit: Deutschsprachige Wohnbevölkerung ab 14 Jahren
Basis: Ca. 100.000 Repräsentativinterviews pro Jahr in mehreren unabhängigen Stichproben

Da die Milieus im Werteabschnitt „A" (Konservative, Traditionsverwurzelte, DDR-Nostalgische) einen hohen Altersdurchschnitt haben, es also in diesen Milieus vergleichsweise wenige Eltern mit Kindern im Alter bis 16 Jahre gibt, wurde das **Augenmerk auf die Milieus in den Werteabschnitten „B" und „C"** gelegt.

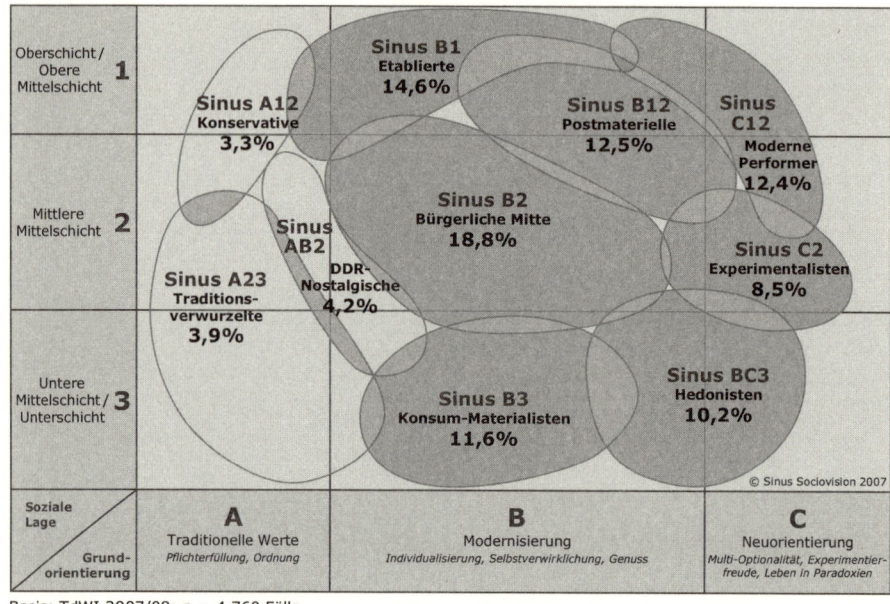

Eltern mit Kindern unter 18 Jahren
in den Sinus-Milieus® 2007

Basis: TdWI 2007/08; n = 4.760 Fälle

2.   Zentrale Befunde

2.1   Dringlichkeit der Studie

Einen wichtigen Befund lieferte die Studie, noch bevor die erhobenen Daten ausgewertet wurden – nämlich die Eindrücke aus den Interviews selbst. Im Rahmen der
qualitativ-ethnomethodologischen Befragung besuchten wir die Eltern zu Hause, um offen in Form eines **narrativen Interviews** mit ihnen über ihren Alltag zu
sprechen. Für diese Gespräche waren etwa zwei Stunden vorgesehen – tatsächlich
dauerten die Gespräche deutlich länger, z. T. bis zu vier Stunden, da die Eltern so
vieles erzählen wollten.

Die Befragten brachten in den Interviews zum Ausdruck, dass sie z. T. **unter enormem Druck** stehen. Sie erlebten das Interview als willkommene außeralltägliche

Gelegenheit, ihre Befindlichkeit einer neutralen, wertschätzenden Person ungefiltert mitzuteilen. Die Interviews hatten partiell regelrechten **Therapiecharakter**: Aufgestaute Emotionen (z. B. Wut, Enttäuschung, Tränen) konnten in einem geschützten Rahmen zum Ausdruck gebracht werden. Die Eltern zeigten **große Dankbarkeit**, dass sich eine objektive Instanz tatsächlich für sie *als Eltern* interessiert, *„einfach nur zuhört und wirklich verstehen will"*.

In allen Gesprächen zeigte sich eine große Befürwortung, dass sich eine Institution[4] mit dem Thema befasst, welche Eltern und Familien **nicht mit einem fertigen Programm konfrontiert**. Gleichzeitig wurde die Hoffnung geäußert, dass mit einer solchen Studie nicht neue Anforderungen an Elternschaft verbunden sind, sondern vielmehr **Wertschätzung und Entlastung stattfinden**, die sich auch und endlich in einer **Veränderung von Strukturen** niederschlagen. Es wurde deutlich, dass es eine ausgeprägte Sehnsucht nach einem familienpolitischen Sprachrohr, einer Lobby gibt, die nicht fernab der Realität ein Konzept entwickelt und die nicht moralisiert.

- *„Die Politiker müssten mal wirklich die Eltern an der Basis fragen, wo es brennt."*
- *„Politiker sollten sich umhören, was im wahren Leben wirklich passiert. Die meisten Politiker sind von den wahren Problemen viel zu weit weg."*
- *„Die Minister sollten mehr mit Familien am grünen Tisch sprechen – und nicht über sie."*
- *„Natürlich sind Kinder superwichtig, sie sind die Zukunft. Aber wenn man sich die Politik mal anschaut: Die reagieren erst, wenn das Kind schon in den Brunnen gefallen ist."*

2.2 Basisbefunde

Die vorliegende Studie kommt zu vier Basisbefunden:

Elternschaft ist (nur noch) eine Option

Wir leben in einer Gesellschaft, in der **Elternschaft nicht mehr selbstverständlich** ist. Waren Kinder früher noch selbstverständlicher Teil der Biografie von Frauen und Männern, so ist Elternschaft heute nurmehr *eine Option* neben anderen Lebens- und Partnerschaftsformen. Heute stellen sich die Menschen ernsthaft die Frage, ob sie überhaupt ein Kind wollen – und, wenn ja: ob sie mehr als ein Kind wollen, in welchem Abstand etc.

---

[4]   Den Befragten wurde nicht gesagt, dass es sich um eine Untersuchung im Auftrag der Konrad-Adenauer-Stiftung handelt.

Insofern bekommen die Menschen heute nicht mehr „sowieso" Kinder. Elternschaft erscheint für viele junge Paare angesichts der zu erwartenden Belastungen und Einschränkungen nicht uneingeschränkt attraktiv. Besonders für akademisch qualifizierte Frauen in Jobs mit Gestaltungs-, Selbstverwirklichungs- und Karriereperspektiven ist es in der Tat eine schwierige Frage, ob sie ihre Unabhängigkeit und ihr hohes Berufsprestige aufgeben und für unbestimmte Zeit als Mutter zu Hause bleiben sollen. Das ist keineswegs (nur) als Ausdruck des Trends nach Selbstverwirklichung zu verstehen, denn beispielsweise sind berufliche Anforderungen (Leistung, Mobilität, Flexibilität) massiv gestiegen, (Groß-)Eltern zur Unterstützung sind häufig nicht mehr am selben Ort und der **Erziehungsdruck** ist gewachsen. **Elternschaft entwickelt sich zu einer zunehmend schwieriger zu bewältigenden Gestaltungsaufgabe mit hohen Erwartungen** – der Eltern an sich selbst und der Gesellschaft an die Eltern.

Elternschaft ist komplex

Elternschaft lässt sich nicht auf einen Aspekt (z. B. Finanzen, Arbeitsmarkt, Erziehung, Kindertagesstätten, Schule) oder auf Handlungsalternativen (finanzielle Unterstützung *oder* Ausbau von Infrastrukturen) reduzieren. **Es gibt nicht *den einen* Hauptschalter,** von dem aus sich alles regulieren und beheben ließe. Maßnahmen an der einen Stelle haben mitunter gegenteilige Effekte auf andere Zentralbereiche von Elternschaft. Insofern ist **davor zu warnen,** auf diese Studie **mit einem aktionistischen Reflex zu reagieren** – solches würde nur bestätigen, wie verkürzt Elternschaft bisher behandelt wurde. Vielmehr plädieren Eltern heute selbst dafür (und das ist die überwiegende Mehrheit der Bevölkerung), **Eltern *ganzheitlich* wahrzunehmen** und einen **offenen politischen Diskurs zu beginnen.**

Eltern sind unter Druck

Viele Eltern sehen sich heute **unter vielfältigem *Druck*:** Zeitdruck, Organisationsdruck, Leistung im Beruf, Erfolg der Kinder in der Schule, Erziehungsdruck – und auch Partnerschaftsdruck (Sind Aufgaben richtig und gerecht/gleichberechtigt verteilt?). **Viele Eltern sind *verunsichert*,** ein Drittel fühlt sich im Erziehungsalltag *oft bis fast täglich* gestresst, die Hälfte immerhin *gelegentlich*. Dies veranschaulicht das nachfolgende Schaubild.

Die in den letzten beiden Dekaden gestiegene **Flut an Erziehungsratgebern und Elternzeitschriften** dokumentiert diese Unsicherheit und einen Bedarf. Weil hier ein neuer, wachsender Markt entstanden ist mit verschiedenen (auch gegensätzlichen) Philosophien, Ansätzen, Konzepten und Rezepten, wurde die Verunsicherung vieler Eltern bestätigt, gefestigt und sogar sukzessive gesteigert: ein paradoxes Phänomen.

"Wie oft fühlen Sie sich
durch Ihren Erziehungsalltag gestresst?"

Fast täglich — 7%

Oft (aber nicht täglich) — 25%

Gelegentlich — 50%

Selten, eigentlich nie — 18%

© Sinus Sociovision 2007

0%   20%   40%   60%   80%   100%

Quelle: Sinus Sociovision 2007
Basis = 502 Fälle; Eltern mit Kindern von 0 bis 17 Jahren im Haushalt

Dabei gibt es in vielen Milieus den deutlichen Trend, dass eine ganzheitliche Erziehungsphilosophie (z. B.: Das Kind soll einen Platz im Leben finden.) unterlaufen und weggespült wird von der Suche nach praktischen und kurzfristig wirksamen Rezepten. Dieses **funktionale, themen- und situationsorientierte Denken** ist Ausdruck von **Hilfsbedürftigkeit** in nahezu allen typischen Situationen im Erziehungsalltag. Dieser ist aus der subjektiven Perspektive der Eltern so komplex, dass sich das Gefühl kaum einstellt, eine gute Mutter, ein guter Vater zu sein. Viele Eltern stellen mit Blick auf die eigene Erziehungsqualität meist eine **Defizitdiagnose**. Auch die überbordende **Selbstkritik** ist ein Indikator für den heute erheblichen Erziehungsdruck.

Dieser Erziehungsdruck ist aber keineswegs eine nur subjektive (und damit zu relativierende) Befindlichkeit: Der Druck ist objektiv und zeigt sich exemplarisch in der **Erwerbstätigkeit**. Unternehmen stehen im Wettbewerb unter dem Druck zu mehr Flexibilität und Mobilität, die sie auch von den Mitarbeitern verlangen (müssen). Innerhalb des Unternehmens sind die **Eltern** (vor allem die Mütter) **die abhängige Variable,** die flexibel auf die sich wandelnden Anforderungen im Erwerbsalltag reagieren muss. Sie sind auch im unternehmensinternen Wettbewerb nach ihrer Rückkehr aus der Elternzeit unter Beobachtung, ob sie den Aufgaben weiter gerecht werden. Anrufe aus der Kindertagesstätte oder der Schule, dass es dem Kind nicht gut geht und es abgeholt werden muss, bringen Eltern am Arbeitsplatz unter (moralischen und ökonomischen) Druck und führen dauerhaft dazu, dass ihre Kompetenzen, Verantwortlichkeiten und Chancen im Unternehmen geschwächt werden. Egal wie sich der Vater oder die Mutter in solcher Situation entscheidet: Er bzw. sie macht einen Fehler!

Bei Vätern kommt erschwerend hinzu, dass in Unternehmen i. d. R. unterschwellig die normative Vorstellung gilt, dass berufstätige Väter in der Kernarbeitszeit nicht abkömmlich sind und die Kinder von der Mutter versorgt werden. Aus vielfältigen Studien ist bekannt: **Es wird Vätern heute schwer gemacht, ein neues Vaterbild zu entwickeln und zu praktizieren**: Einerseits wird von ihnen erwartet, im Sinne der Gleichstellung aktiver an der Erziehung zu partizipieren; andererseits bietet ihnen der Erwerbsalltag nicht die dazu notwendige Flexibilität.

Das gilt nicht nur für Menschen mit akademischem Bildungsabschluss, die oft auf Dienstreisen sind oder länger im Büro arbeiten müssen, sondern auch für Menschen mit mittlerer oder geringer Bildung. So sorgen etwa die verlängerten Ladenöffnungszeiten im Einzelhandel (Supermärkte, Discounter, Warenhäuser, Boutiquen) dafür, dass die – meist weiblichen – Beschäftigten oft erst nach 20.00 Uhr nach Hause kommen.

Eltern heute haben mit Blick auf das gesellschaftliche Umfeld den Eindruck, dass der zeitliche Korridor für Erziehungsmaßnahmen sehr eng ist und sie **Chancen zur Weichenstellung unbedingt nutzen** müssen. Die Suche nach funktionssicheren Rezepten ist ebenso groß wie die zwei antipodischen Generalverdächtigungen, (1) das eigene Kind werde heute überfordert und (2) man tue noch nicht genug für das eigene Kind. Das manifestiert sich i. d. R. an ganz konkreten Fragen wie etwa der einer Mutter: „Soll ich mein Kind nach Amerika zum Auslandsaufenthalt und Sprachkurs schicken?" Mitunter fehlen Eltern die Maßstäbe, um eine richtige und beruhigende Antwort zu finden.

Dominant ist längst nicht mehr nur in gehobenen Kreisen, sondern v. a. in der Mittelschicht der Druck, das eigene Kind noch mehr zu fördern: Privaten Zusatzunterricht bekommen Kinder längst nicht mehr erst ab der weiterführenden Schule bei der Diagnose schlechter Noten: **Schon in der Grundschule unternehmen Eltern enorme Anstrengungen und investieren viel Geld** in private Anbieter – ohne dass das Kind dramatisch schlechte Noten hätte. Die **Mütter verzichten teilweise auf eigene Erwerbstätigkeit**, um ihrem Kind im privaten Kreis – im Wechsel mit anderen gleichgesinnten Eltern – Lerngruppen daheim zu organisieren, damit das

Kind die Gymnasialempfehlung bekommt. Sie sind wahre Experten auf den Websites der Schulbuchverlage und in Bezug auf Lernmaterialien und Übungsaufgaben. In einigen Bundesländern ist ein **neuer Markt mit unterstützenden Lernmaterialien für Grundschüler der dritten und vierten Klasse entstanden** mit dem Zweck („Produkt"), die Gymnasialempfehlung als „Output" zu erzeugen. Auch die Zauberformel „Frühförderung" ist im Alltag des bürgerlichen Mainstreams nicht nur angekommen, sondern hat sich als fixe Norm etabliert, so dass viele Eltern darauf achten und drängen, dass ihr Kind eine Fremdsprache lernt („Zweisprachig aufwachsen ist später nur von Vorteil.") sowie Mal- und Musikunterricht bekommt – all dies bereits systematisch schon im Kindergarten.

Die hohe **Relevanz von Schulabschlüssen** der eigenen Kinder für die Eltern sowie das **elterliche Engagement** hinsichtlich schulischer Belange werden durch die nachfolgenden Grafiken verdeutlicht:

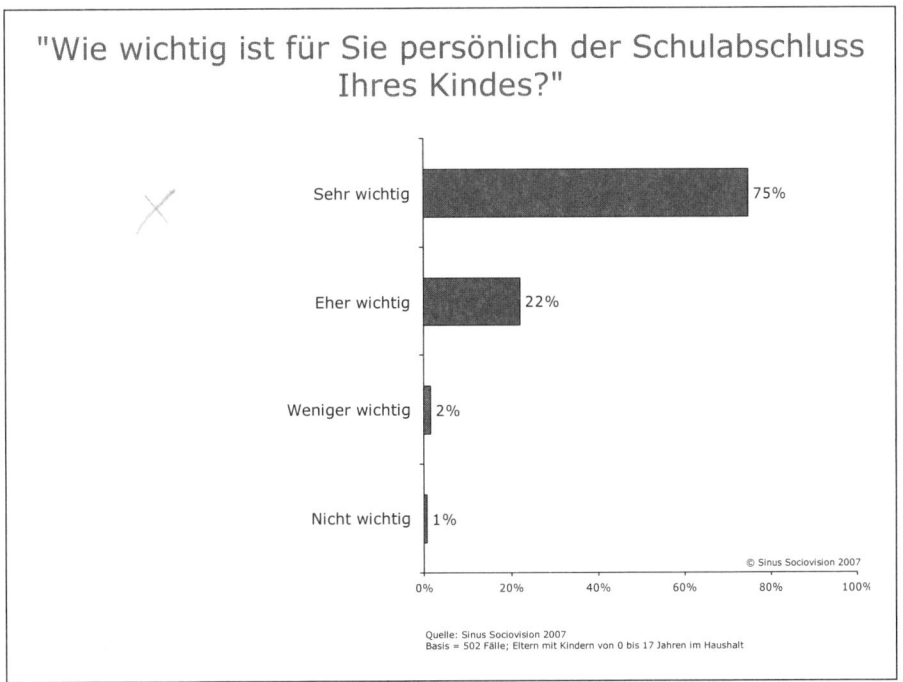

Drei Viertel der Eltern bewerten den Schulabschluss ihres Kindes persönlich als *sehr wichtig*, 22 % zumindest als *eher wichtig*. Wie an späterer Stelle deutlich wird, haben Eltern nahezu aller untersuchten Milieus in mehr oder weniger stark ausgeprägter Form solche Bildungsaspirationen für ihre Kinder – eine Ausnahme stellen die Milieus der sozialen Unterschicht dar (wobei auch Konsum-Materialisten zunächst z. T. durchaus Hoffnungen hinsichtlich der Schullaufbahn ihrer Kinder hegen).

Nachfolgende Illustration[5] zeigt: Knapp 40 % der Eltern helfen häufig bis regelmäßig bei den täglichen Hausaufgaben ihrer Kinder. Hierbei geht es *noch nicht* um die gezielte Vorbereitung und das Lernen auf Klassenarbeiten, wofür man zusätzlich Zeit aufwendet – Zeit, die an anderer Stelle fehlt.

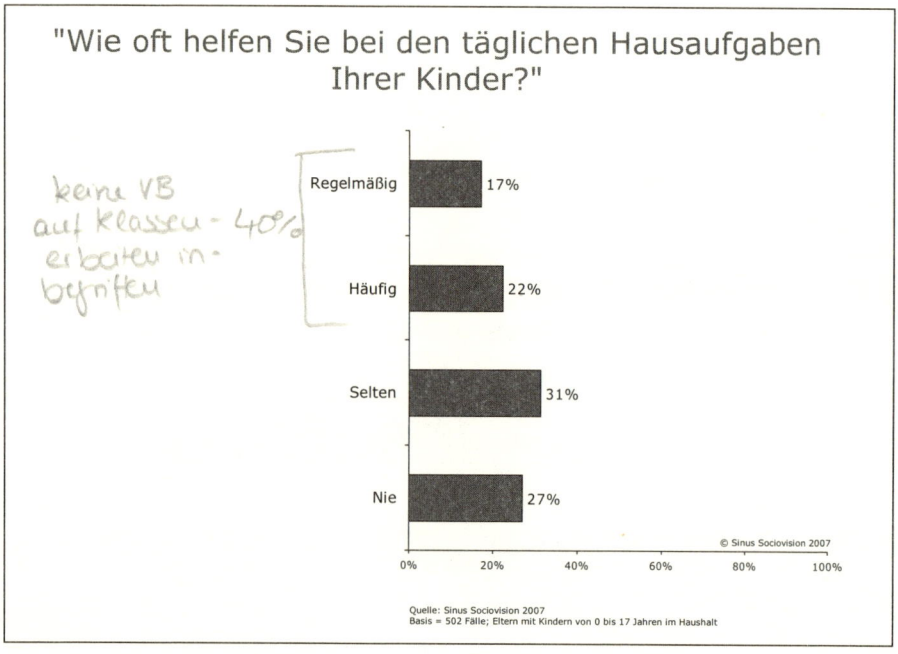

Pluralität von Leitbildern

Es gibt für Eltern nicht mehr das einheitliche, universell definierte, verbindliche Leitbild in der Erziehung. Durch den Prozess der **Pluralisierung und Individualisierung** haben sich in den verschiedenen Milieus je eigene soziokulturelle Orientierungsmuster ausgebildet.

Dominant ist das **Normbild der „guten Mutter"** – doch hier sehen sich Eltern vor vielfältigen Ambivalenzen: *Einerseits* setzen sich Mütter mit den starken Normbildern aus zwei Epochen auseinander, die *stilbildend* waren und heute *paradigmatische* Modelle der klassischen Kernfamilie und der „guten Mutter" sind: dem ihrer Großeltern aus

---

[5]   Die Summe der Anteile beläuft sich auf 97 %; 3 % der Befragten machten keine Angabe.

den 1940er bis 1960er Jahren sowie dem ihrer eigenen Eltern aus den 1970/80er Jahren. Diese Normbilder sind für Eltern heute starke Referenzen zur Orientierung, aber auch zur Abgrenzung – und gerade dadurch außerordentlich wirkmächtig. Diese Normbilder wurden nicht in ihrer Kompaktheit in die Gegenwart transportiert, wohl aber vielfältige signifikante Elemente. *Andererseits* wissen die jungen Frauen, dass eine Mutter heute ganz anders sein muss als vor 50 oder 30 Jahren: Pädagogik, Rollenbilder (Berufstätigkeit der Frau) sowie das gesellschaftliche Umfeld haben sich massiv verändert. **Elternsein heute muss man aktiv gestalten und für sich jeweils „erfinden".**

2.3   Milieuspezifische Rollenbilder einer „guten Mutter"

Dabei zeigt sich, dass Eltern mit dem Druck und der Verunsicherung je nach Milieu ganz unterschiedlich umgehen und dieses Verhalten in der jeweiligen Milieulogik reflektieren. Durch die hohe Binnenkommunikation innerhalb der Milieus und Abgrenzung zwischen den Milieus (auch als Eltern bleibt man unter sich) entstehen **milieutypische Erfahrungs- und Normbilder einer „guten Mutter".** Das illustriert folgende Grafik:

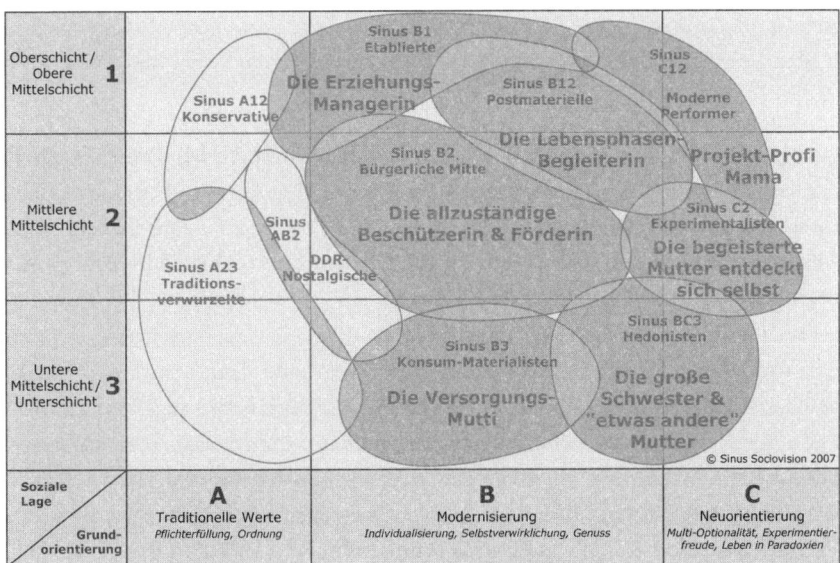

Rollenbilder einer "guten Mutter" in den Sinus-Milieus®

Etablierte Mütter sehen sich als *Erziehungs-Managerin*: Die „gute Mutter" kümmert sich um das Kind mit liebevollem und professionellem (Weit-)Blick. Die Aufgabe besteht darin, das **Kind frühzeitig „auszurüsten"** und zu fördern, **„Fehlentwicklungen" vorzubeugen** bzw. rechtzeitig zu intervenieren und dem Kind so **optimale Startchancen** zu gewähren, dass es für den **Wettbewerb** „fit" ist: Die Mutter übernimmt Kontroll- und Förderfunktion. Die paradigmatische Frage für die gute Mutter im Etablierten Milieu ist: „Was braucht das Kind für eine erfolgreiche Persönlichkeitsentwicklung und Zukunft?" Es geht um Interessen, Qualifikationen und v. a. Tugenden: Leistungsbereitschaft, Ehrgeiz, Durchhaltevermögen, Verantwortung, Überlegenheit und Leistungsfähigkeit. Ziel ist dabei, einerseits Fürsorge und Schutzraum (Familie als „Hafen") zu bieten, andererseits die notwendigen (Heraus-)Forderungen für das Kind in den Blick zu nehmen und das Kind so – mal mit strengem Nachdruck, mal subtil und behutsam – auf „die Schiene" zu setzen. Insofern ist **Erziehung** eine **anspruchsvolle Managementaufgabe**.

Damit Erziehung möglichst optimal gelingt, klammert eine „gute Mutter" sich nicht an ihr Kind, hat die Bereitschaft und Kompetenz zur **Delegation** und nimmt gezielt und selbstverständlich die Unterstützung privater Anbieter in Bezug auf Versorgung, Betreuung und Förderung in Anspruch. Das dient nicht nur dem Kind, sondern ist auch für sie selbst angemessen: **Eine gute Mutter braucht Entlastung** („Support") **und Freiraum** für andere wichtige kulturelle und gesellschaftspolitische Aufgaben sowie für ihre Bedürfnisse. Für eine gute Mutter verbietet es sich aber auch, über den Erziehungsdruck oder gar Erziehungsstress zu klagen: Eine gute Managerin beklagt sich nicht, wahrt jederzeit die souveräne Haltung, beißt auch mal die Zähne zusammen und findet Lösungen.

Postmaterielle Mütter verstehen sich als *Lebensabschnittsbegleiterin* ihres Kindes. Zum einen verstehen sie **Muttersein** nicht als *Lebensaufgabe*, in der sie persönlich aufgehen und sich verwirklichen (wie das für viele Frauen im traditionellen Segment der Fall ist), sondern **als wichtigen, zeitlich begrenzten Abschnitt in ihrem Leben**: Sie wollen die Kinder ins Leben entlassen („loslassen"), wollen ihre eigene Identität nicht auf die Rolle als Mutter reduzieren und auch während der Erziehungsphase ihre Selbständigkeit wahren. Nur wenn eine Frau *ganz Mensch* ist, kann sie auch eine gute Mutter sein – das wird das Kind in der Erziehung spüren, und das soll das Kind als Botschaft mit auf den Lebensweg bekommen. Zum anderen verstehen sich Postmaterielle als **Begleiterin ihres Kindes in den ersten Etappen und Lebensabschnitten**: Eine gute Mutter besitzt ihr Kind nicht, will es nicht mit aller Kraft und allen Mitteln in eine Richtung drängen. Deutlich kommt dies in folgenden Versen des Dichters Khalil Gibran zum Ausdruck, die vielen Postmateriellen aus der Seele sprechen:

> *„Eure Kinder sind nicht eure Kinder.*
> *Sie sind die Söhne und die Töchter der Sehnsucht*
> *des Lebens nach sich selbst.*
> *Sie kommen durch euch, aber nicht von euch,*
> *und obwohl sie bei euch sind, gehören sie euch nicht.*
>
> *Ihr dürft ihnen eure Liebe geben,*
> *aber nicht eure Gedanken,*
> *denn sie haben ihre eigenen Gedanken.*
> *Ihr dürft ihren Körpern ein Haus geben,*
> *aber nicht ihren Seelen,*
> *denn ihre Seelen wohnen im Haus von morgen,*
> *das ihr nicht besuchen könnt,*
> *nicht einmal in euren Träumen.*
>
> *Ihr dürft euch bemühen, wie sie zu sein,*
> *aber versucht nicht, sie euch ähnlich zu machen.*
> *Denn das Leben läuft nicht rückwärts,*
> *noch verweilt es im Gestern …"*

Postmaterielle Mütter setzen sich bewusst keine konkreten Erfolgsziele für ihre Kinder, sondern wollen auf Basis eines – philosophisch anmutenden – Erziehungskonzepts, dass ihr **Kind einen Platz in dieser Gesellschaft findet** und **ganzheitlich glücklich** ist. Sie distanzieren sich von äußerlichen statusorientierten Zielen anderer Mütter und betonen, dass es wichtiger ist, den individuellen Bedürfnissen und Talenten (je)des einzelnen Kindes Raum zu geben. Eine gute Mutter sorgt dafür, dass sich die **Persönlichkeit des Kindes** entwickeln und entfalten kann.

Mütter aus dem Sinus-Milieu® *Moderne Performer* orientieren sich am Leitbild der *Profi-Mama*. Sie haben sich für die Option „Kind" entschieden und folgen selbstbewusst der Maxime: Ich kann auch das **Muttersein professionell organisieren** und leben. Die Ansprüche an optimale Qualität für das Kind in Bezug auf Bekleidung, das ästhetische, stilistische und rituelle Umfeld sowie auf den erzieherischen „Support" sind groß. So wie viele dieser Mütter vormals im „Job" mit klarer Zielorientierung, hohem Anspruch und großem Engagement agierten, sich flexibel auf Veränderung äußerer Umstände einstellten und nicht in Problemen, sondern in Lösungen dachten, so gehen sie das **Projekt Erziehung** an. Bereits vor Geburt des Kindes haben sie hinsichtlich ihrer Erziehungskompetenz ein ausgeprägtes Selbstbewusstsein.

Sie informieren sich nicht *kontinuierlich* zum Thema Erziehung. Dies liegt weniger an einem knappen Zeitbudget als vielmehr an der selbstbewussten Einstellung, dass die **eigene intuitive Vorstellung von Erziehung**, die aus der persönlichen Lebenseinstellung und Lebensweise erwächst, für das Kind schon richtig sein wird. Gleichwohl informieren sie sich vor und während der Schwangerschaft sowie **bei konkreten Problemen sehr fokussiert**: Dabei bevorzugen sie vor allem die Online-Recherche und gezielt ihnen bekannte Websites (typisch für die hohe Affinität dieses Milieus zu Neuen Medien). Wichtig sind Modernen Performern hierbei **Professionalität** und **leichte Umsetzbarkeit** – ein Zeichen ihrer lösungs- und benefitorientierten Sicht der Dinge.

Entscheidungen in den einzelnen Entwicklungsphasen des Kindes gehen Moderne Performer selektiv informiert und unbeirrt an. Eine „gute Mutter" gibt ihrem Kind zur Orientierung klare Rahmenbedingungen und Regeln. Eine erfolgreiche Erziehung, in der dem Kind lebenswichtige Werte und Tugenden, Empfindungen und Kompetenzen vermittelt und „eingepflanzt" werden, darf jedoch nicht einer nur intuitiven Befindlichkeit der Mutter überlassen werden. Zwar hat jede Mutter von Natur aus die Fähigkeit zur **Erziehung**, in der sich permanent wandelnden Moderne ist die Erziehungsintuition jedoch fehleranfällig und **muss gemanagt werden**. Hier ist eine „gute Mutter" weltanschaulich offen und wählt nach Maßgabe von **Nützlichkeit, Innovationsfreude** und **Professionalität** das optimale Betreuungs- und Bildungsangebot für ihr Kind aus.

Eine „gute Mutter" in der *Bürgerlichen Mitte* hingegen ist eine *Full-Service-Kraft* und der *Universal-Coach*: eine *„General-Mama"* für alle Sphären im Leben des Kindes. Sie ist mit Leib und Seele zuständig für die emotionalen und sozialen Befindlichkeiten sowie für das kognitive und kreative Potential des Kindes: Sie organisiert das Networking des Kindes im Freundeskreis ebenso wie **Aktivitäten** im Bereich Sport, Musik, Malen, **Fremdsprachen, Frühförderung, Lerngruppen** und **Nachhilfeunterricht**. Sie ist für ihr Kind moralische Erzieherin, Hauptansprechpartnerin, Beschützerin, Förderin („Agentin"), Privat-Lehrerin und v.a. moralisches und stilistisches Vorbild als Mutter, Hausfrau und als moderne berufstätige Frau.

Eine „gute Mutter" engagiert sich persönlich für ihr Kind, nimmt sich viel Zeit (verzichtet auf eigene Freiräume und Freizeit) und investiert auch Geld, um dem Kind die besten Chancen zu eröffnen: Das Kind ist **Investitionsgut**. Um dieses finanzieren zu können, ist die **Mutter häufig gleichzeitig erwerbstätig** (oft in Halbtagsjobs oder im Rahmen einer Nebentätigkeit auf 400-Euro-Basis). Eine gute Mutter hält die Spannung aus, *einerseits* umfassend für ihr Kind da zu sein, *andererseits* auch berufstätig zu sein in Unternehmen, die immer mehr Flexibilität und Mobilität erfordern.

Sozialwissenschaftlich, pädagogisch und familienpolitisch interessant ist, dass das traditionelle Normbild der „guten Mutter" für die Bürgerliche Mitte *einerseits* Negativfolie ist zur Entwicklung eigener Erziehungsstile: Man grenzt sich in diesem Milieu ab vom überkommenen Muster der Vollzeit-Hausfrau, deren Bestimmung darin liegt, ihrem Mann den Rücken freizuhalten. *Andererseits* werden bestimmte Facetten und Motive aus dem traditionellen Normbild gezielt übernommen und instrumentalisiert als **Mittel zur Abgrenzung gegenüber der sozialen Unterschicht**: Man tut alles für das eigene Kind, damit es dieses in Zukunft einmal besser hat. Die Mutter aus diesem Milieu sieht sich als *allzuständige Beschützerin und Förderin* ihrer Kinder.

Konsum-Materialisten leben *einerseits* ein hierarchisch-traditionelles Rollenverhältnis, *andererseits* sehnen sie sich nach einem modernen Konsum- und Medien-Lifestyle, den sie sich mit den verfügbaren finanziellen Mitteln unbedingt leisten. Diese typische **Synthese von Tradition und Moderne hat Konsequenzen für das Selbstverständnis der Mütter** in diesem Milieu: Wenn sie (oft in vergleichsweise jungen Jahren) schwanger werden, übernehmen sie – neben der Erledigung des Haushalts – klaglos und selbstverständlich die Aufgabe, das Kind zu versorgen und zu erziehen. Hingegen ist der Partner bzw. der (Stief-)Vater davon weitgehend freigestellt: Er ist die letzte Instanz, höchste Autorität und hat die Funktion, ein Machtwort zu sprechen sowie das Geld für den Lebensunterhalt zu erwirtschaften.

Vor diesem Hintergrund definiert eine Mutter aus diesem Milieu sich **als engere Bezugsperson ihrer Kinder**: als *Versorgungs- und Kuschel-Mutti*. Sie ist von Anfang an dafür verantwortlich, dass die obligatorischen „gesetzlichen" Vorschriften (Kinderarzt, Impfungen, Kindergarten, Schule) eingehalten werden,[6] und übernimmt komplett die **praktische Organisation** und **konkrete Erziehung** (Körper- und Zahnpflege des Kindes, Kochen, Kleidung besorgen, Wäsche etc.). Neben dieser unbedingt notwendigen Erledigung äußerlicher Pflichten begreifen sich die Mütter z. T. aber auch als „Kuschel-Mutti", die ihrem Kind emotionale Wärme gibt – v. a.

---

[6] Es ist Konsum-Materialisten wichtig, diesbezüglich nicht als von der Verhaltens„norm" abweichend wahrgenommen zu werden.

durch intensiven körperlichen Kontakt. Denn in diesem Milieu ist körperliche Kommunikation elementar und hat eigene Rituale und Routinen ausgeprägt.[7]

Typisch für diese Mütter ist jedoch auch der Impuls nach Selbstverwirklichung durch **Unabhängigkeit von auferlegten Pflichten** sowie durch Lust auf Einkauf und Medienkonsum. Das hat zwei Auswirkungen: *Zum einen* drücken die Mütter ihre **Liebe** zu ihren Kindern aus **in Form von materiellen Geschenken**: TV, DVD, Playstation und z. T. auch Internet im Kinderzimmer („mein Kind hat hier mehr als andere Kinder"), „Fresspakete" in die Schule und zu Schulausflügen („süße Sachen zum Verwöhnen"), Besuche bei McDonalds („eine Belohnung") und in Freizeitparks. *Zum anderen* zeigen diese Mütter oft **spontane Kuschelattacken** und „überfallen" damit ihre Kinder. Den Söhnen scheint das teilweise gar nicht recht zu sein – bekommen sie doch ansonsten häufig signalisiert, dass sie ein echter, harter Mann werden sollen. Im für die Kinder häufig unbegreiflichen Kontrast dazu stehen spontane, harsche Zurückweisungen seitens der Mutter, die sich bewusst dem situativen Zugriff ihrer Kinder entziehen will. Aus der subjektiven Perspektive der Mutter ist das ihr gutes Recht auf Ruhe, Pause und eigene Bedürfnisse. Aus einer distanzierten Perspektive erscheint dies **Ausdruck von Überforderung und Flucht** zu sein, die auch in anderen Milieus zu beobachten sind, die aber Konsum-Materialisten meist nicht distinguiert und unauffällig ausdrücken, sondern eher mit nicht verhohlenen Gesten und Worten.

Das häufige Selbstverständnis, dass die Mutter mit ihren Kindern eine **Enklave gegenüber der sozialen Umwelt** bildet, gilt in manchen (extremen) Fällen auch *gegenüber* dem Vater der Kinder bzw. gegenüber dem neuen Lebenspartner der Mutter. Gleichzeitig ist der Impuls da, mit dem Partner ein erlebnisreiches Leben zu führen. Signifikant ist, dass es Müttern aus dem Konsum-Materialistischen Milieu offenbar schwerfällt, ihre spezifische Rolle als Mutter und ihre Rolle als Lebenspartnerin zusammenzuführen und zu harmonisieren. Beide Bedürfnisse und Rollen stehen sich oft als vollkommene Gegensätze gegenüber und stürzen die Mütter z. T. in **Identitätskrisen**, für die sie keine Lösung finden und die manchmal das **Gefühl der Verlorenheit** zementieren.

---

[7]   Ein Grund dafür ist vermutlich, dass aufgrund der häufig geringen Schulbildung auch Verbalisierungskompetenzen in diesem Milieu vergleichsweise eng begrenzt sind. Vergleiche hierzu z. B. Bernsteins „expressiven Symbolismus", welcher eine Sprach- und Kommunikationsweise bezeichnet, bei der die „persönliche Qualifikation" in „nicht-sprachlicher Form oder mit Hilfe einer begrenzenden Satzfunktion zum Ausdruck kommt" (Bernstein, B.: Sozio-kulturelle Determinanten des Lernens, in: P. Heintz (Hg.): Soziologie der Schule, Sonderheft 4 der Kölner Zeitschrift für Soziologie und Sozialpsychologie, Köln 1959).

Dies ist ein Grund für die massiven **Stimmungs- und Verhaltensschwankungen**: Sie zeigen *einerseits* die Strategie innerer Abstumpfung und Kälte, um den materiellen, sozialen und psychischen Druck und die Perspektivlosigkeit „auszuhalten" – die Mütter überlassen dann ihre Kinder plötzlich und auch ritualisiert (zu bestimmten Tageszeiten) einfach sich selbst. Diese Mütter fallen *andererseits* aufgrund des auch bei ihnen dominanten Normbildes der „guten Mutter" immer wieder in das andere Extrem der „Glucke". Das subjektive **Gefühl von Verlorensein, Ausgeliefertsein, Gestresstsein** ist bei Konsum-Materialistischen Müttern sehr hoch. Zusammen mit der finanziell oft prekären Enge manifestiert das bei diesen Müttern mitunter einen **„Tunnelblick"**, wobei sie oft kein Licht am Ende des Tunnels sehen.

Bei *Hedonistischen Müttern* dagegen scheint etwas weniger stark der materielle und soziale Druck prägnant, sondern primär die eigene Inkonsequenz in der Erziehung. In ihrem Selbstverständnis ist eine „gute Mutter" keine strenge Autorität, sondern eher eine gute Freundin, die viel Verständnis für ihre Kinder hat. Dominant ist bei Hedonistischen Müttern die Maxime**, anders als Mütter aus dem (spieß-) bürgerlichen Mainstream** zu sein. Wichtig ist, dem eigenen Kind möglichst keine Fesseln anzulegen, es nicht einzuengen, es nicht durch bürgerliche Erziehungsregeln zu deformieren. Ähnlichkeiten mit der Rousseau'schen Erziehungstheorie[8] scheinen nur vordergründig, denn Hedonisten zeigen sich kulturhistorisch wenig informiert und interessiert: Den Müttern geht es eher darum, mit dem **Verlust ihrer verloren gegangenen Freiheiten** fertig zu werden. Während sie in der Zeit ohne Kind(er) ein lustvolles Leben „on the road" führten, mit Freunden viele Abende „auf der Piste" waren, den Thrill von Szenen und Action suchten, sind sie nun mit Kind an Haushalts- und Versorgungspflichten *gebunden*. Für einige Mütter aus diesem Milieu kommt hinzu, dass sie nach der Geburt (manche schon vorher) **vom Vater des Kindes verlassen** wurden, weil dieser „keinen Bock auf Kind" hatte[9] – oder sie selbst die Beziehung beendeten, weil der Vater in eine traditionell-chauvinistische Rolle fiel und die Frau keine Lust hatte, zwei „Kinder" zu versorgen: ihr eigenes sowie ihren Partner.

Diese Mütter stehen in einem **mehrfachen Spagat**, in dem sie kaum dauerhafte Balance finden: *einerseits* Abgrenzung von den Erziehungsstilen der bürgerlichen Gesellschaft, *andererseits* die Erfahrung, dass stabile Regeln und Routinen entlasten; *einerseits* die Lust am Abenteuer, „Mutter" zu sein, *andererseits* die Sehnsucht nach einem un-

---

[8]   „Émile ou de l'éducation" (Rousseau, Jean-Jacques, 1762).
[9]   Eine Mutter benannte dies im Gespräch folgendermaßen: „Was ich bräuchte? Ich bräuchte eigentlich einen Vater, der meinem Sohn auch mal zuhört, wenn er ein Problem hat."

gebundenen Leben; *einerseits* die (ideologische) **Distanzierung von der bürger-lichen Kernfamilie;** *andererseits* **die Sehnsucht nach einem Partner,** der mit ihnen gleichberechtigt die Erziehung übernimmt. Die Vielzahl solcher Ambivalenzen macht für Hedonistische Frauen das Muttersein zu einer Lebensphase, die sie eigent-lich genießen wollen, der sie sich aber **nicht gewachsen fühlen**, in der sie sich **überfordert und alleingelassen** fühlen.

Mütter aus dem Milieu „*Experimentalisten*" haben einen vergleichsweise gelasse-nen Blick auf ihre Situation: Sie hadern nicht und begreifen ihr früheres Leben nicht als „verloren", sondern sehen – in typischem **Optimismus** – den neuen Lebensab-schnitt als spannende Herausforderung, in der *sie sich selbst – begeistert – neu entdecken* und erfinden können. Sie sehen den Alltag mit Kind(ern) als Chance, sich neue Pers-pektiven auf das Leben zu eröffnen: den originären, natürlichen, unvergrübelten „kindlichen" Blick. Insofern ist für diese Mütter das **Leben mit dem Kind eine neue Entdeckungs- und Selbsterfahrungsreise**, in der sie – zumindest eine Zeit lang – ganz aufgehen wollen. Im Unterschied zu Modernen Performern gehen Expe-rimentalisten die Erziehung nicht mit dem Anspruch der professionellen Organisa-tion und mit ehrgeizigen Zielen an. Auch haben sie im Unterschied zu Postmateriel-len nicht den hierarchischen Blick eines Lebensabschnittsbegleiters für ihr Kind, sondern sind bestrebt, die Perspektive des Kindes ernst- und anzunehmen. Was aus der Fremdwahrnehmung anderer Milieus als „Chaos" und „Unordnung" erscheint, ist in der Selbstwahrnehmung von Experimentalistinnen das **Vertrauen in** ihre **un-vergrübelte Intuition** in der Erziehung.

*

So unterschiedlich die Einstellungen und Erziehungsstile sind: **Mütter aus allen Milieus sind bestrebt, bloß keine „Rabenmutter" zu sein.** Mütter sehen sich po-tentiell diesem gesellschaftlichen Vorwurf ausgesetzt und haben eine sensible Selbst-beobachtung und Fühler, ob ihnen solches von ihrem sozialen Umfeld widergespie-gelt wird.

In Bezug auf Väter hingegen gibt es nicht die Negativfolie vom „Rabenvater". Wenn ein Vater viel Zeit mit seinen Kindern verbringt, gilt er als vorbildlicher Exot; wenn er die Erziehung und Freizeitgestaltung der Kinder seiner Partnerin überlässt, hat das keine negativen Konsequenzen auf sein Image und das Normbild als Vater.

Gleichwohl hat sich das Normbild vom guten Vater seit der Nachkriegsgeschichte erheblich weiterentwickelt und ist vielfältiger geworden. Im Folgenden sind die Kon-turen neuer Väterbilder skizziert:

2.4   Konturen neuer Väterbilder

So sehr sich junge Frauen mit einem Überschuss von prägnanten normativen Mutterbildern konfrontiert sehen, so sehr ist für junge Männer das **Väterbild noch sehr diffus** – und für viele beängstigend. An die Stelle des klassischen Familienoberhaupts, Haupternährers und strengen Vaters soll der „neue Vater" treten, der sich mehr Zeit für seine Kinder nimmt und mehr praktische Verantwortung in der Erziehung übernimmt.

Untenstehende Illustration verdeutlicht, dass sich in etwas mehr als der Hälfte der Fälle der Vater tatsächlich als „gleichberechtigt" hinsichtlich der *Erziehungsverantwortung* sieht.

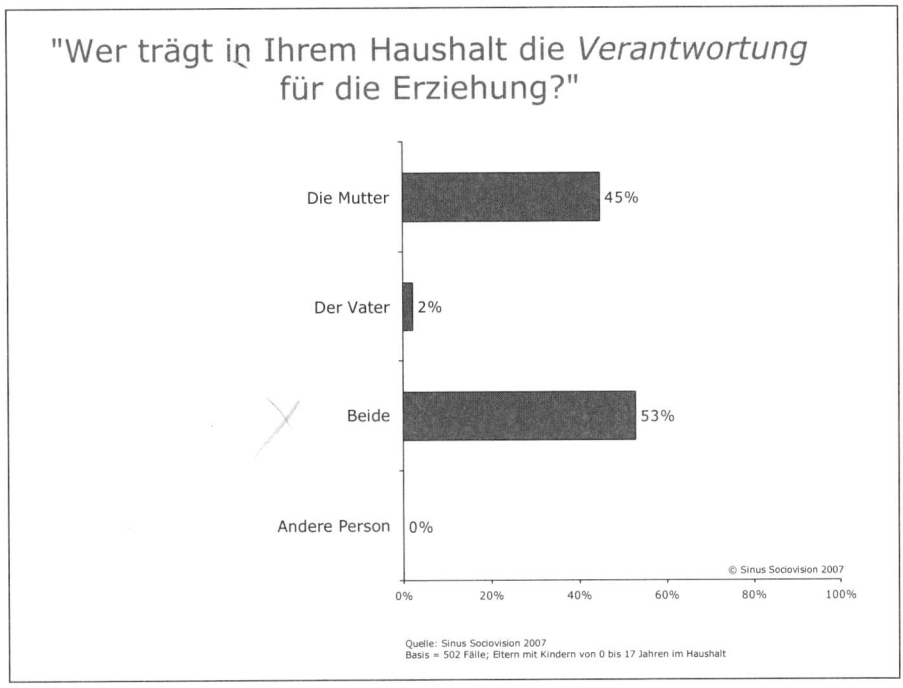

"Wer trägt in Ihrem Haushalt die *Verantwortung* für die Erziehung?"

Die Mutter   45%
Der Vater   2%
Beide   53%
Andere Person   0%

© Sinus Sociovision 2007

0%   20%   40%   60%   80%   100%

Quelle: Sinus Sociovision 2007
Basis = 502 Fälle; Eltern mit Kindern von 0 bis 17 Jahren im Haushalt

Es ist den meisten Männern klar, dass das hierarchische Geschlechterverhältnis und die traditionelle Rollenteilung im umfassenden Sinne „nicht gut" sind – und kein Modell für die Zukunft darstellen. Aber es fehlt grundsätzlich an alltagstauglichen Rollenbildern, Orientierungsmustern und Verhaltensroutinen für „moderne neue Männer". Dafür gibt es derzeit kaum attraktive und authentische (mediale) Vorbilder. Gleichzeitig sehen sich die **Väter im Erwerbsalltag zunehmend unter dem Druck zu (noch) mehr Flexibilität und Mobilität** – also Zeit, die jenseits der Familie zu verbringen ist.

Demzufolge, betrachtet man die *tatsächliche Erziehungsarbeit,* übernehmen Mütter nach wie vor mit 68 % den Hauptpart im Familienalltag. Wie sie damit umgehen, was dies für die Partnerschaft und den Familienalltag bedeutet, wird in Kapitel 3 näher beschrieben.

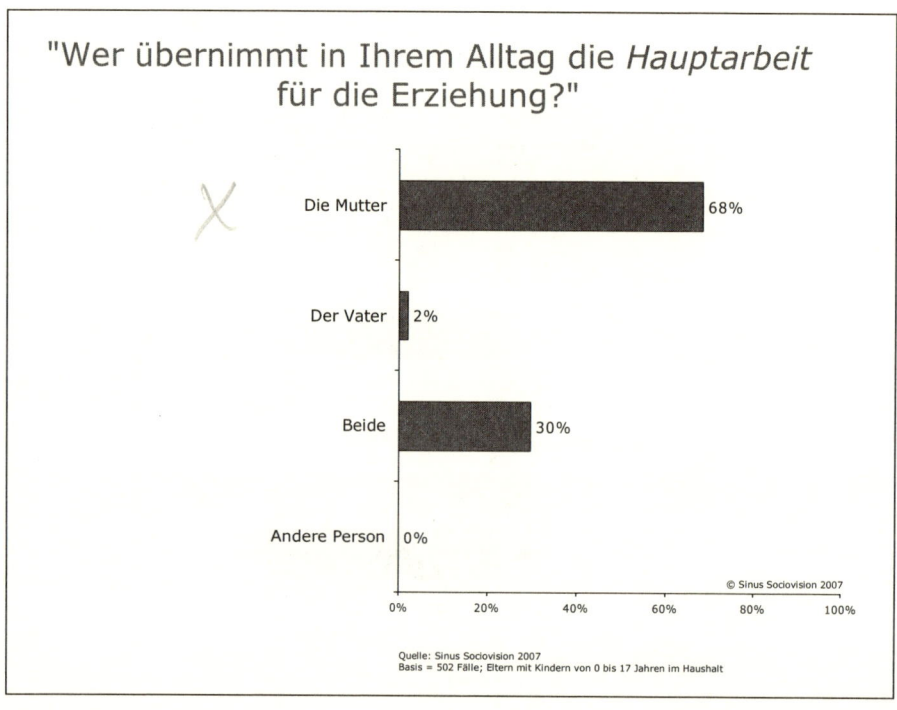

Der *Etablierte Vater* sieht sich als *Familienvorstand* und für seine Kinder als *überlegter Weichensteller* in eine erfolgreiche Zukunft. Man sieht seine Aufgabe als perfektes und zugleich menschliches Vorbild in unmittelbarer Nähe: Der „gute Vater" vereint Verständnis und (sanfte) Strenge, um dem Kind jene Sekundärtugenden zu vermitteln, die für eine starke Persönlichkeit wichtig sind. Auch wenn seine Partnerin als Erziehungsmanagerin den Alltag organisiert, hat der Mann als **Autorität bei zentralen Entscheidungen** das letzte Wort. Gleichwohl agieren beide in diesem Einverständnis auf Augenhöhe.

Rollenbilder vom "guten Vater"
in den Sinus-Milieus®

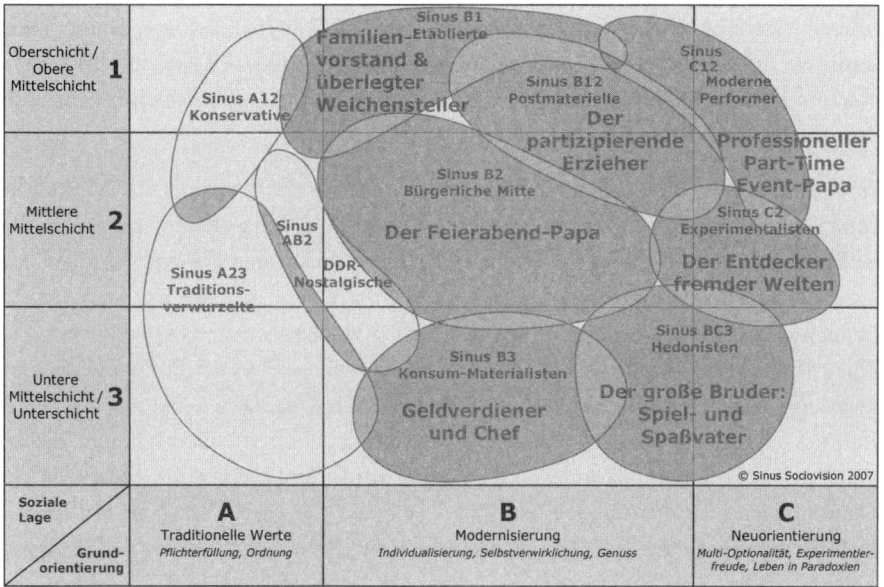

Der **Postmaterielle Vater** ist der **partizipierende**, mit seiner Lebensgefährtin gleich zuständige und bei allen Themen **gleichgestellte Erzieher** seiner Kinder. Während traditionelle und konservative Väter eine klassische Rollenteilung praktizierten, soll im Milieu der Postmateriellen jeder Elternteil, sowohl der Vater als auch die Mutter, streng *und* verständnisvoll, hart *und* weich sein, mit **„weiblichen" *und* „männlichen" Attributen erziehen.** Die Maxime der Gleichstellung in der Erziehung ist zugleich Erziehungsziel: Das Kind soll durch Erfahrung und elterliches Vorbild lernen, dass die Zeit klassischer Rollenteilung vorbei ist und beide Eltern beruflich und privat hier (idealerweise) eine Balance leben.

Wenn **Moderne Performer** Vater werden, ist dies für sie der Einstieg in ein **Projekt mit besonderer Bedeutung**, das sie mit Engagement angehen. Sie sind aber i. d. R. nicht bereit, auf ihre beruflichen Ambitionen zu verzichten, und haben die Perspektive, ihre Vaterschaft optimal zu organisieren: Werktags wollen sie für ihr Kind im Büro oder auf Dienstreise erreichbar sein (typisch sind Telefonate aus dem Zug: um ihrem Kind nach dem Aufwachen vor dem Kindergarten oder der Schule „guten Morgen" zu sagen sowie um ihnen abends eine „gute Nacht" zu wünschen). Weil sie beruflich eingespannt und oft nicht zu Hause sind, sehen sie sich primär am Wochenende in der aktiven Rolle: der *liebevoll-professionelle Part-Time-Event-Papa,* der kreativ und aktiv die Freizeit mit seinen Kindern gestaltet und dabei auch außeralltägliche Freizeitaktivitäten unternimmt. Im Unterschied zur Bürgerlichen Mitte sehen diese Väter sich in diesem Spagat nicht zerrissen, sondern nehmen die Situation als Herausforderung, die es zu managen gilt: **Vatersein ist eine Frage der Organisation und des Einsatzes.**

Der Vater in der *Bürgerlichen Mitte* ist der **Haupternährer** und *„Feierabend-Papa".* Die Frau übernimmt die Organisation und die Alltagskämpfe; der Vater ist der **Spielvater,** der mit seinem Sohn am Wochenende auf den Fußballplatz geht, mit seiner Tochter zum Schwimmen oder Reiten (Zuschauen, sichtbares Dasein, Begeisterung für das Kind zeigen); er repariert Spielzeug und zeigt handwerkliches Geschick (Basteln von Spielhaus, Baumhaus, Hochbett u. Ä.). Für die Hausaufgabenbetreuung seiner Kinder und für das Üben vor Klassenarbeiten übernimmt er bestimmte Fächer (oft Mathematik oder Naturwissenschaften). Der Vater in diesem Milieu ist kein Patriarch, sondern eher **weich und verständnisvoll.** Durch die gesellschaftliche Norm vom „neuen Vater" fühlen sich diese Väter **unter Druck:** *Einerseits* müssen sie **im Job immer mehr leisten,** mobil und flexibel sein; *andererseits* sollen sie **mehr Zeit für die Kinder haben** und sich aktiver in die Erziehung einbringen: Das erleben sie als „unguten" Spagat.

Im Milieu der *Konsum-Materialisten* ist der Vater *„Geldverdiener und Chef".* Hier herrscht eine traditionelle Rollenteilung und ein hierarchisches Paarverhältnis. In den meisten Fällen zieht sich der Vater völlig aus der Erziehung heraus – „haut aber gelegentlich auf den Tisch", um seine **Autorität** zu **demonstrieren.** Er will selbst – mit kritischem Blick auf sich selbst – für seine Kinder nicht Vorbild sein, ihnen aber durch **gewisse Leistungserwartungen und Strenge** vermitteln, dass sie **kämpfen** müssen, um in der Gesellschaft mithalten zu können. Einige Väter sehen sich als Boxtrainer, der seinem Schützling zwischen zwei Runden Tipps für die nächste Runde gibt – ohne selbst in den Ring zu steigen. Typisch ist die **Delegation der Zuständigkeit an andere Instanzen** (Mutter, Kindergarten, Schule, Ärzte, Jugendamt u.a.) in Verbindung mit ausgeprägtem Obrigkeitsdenken. Gleichzeitig aber pflegen Konsum-Materialistische Väter herbe Kritik an jenen Instanzen, die ihrer Meinung nach „versagen". Ihren Kindern vermitteln sie die Moral, nur nicht negativ aufzufallen, sich anzupassen – aber sich nichts gefallen zu lassen. Zuständig fühlen sich diese Väter häufig lieber für ihren Sohn (der Junge muss hart und durchsetzungsstark sein), während die Tochter doch eher Sache der Frau ist.

Der idealtypische Vater der **Hedonisten** ist der **„große Bruder"**, der mitspielt, der durch das Kind selbst wieder zum Kind wird und es genießt, **mit dem Kind ungehemmt Spaß** zu haben. Gleichzeitig geht der Hedonistische Vater als „großer Bruder" aber auch, wenn es ihm selbst zu viel wird, seine eigenen Wege.

Für **Experimentalisten** ist die Vaterrolle eine Gelegenheit zur **Entdeckung fremder Welten**. Sie wollen in optimistischer Perspektive der unkonventionellen und noch nicht durchformten Gedankenwelt ihres Kindes **Freiraum geben**, es ermutigen, Fragen zu stellen und **Perspektiven auszuprobieren**. Sie wollen ihrem Kind Anstöße geben und es ermutigen, es aber nicht „betüddeln" und es auf keinen Fall in eine mit Moral und fixen Regeln geschneiderte Zwangsjacke stecken.

2.5 Pluralität der „Bedeutung" des Kindes

Selbst in Bezug auf die Frage, welche Bedeutung ein Kind für Eltern hat, gibt es nicht (mehr) die eine Antwort. Mehr noch: **Für jedes Milieu bedeuten Kinder etwas anderes**. Nachfolgende Abbildung zeigt dies im Überblick.

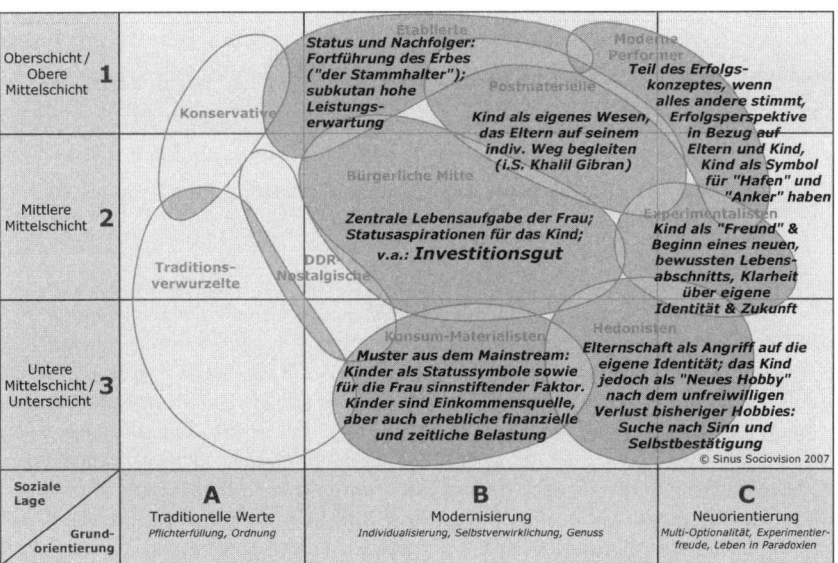

2.6   Aus Sorge ums Kind: Soziale Distinktion und Abschottung

Wir beobachten in der Gesellschaft eine in der letzten Dekade **stärker werdende räumliche und kulturelle Segregation** und ein Auseinanderdriften der Milieus. Deutschland scheint auf dem Weg in eine **neue Art von Klassengesellschaft** zu sein, wobei Einkommen und Vermögen scheinbar nur vordergründig die Demarkationsgräben ziehen. Die Klassenfrage ist heue keine Geldfrage mehr, sondern eine kulturelle Angelegenheit. Bildungskapital und Bildungsaspirationen sind dafür ebenso starke Einflussfaktoren wie Werte und Alltagsästhetik.

Dies ist für unser Thema insofern bedeutsam, als sich in dieser Entwicklung auch die Sorge um die Kinder ausdrückt: Spätestens beim Nachwuchs hört die Toleranz auf, und man zieht aus „Problemvierteln" weg in Wohngebiete mit Gleichgesinnten. Dies führt zu einer **erheblichen Entmischung von Stadtteilen**. Der Eintritt in das biografische Stadium der Elternschaft ist der entscheidende *rite de passage* für den Umzug: Wer will auf dem Spielplatz die Bank schon mit arbeitslosen Männern mit Bierflasche oder „herumlungernden Jugendlichen" teilen? Wer will schon, dass die beste Freundin des eigenen Kindes aus der Unterschicht kommt? Gerade weil Eltern wissen (bzw. meinen), wie wichtig für die Entwicklung des Kindes in den ersten Jahren der Einfluss des Umfelds ist, ist die Vermeidungslogik rational. Nicht mehr nur die höchsten Kreise, nicht mehr nur Akademikerfamilien, sondern **bereits die breite Mittelschicht grenzt sich massiv nach unten ab**. Man könnte hier schon beinahe von einer Art „Kontaktsperre" sprechen.

Man zieht also in gute Viertel, schickt die Kinder auf Privatschulen[10], fördert das eigene Kind mit Sport- und Musikunterricht[11] und achtet auf Stil und Manieren.

---

[10]   Zwischen 1995 und 2005 ist die Zahl der Privatschüler (allgemein bildender plus berufsbildender Bereich) um 38,6 % gestiegen, im allgemein bildenden Bereich allein immerhin um 27,8 % (VDP, Berufsverband deutscher Privatschulen).

[11]   *Musik* ist ein sicheres Vehikel der Distinktion nach unten und ist als Strategie längst von der Bürgerlichen Mitte entdeckt worden. Hier kann man sicher sein, dass man keinen Kindern aus der sozialen Unterschicht begegnet. Dazu kommt das Bedürfnis nach Individualität und Status: Man beginnt nicht mehr mit der „einfachen" (profanen) Blockflöte, sondern es sollte schon ein außergewöhnliches Instrument sein: Geige, Klarinette, Klavier, Saxofon etc. Ebenso ausgeprägt, aber schwieriger ist *Sport* als Distinktionsmittel: In Fußballvereinen sinkt die Bereitschaft, mit oder gegen Mannschaftsteilnehmer zu spielen, die aus einem anderen, „niedrigeren" Milieu kommen. Nicht mehr nur gehobene Lebenswelten, sondern der gesellschaftliche Mainstream entdeckt Sportarten, in denen man unter seinesgleichen bleibt oder Kontakt zu

Eine *erste* massive Demarkationslinie sozialer Abgrenzung verläuft zwischen aktiven Eltern, die sich kümmern, ihre Kinder bewusst erziehen und nach Kräften fördern, und passiven, überforderten Eltern, die ihre Kinder einfach großfüttern, ihre Entwicklung laufen lassen und zufrieden sind, wenn die Kinder nicht kriminell oder schwanger werden. Diese **erste Demarkationslinie trennt sozial-hierarchisch die Ober- und Mittelschicht von den Milieus am unteren Rand der Gesellschaft**. Vor allem die moderne Mittelschicht hat erkannt, dass ***Engagement*** das zuverlässigste Ausschlusskriterium und ihr **Schutzwall „nach unten"** ist. Primäre Felder in Bezug auf die eigenen Kinder sind Bildung, Ernährung[12], Gesundheit, Kleidung[13] und Medien[14]. Neben dem Willen zum Engagement trennt v.a. Informiertheit über diese Themen den Mainstream von Menschen am unteren Rand der Gesellschaft. Auch daher haben Ratgeber seit geraumer Zeit in der Mittelschicht Hochkonjunktur; auch sie bieten Vehikel zur Distinktion.

Was aus der Perspektive der Milieus rational und sinnvoll ist, erweist sich **sozialpolitisch mit Blick auf soziale Integration und gesellschaftliche Solidarität** jedoch als **fatal**: Wenn Kinder heute keinen Kontakt mehr zu Menschen unterer Schichten haben, keine Einblicke mehr in deren Lebenswelten bekommen und nicht mehr wissen, wie es im Wohnzimmer der sozialen Unterschicht aussieht, wie man dort miteinander kommuniziert, welche Werte, Ziele und Sorgen bestehen, dann wird **keine Empathie und kein Grund für Solidarität entwickelt**. *Solidarität wird zum Abstrak-*

---

besseren Kreisen bekommt: Taekwondo, Hockey, Golf (für Kinder), Rudern, Leichtathletik, Leistungsschwimmen. Hingegen ist das Spektrum der Möglichkeiten in Milieus der sozialen Unterschicht enger limitiert durch Grenzen des Geldbeutels und da man innerhalb der sozialen Enklave keinen Blick und keine Ambitionen für jene anderen Sportarten hat. So bleiben diese Personen meist beim Fußball und Ähnlichem.

[12] Bioprodukte werden zunehmend zum Statussymbol; ebenso der Einkauf in Naturkostläden und Bio(super)märkten: Man gönnt sich den Luxus, dort nicht Menschen aus der Unterschicht zu begegnen (wie im Discounter) und von Verkäufer(inne)n bedient und beraten zu werden, die eine ähnliche kommunikative Kompetenz haben, die informiert und interessiert sind, „dieselbe Sprache" sprechen, somit aus demselben oder einem anderen gehobenen Milieu kommen.

[13] Die Mittel- und Oberschicht präferiert unauffällige, unaufdringliche Kleidung; dagegen präferiert die Unterschicht Kleidung mit „starken Reizen", z.T. verziert mit subkulturellen Trash-Symbolen und Pop-Ikonen.

[14] So verbietet man dem eigenen Kind den Besuch bei Schulkameraden, deren Eltern dem konsum-materialistischen Milieu angehören, weil dort der „ungestörte", von jenen Eltern nicht kontrollierte oder schlicht akzeptierte TV- und DVD-Konsum das normale Nachmittagsprogramm darstellt und man das eigene Kind dem dort üblichen Medienumgang nicht aussetzen und verhindern will, dass es mit dieser Welt vertraut wird.

tum. Und Solidarität bekommt in der gesellschaftlichen Mitte zunehmend die spezifische Semantik von „sich solidarisieren *gegen* …".

Bemerkenswert ist, dass die **despektierliche Perspektive innerhalb der unteren Mittelschicht und Unterschicht dupliziert wird**: Auch hier zeigen sich Abgrenzungsbemühungen gegenüber jenen, die noch tiefer stehen. Beispielsweise ist die TV-Serie „Die Super Nanny" bei Konsum-Materialisten u.a. deshalb sehr beliebt, weil man dort an echten Fällen sehen kann (und damit sich und seinen Kindern demonstriert), dass es in anderen Familien (noch) viel schlechter und heftiger zugeht als in der eigenen Familie.

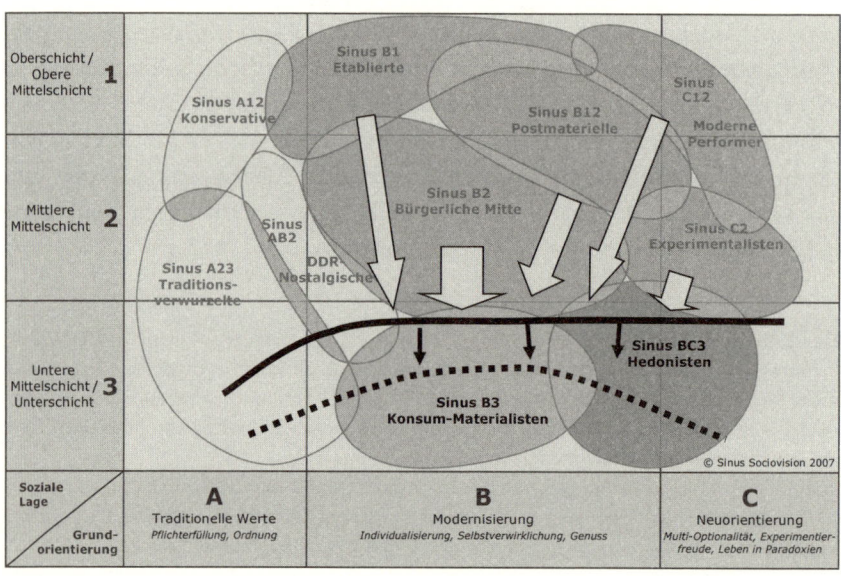

Die *zweite* Demarkationslinie verläuft **soziokulturell** und **trennt die gehobenen Milieus voneinander**. Auch auf dieser Ebene werden die Sensibilitäten gegenüber „anderen" größer und es zeigen sich **subtile Signale der Distinktion**. Beispielsweise ist die Bürgerliche Mitte neben ihren Abgrenzungen gegenüber der Unterschicht bemüht, sich nach „oben" zu orientieren, und sucht Anschluss zu Postmateriellen, Etablierten und auch Modernen Performern. Doch diese beschränken die Kontakte auf gelegentliche (freundliche) Gespräche und wahren bewusst Distanz – enge

Freundschaften zwischen Eltern aus verschiedenen Milieus scheinen immer seltener zu werden. Man bleibt lieber unter sich.

- Deutlich sind die Abgrenzungen innerhalb der Modernisierungsachse „B" seitens der *Etablierten* gegenüber der Bürgerlichen Mitte: Typisch für Etablierte ist der **Habitus der Distinktion**, des Clannings und des **Rückzugs in Enklaven Gleichgesinnter**. Viele Eltern geben sich alle Mühe, ihr Kind *nicht* auf eine *beliebige* Privatschule zu schicken, sondern auf eine eher elitäre. Ebenso sollte der Musik- und Sportunterricht von besonderer Qualität sein.

- Auch *Postmaterielle* **grenzen sich** mit zunehmendem Alter der Kinder **immer mehr von der Bürgerlichen Mitte ab**. In den ersten Jahren des Kindes hat man durch Kindergarten und Grundschule relativ viel Kontakt zur Bürgerlichen Mitte. Der intensive Austausch über Themen wie etwa das „gesunde Frühstück" in der Schule, die zeit- und geldintensive Förderkultur von Müttern aus der Bürgerlichen Mitte (für jene war PISA das Motiv zur intensiven Leistungsinitiative) sowie das Engagement der Bürgerlichen Mitte als Elternvertreter mit dem Motiv, dem eigenen Kind dadurch Vorteile (und bessere Noten) zu verschaffen, machen Postmateriellen deutlich: Sie müssen sich abgrenzen, da sie nicht bereit sind, den von der Bürgerlichen Mitte unreflektiert adaptierten Leistungsdruck zu übernehmen. Die Abgrenzung gilt aber **auch gegenüber Etablierten und Modernen Performern**, die aus der Perspektive von Postmateriellen viel **zu erfolgsorientiert und zielstrebig** ihre Erziehung gestalten – und dabei der Individualität und den Schwächen des Kindes zu wenig Raum und Akzeptanz einräumen: Postmaterielle kritisieren an jenen Milieus den **ausgeprägten Leistungsgedanken** in der Erziehung: **Bildung als „Abfüllung mit Wissen"**. Demgegenüber zeigen sie eine hohe Sympathie für die Gelassenheit von Experimentalisten – gehen aber auch auf Distanz zum Laissez-faire der Experimentalisten, indem sie betonen, dass die Zeit der antiautoritären Erziehung vorbei sei und Kinder Regeln lernen müssten, um soziale Kompetenz entwickeln und stark werden zu können.

- *Moderne Performer* hingegen bewundern zwar die Kreativität von **Experimentalisten** – aber deren Erziehung ist ihnen **zu wenig ambitioniert**, ist ihnen zu chaotisch und disziplinlos. Gegenüber **Postmateriellen** grenzen sich Moderne Performer ab, weil ihnen ihr philosophischer Ansatz zu konzept- und problemorientiert, **zu vergrübelt**, umständlich und mitunter fundamentalistisch erscheint.

Eltern aus diesen gehobenen Leitmilieus verbieten ihren Kindern natürlich nicht die Freundschaft mit einem Kind aus einem anderen Milieu. Aber Elternschaft ist ein

Moratorium, in dem die Menschen sich durch die intensive Auseinandersetzung mit Zielen und Problemlösungen in der Erziehung Klarheit über ihre eigenen Werte und Abgrenzungen verschaffen.

Insofern ist **Elternschaft ein Klärungsprozess**, der heute allerdings **nicht zu verstärkter Solidarität zwischen Eltern führt,** sondern die soziokulturelle Identifikation mit der je eigenen Lebenswelt und das damit verbundene weltanschauliche und habituelle Selbstbewusstsein verstärkt – und die Gräben neu definiert.

Demarkationslinien
sozialhierarchischer und soziokultureller Abgrenzung

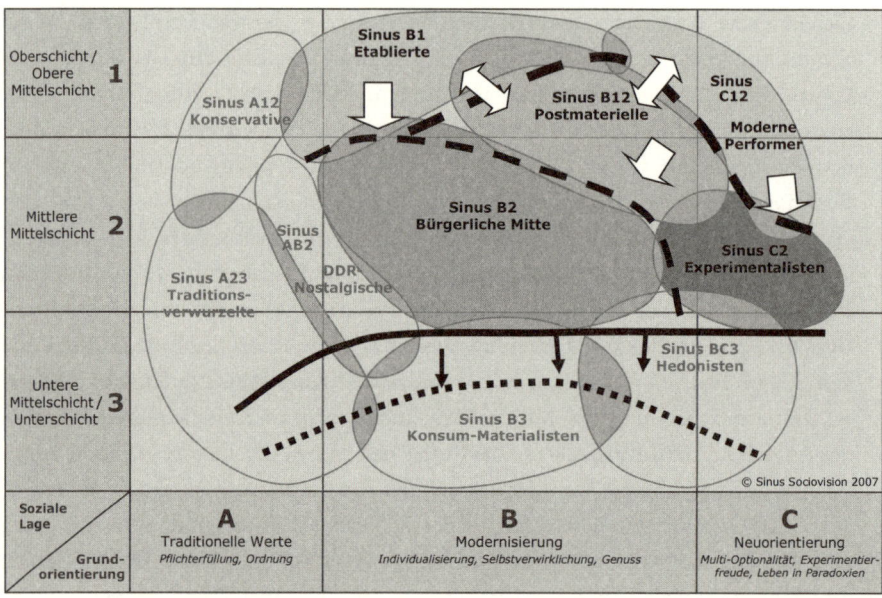

2.7   Frühförderung: Circulus vitiosus

Eine intensive Frühförderung ihrer Kinder betreiben Eltern mit hoher Bildung und/oder Statusambitionen, insbesondere: Etablierte, Moderne Performer, Bürgerliche Mitte, z. T. auch in leichter Tendenz Postmaterielle. Das Motiv, dass man alles für sein Kind tut, kann man moralisch und pädagogisch unterschiedlich bewerten. Sozial- und familienpolitisch ist es jedoch ein Beleg dafür, dass sich hinter der vordergründigen Kulisse eine **tiefe Verunsicherung** verbirgt, die bei Eltern einen **Steigerungsprozess von (Früh-)Förderung** ausgelöst hat, welcher nahezu unumkehrbar erscheint – und die Verunsicherung stabilisiert.

Das **staatliche Bildungssystem** wird als **mangelhaft** und **wenig zukunftsfähig** erlebt – so die „Diagnose" vieler Eltern. Selbst Eltern von allerkleinsten Kindern (lange vor der Schulzeit) sind schon verunsichert. Sie erleben es als starken Druck, nur **keine Chance auszulassen**, weil sie sonst ihrer heutigen Elternpflicht nicht gerecht werden.

Privatschulen und Frühförderung (z. B. Baby's Best Start-Lektionen, Helen-Doron-Sprachcenter, Fastrackids) werden **immer stärker nachgefragt** und professionell angeboten. Da viele Eltern Angst haben, dass ihre Kinder im öffentlichen Bildungssystem nicht angemessen und wettbewerbstauglich gefördert werden, kaufen sie schon für die Kleinsten Bildung zu: Englisch für Einjährige, Mathematik für Zweijährige, Ökonomie für Vierjährige; Curricula, in denen Mathematik, Literatur, Biologie, Kommunikation, Astronomie und „Ziele und Lebensstrategien" vermittelt werden, allerdings bunt und kindgerecht aufbereitet (z. B. via Smartboard, eine interaktive Tafel mit Lautsprechern). Es geht schlichtweg darum, einen **Vorsprung vor anderen zu haben** – und damit, so die Grundeinstellung, **kann man nicht früh genug anfangen.** Gestützt wird dies durch populäre Erkenntnisse der Entwicklungspsychologie, Lernforschung und der Gehirnforschung („Synapsenvernetzung"), dass Kinder im Alter bis sechs Jahre besonders aufnahmefähig sind. Eltern wollen dieses **Zeitfenster nutzen.**

Zum Normbild guter moderner Eltern gehört offenbar, **„Architekten der Kindergehirne"** zu sein. Das gilt für Eltern in gehobener sozialer Lage, aber längst auch für Eltern der Mittelschicht. Dieselben Eltern sehnen sich nach mehr Gelassenheit und einem entspannten Eltern-Dasein – doch sie sehen nicht den Weg dorthin. Als Eltern das eigene Kind nicht frühzeitig intensiv zu fördern und nicht permanent neue Konzepte zur Kenntnis zu nehmen, gilt als Risiko und als verantwortungslos, was es in ihrer Perspektive unbedingt zu vermeiden gilt.

2.8   Eltern mit Migrationshintergrund

Im Rahmen des Projekts wurden auch Eltern befragt, die **Migrationshintergrund** haben. Nach den Daten des Statistischen Bundesamtes umfasst die Gruppe der

Menschen mit Migrationshintergrund (bzw. Zuwanderungsgeschichte) in Deutschland 15,3 Millionen, das sind ca. 19 % der Wohnbevölkerung.[15]

Wenn wir die Gruppe der Migranten im Milieumodell der deutschen Wohnbevölkerung verorten, dann sehen wir, dass wir in allen „deutschen" Milieus Migranten finden, v. a. in den soziokulturell (und altersmäßig) jungen Milieus.

Verteilung der in Deutschland lebenden Ausländer im deutschen Milieumodell

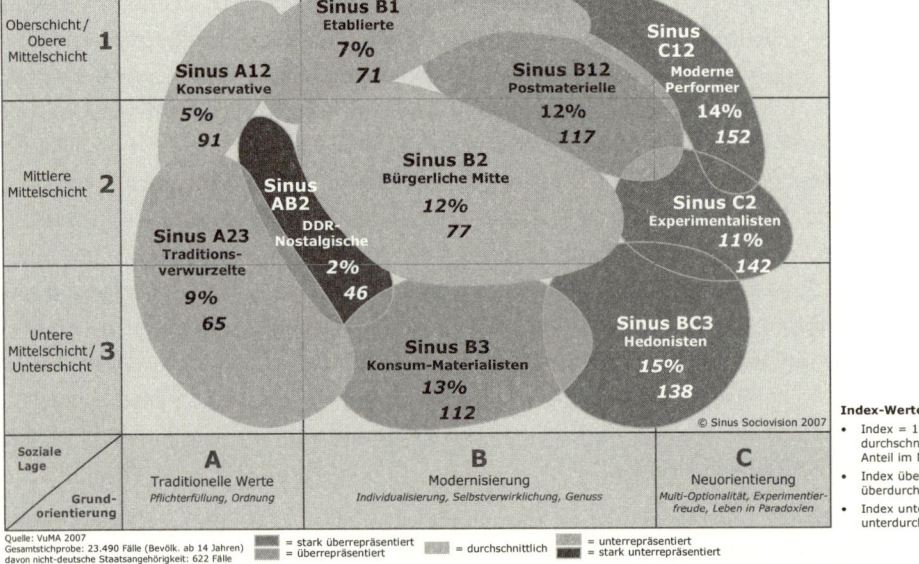

Nun wird es der Biografie, der ethnischen Identität und Lebenswirklichkeit von Menschen mit Migrationshintergrund in der deutschen Gesellschaft aber nicht gerecht, wenn man sie einfach unter das deutsche Milieumodell subsumiert. Aus diesem Grund haben wir in einer eigenen Untersuchung 2007 ein eigenes Milieumodell für Menschen mit Migrationshintergrund entwickelt.

---

[15] Diese Grundgesamtheit der Menschen mit Migrationshintergrund ist nach dem Statistischen Bundesamt definiert über drei Teilgesamtheiten:
  – Ausländer: Personen mit ausländischer Staatsangehörigkeit: ca. 47 %;
  – Deutsche mit Migrationshintergrund: Personen, die seit 1950 zugewandert sind: ca. 32 %;
  – Personen mit mindestens einem zugewanderten Elternteil oder Elternteil mit ausländischer Staatsangehörigkeit: ca. 21 %.

Migranten-Milieus

Sozialwissenschaftliche Lebensweltuntersuchungen in den Jahren 2006 und 2007 haben gezeigt, dass es **„die Migranten"** **als homogene Gruppe nicht gibt.** Deutschland hat seit der Nachkriegszeit eine komplexe Zuwanderungsgeschichte mit Menschen aus unterschiedlichen Herkunftskulturen mit verschiedenen Einwanderungsmotiven und Integrationsambitionen.

Pluralisierung von Migrationskulturen

Der langfristige Wandel von Werten und Lebensstilen

Traditionelle Werte und religiöser Dogmatismus (oft: islamisch); Patriarchalisches Weltbild, überkommene Familienwerte und Zwangsnormen; Rigide-konventionalistischer Lebensstil, strenge Moral; Kulturelle Enklave, keine Integrationsbereitschaft	Selbstverständnis als (dauerhafter) "Gast" – auf niedrigem Integrationsniveau; Traditionelle Pflicht- und Akzeptanzwerte, Sparsamkeit, Bescheidenheit; Materielle Sicherheit, bescheidener Wohlstand als Lebensziel; Festhalten an den Traditionen und Gebräuchen des Herkunftslandes, aber Respektieren der deutschen Mehrheitskultur	Soziale und kulturelle Entwurzelung, materialistische Ersatzwerte; Streben nach Besitz und Status, Konsum und Genuss; Bemühen um soziale Akzeptanz und Anpassung, Aufstiegsorientierung	Individualisierung der Überzeugungen und Lebensstile, Selbstverwirklichung als zentraler Wert; Kritische Auseinandersetzung mit der Herkunftskultur; Streben nach Aufklärung und Emanzipation; Bi-kulturelle Orientierung	Aufhebung kultureller Identitäten und Gruppen-Zugehörigkeiten; Unsicherheit als Grunderfahrung, Sinnsuche; Postmodernes Werte- Patchwork, Flexibilität und Mobilität; Multikulturelle Identifikation, Subkultur-Bildung
Parallelkultur	**Arbeitsmigrantenkultur**	**Teilhabekultur**	**Integrationskultur**	**Multikultur**
AI Archaische Tradition	**AII** Ethnische Tradition	**BI** Konsum-Materialismus	**BII** Individualisierung	**C** Multi-Optionalität
Tradition		**Modernisierung**		**Neuidentifikation**

Im Vergleich zum „normalen" Wertewandel ist der **soziokulturelle Wandel** bei Menschen mit Zuwanderungsgeschichte noch weitaus **vielschichtiger**, weil Migranten sich zu Werten und Verhaltensmustern aus (mindestens) **zwei Kulturen** verhalten müssen. Der Wertewandel innerhalb der deutschen Bevölkerung, der zur Pluralisierung und Individualisierung von Lebensformen geführt hat, war auch in der Gruppe der Migranten ein Katalysator sozialer Ausdifferenzierung. So ist eine **Pluralität von Migrationskulturen** entstanden.

Menschen mit Migrationshintergrund sind – wie die deutsche Bevölkerung – keine homogene Gruppe, sondern gliedern sich in Milieus mit je eigenen Wertorientierungen, Lebensstilen, Lebenszielen, Migrationsbiografien, kulturellen Identitäten und

unterscheiden sich auch in der sozialen Lage. Kurz: (Migranten-)Milieus sind real exis-
tierende Teilkulturen in unserer Gesellschaft mit gemeinsamen Sinn- und Kommu-
nikationszusammenhängen in ihrer Alltagswelt.[16]

Die Migranten-Milieus in Deutschland 2007
Soziale Lage und Grundorientierung

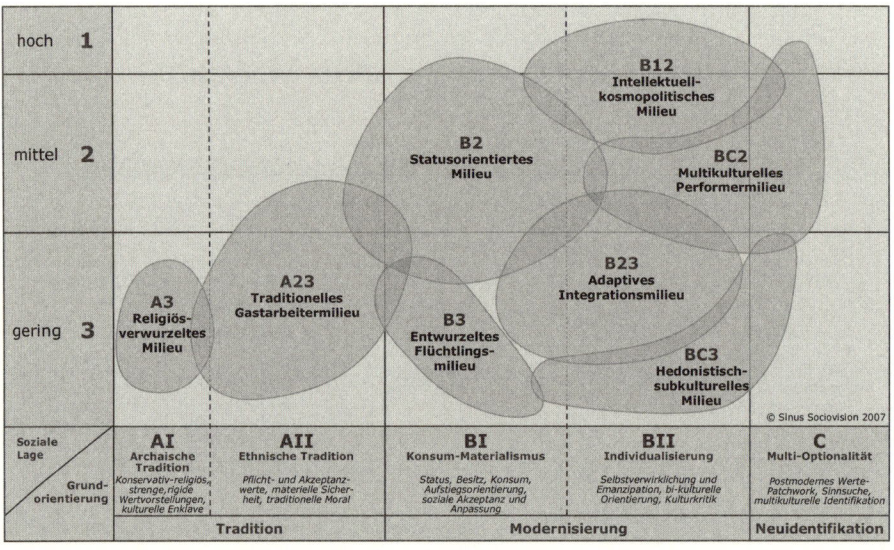

---

[16] Die Grenzen zwischen den Milieus sind fließend; Lebenswelten sind nicht so (scheinbar) exakt
      eingrenzbar wie soziale Schichten. Wir nennen das die Unschärferelation der Alltagswirklich-
      keit. Ein grundlegender Bestandteil des Milieu-Konzepts ist, dass es zwischen den Milieus Be-
      rührungspunkte und Übergänge gibt. Diese Überlappungspotentiale sowie die Position der
      Migranten-Milieus in der deutschen Gesellschaft nach sozialer Lage und Grundorientierung
      veranschaulicht die Grafik „Die Migranten-Milieus in Deutschland 2007: Soziale Lage und
      Grundorientierung": Je höher ein Milieu in dieser Grafik angesiedelt ist, desto gehobener sind
      Bildung, Einkommen und Berufsgruppe; je weiter rechts es positioniert ist, desto moderner ist
      die Grundorientierung.

Kurzcharakteristik der Migranten-Milieus in Deutschland

Traditionsverwurzelte Migranten-Milieus

- Sinus A3   (Religiös-verwurzeltes Milieu)   ➢ Archaisches, bäuerlich geprägtes Milieu, verhaftet in den sozialen und religiösen Traditionen der Herkunftsregion

- Sinus A23 (Traditionelles Gastarbeitermilieu)   ➢ Traditionelles Blue-Collar-Milieu der Arbeitsmigranten, das den Traum einer Rückkehr in die Heimat aufgegeben hat

Migranten-Milieus im Prozess der Modernisierung

- Sinus B2   (Statusorientiertes Milieu)   ➢ Klassisch aufstiegsorientiertes Milieu, das – aus kleinen Verhältnissen kommend – für sich und seine Kinder etwas Besseres erreichen will

- Sinus B3   (Entwurzeltes Flüchtlingsmilieu)   ➢ Sozial und kulturell entwurzeltes (traumatisiertes) Flüchtlingsmilieu – stark materialistisch geprägt und ohne Integrationsperspektive

- Sinus B12 (Intellektuell-kosmopolitisches Milieu)   ➢ Aufgeklärtes, nach Selbstverwirklichung strebendes Bildungsmilieu mit einer weltoffen-toleranten Grundhaltung und vielfältigen intellektuellen Interessen

- Sinus B23 (Adaptives Integrationsmilieu)   ➢ Die pragmatische moderne Mitte der Migrantenpopulation, die nach sozialer Integration und einem harmonischen Leben in gesicherten Verhältnissen strebt

Postmoderne Migranten-Milieus

- Sinus BC2 (Multikulturelles Performermilieu)   ➢ Junges, flexibles und leistungsorientiertes Milieu mit bi- bzw. multikulturellem Selbstbewusstsein, das nach Autonomie, beruflichem Erfolg und intensivem Leben strebt

- Sinus BC3 (Hedonistisch-subkulturelles Milieu)   ➢ Die unangepasste zweite Generation mit defizitärer Identität und Perspektive, die Spaß haben will und sich den Erwartungen der Mehrheitsgesellschaft verweigert

Dabei zeigen sich folgende ethnische Schwerpunkte:

Die Migranten-Milieus in Deutschland 2007
Lebensweltliche Schwerpunkte: Herkunftsländer

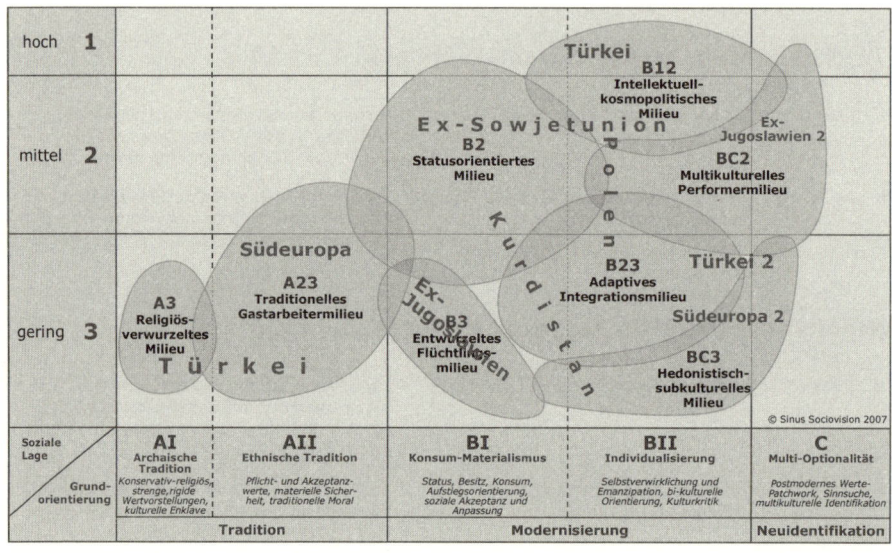

2 = 2. Generation

Partnerschaft, Familie und Elternschaft in Migranten-Milieus

Im Folgenden werden systematisch für alle Migranten-Milieus die **Einstellungen zu Partnerschaft und Familie** skizziert, um die verschiedenen Migranten-Milieus in diesem Punkt besser zu verstehen. Aufbauend darauf werden die **Einstellungen und Praktiken in der Kindererziehung** für jedes Milieu beschrieben.

Die Befindlichkeiten von Eltern mit Migrationshintergrund können auf der Grundlage der vorliegenden Daten nur kursorisch beschrieben werden. Eine ähnlich ausführliche und vertiefte Analyse wie bei „deutschen Eltern" verlangt eine **eigenständige Untersuchung**. Gleichwohl ist das verfügbare Datenmaterial ausreichend, um *empirisch begründete* Hypothesen zu formulieren.

Religiös-verwurzeltes Milieu

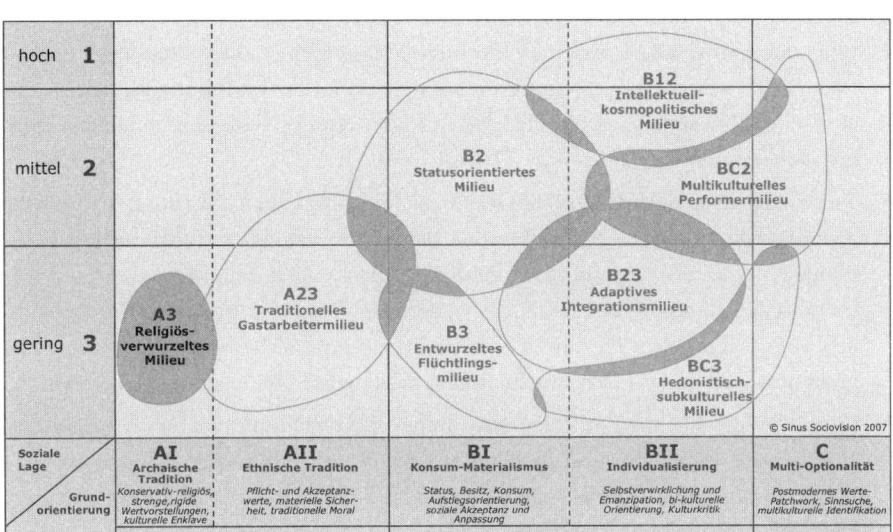

Familie und Partnerschaft

- Idealisierung der traditionell verfassten (Groß-)familie als Lebensform und Lebensziel („Die Familie ist mein Ein und Alles, mein Hab und Gut"); Überleben und Wohlergehen der Familie und möglichst zahlreiche Nachkommen sind ein wichtiger Wert an sich.

- Ruf, Ansehen und Zusammenhalt der Familie haben zentralen Stellenwert; Aufrechterhaltung eines intakten Familienbildes nach außen; große Anstrengungen (bis zur Selbstausbeutung) für die Familie; Aufstiegs- und Wohlstandswünsche werden meist auf die Kinder und Enkel projiziert.

- Das „Sichaufopfern" für die Familie führt nicht selten (vor allem bei Frauen) zu generalisierter Unzufriedenheit und Krankheit bzw. (vor allem bei Männern) zu Enttäuschung und Verbitterung, wenn sich die Kinder aus dem Familienverband emanzipieren.

- Typisch ist ein (autoritär) bestimmender Einfluss der Eltern und auch Verwandten auf die Partnerwahl unter traditionellen Gesichtspunkten: in der Regel arrangierte Ehen, kein bürgerlich-romantischer Liebesbegriff („Mit Gottes Segen kann eine Ehe nicht scheitern"); strenge, lustfeindliche Sexualmoral, Verbot sexueller Kontakte vor der Ehe.

Elternschaft

- Oberstes Erziehungsziel ist es, den Kindern „den richtigen Weg" zu zeigen: Achtung der Familiendisziplin, geschlechtsrollenkonformes Verhalten und Einhaltung der moralischen und religiösen Gebote – von den Verführungen des materialistischen, libertären Lebensstils des Aufnahmelandes sollen sie möglichst ferngehalten werden.

- Trotz durchweg strenger, autoritärer Erziehungspraktiken (Verbote, körperliche Züchtigung, moralischer Druck) wird dieses Ziel häufig verfehlt, weil sich die Kinder – wenn sie erwachsen werden – dem engen familiären und religiös-moralischen Rahmen entziehen; oft wehren sich auch die Frauen (Mütter) heimlich oder offen gegen die durch eine traditionalistische Erziehung bewirkte Ausgrenzung der Kinder („Ich möchte nicht, dass mein Sohn wird wie sein Vater!").

- Großen Wert legt man auf eine gute Bildung/Ausbildung der Kinder, damit sie eine bessere berufliche und gesellschaftliche Stellung erreichen können als man selbst; idealtypisch: Söhne sollen studieren, Töchter eine Ausbildung in einem klassischen Frauenberuf machen.

- Stark geschlechtsspezifische Erziehung: Mädchen sollen möglichst wenig das Haus verlassen, weibliche Fertigkeiten und Tugenden erlernen sowie Pflichten im Haushalt übernehmen; gegenüber Jungen ist man weniger streng, sie werden verwöhnt und früh auf ihre aktive männliche Rolle vorbereitet.

Traditionelles Gastarbeitermilieu

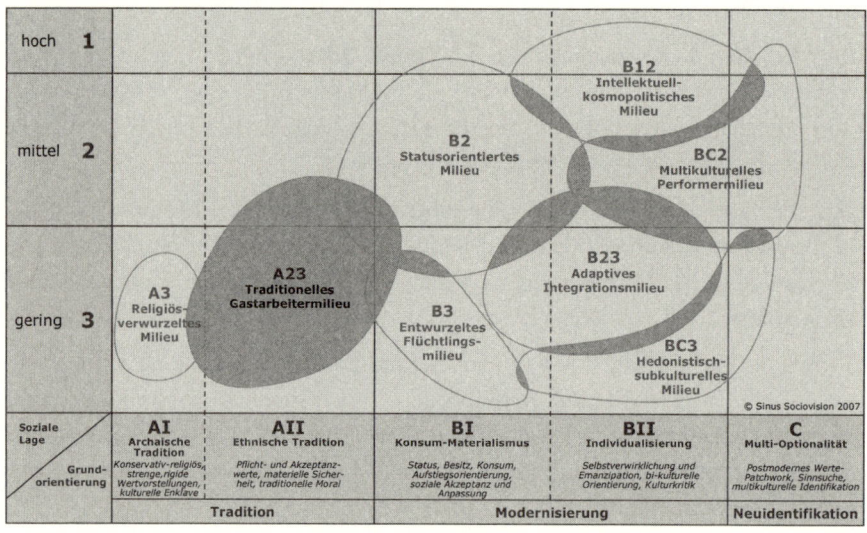

Familie und Partnerschaft

- Die Familie als Solidar- und Versorgungsgemeinschaft, Zusammenhalt und Zusammengehörigkeitsgefühl, gegenseitige Hilfe und Verantwortung (auch im größeren Familienverband); Abschottungstendenzen (Heim und Familie als „Burg"), Abwehr negativer Einflüsse von außen.

- Traditionelles Familienbild: Dominanz des Mannes als „Ernährer der Familie", die Frau als Hausfrau und Mutter; hoher Anteil arrangierter Ehen, teilweise in der Verwandtschaft – aber Ablehnung von Zwangsheiraten.

- Die Familie ist Ort der Ruhe, Erholung und Geborgenheit, geprägt von Harmonie, gegenseitigem Respekt und Vertrauen; patriarchalische Tendenzen der Männer stoßen bei den Frauen des Milieus, trotz grundsätzlicher Einfügung in die traditionelle Frauenrolle, auf Widerstand – bis hin zu Trennung und Scheidung.

- Nach Jahren des Lebens in Deutschland Bröckeln der traditionell strengen Sexualmoral der Herkunftsländer, emanzipatorische Impulse insbesondere bei den Frauen; Tolerierung einer freieren Einstellung zu Ehe, Partnerschaft und Sexualität bei den Kindern.

Elternschaft

- Im Gefüge der traditionellen Familienhierarchie sind im Wesentlichen die Frauen zuständig (und verantwortlich) für die Kindererziehung – die Männer engagieren sich gelegentlich bei geschlechtstypischen Freizeitaktivitäten ihrer Söhne (Sport, Technik, Ausflügen).

- Autoritäre Erziehungsleitbilder der Männer werden i. d. R. durch eine warmherzige Erziehungspraxis der Frauen außer Kraft gesetzt: kein unnötiger Erfolgsdruck, keine Gewalt in der Familie, Verständnis und Vertrauen statt Zwang und Strafe; vor dem Hintergrund der eigenen strengen Erziehung möchte man mehr Freiraum, Liebe und Unterstützung geben, als man selbst erfahren hat.

- Erziehungsziele sind einerseits Gehorsam, Respekt, Höflichkeit, Anstand und Treue, andererseits aber auch Ehrlichkeit, Selbständigkeit, Freiheit, Verantwortungsbewusstsein und Hilfsbereitschaft; wichtig ist, dass die Kinder eine gute Ausbildung machen und einen angesehenen Beruf ergreifen.

- Keine streng geschlechtsspezifische Erziehung – obwohl auch in diesem Milieu die Mädchen (wegen ihres „größeren Schutzbedürfnisses") stärker kontrolliert werden und den Jungen mehr Freiheiten gewährt werden.

Entwurzeltes Flüchtlingsmilieu

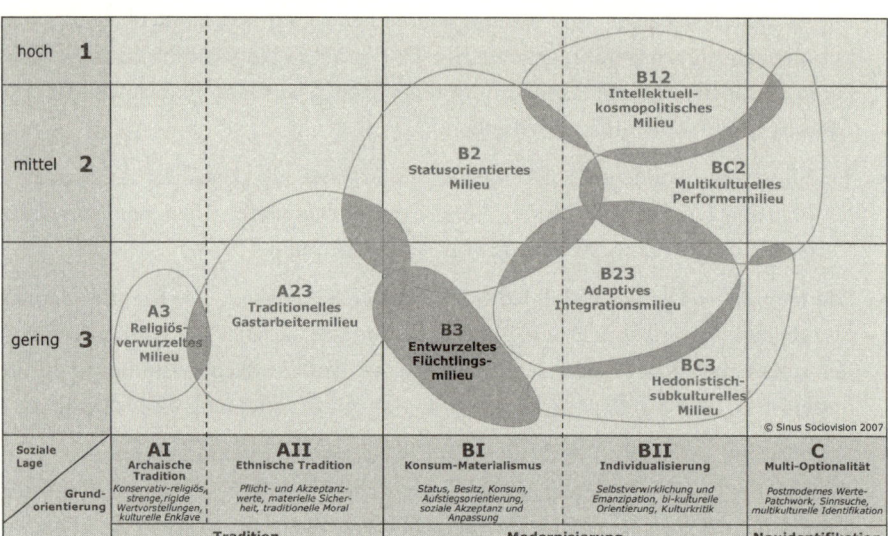

Familie und Partnerschaft

- Die Kleinfamilie, in der man in Deutschland lebt, als Notgemeinschaft, intensive und häufige Kontakte zu den im Herkunftsland verbliebenen Verwandten; nostalgisches Ideal der Großfamilie als Projektion einer glücklicheren Lebensform.

- Partnersuche im nahen regionalen Umfeld des Herkunftslandes, aber keine arrangierten Ehen; Ablehnung von Einflussversuchen der Familie/Verwandten auf die Kindererziehung; feste Beziehungen auch vor der Ehe, keine archaische Sexualmoral.

- Festhalten an den traditionellen Rollenbildern (Frauen ebenso wie Männer), bei Männern häufig chauvinistische Züge: autoritäre Grundhaltung, Stilisierung des Bildes vom harten Mann, Pascha-Allüren; den starren Rollenauffassungen der Männer stehen aber selten Emanzipationsansprüche der Frauen gegenüber.

- Die Frauen des Milieus haben – nicht zuletzt wegen des häufig eskapistischen Verhaltens der Männer (feiern, trinken, Spaß haben) – in der Familie oft die stärkere Position, sorgen für den Zusammenhalt und tragen durch Teilzeitjobs nicht unwesentlich zum Familieneinkommen bei.

Elternschaft

- Für Kinder (und Haushalt) sind in diesem Milieu allein die Frauen zuständig, die Männer verharren in rigiden, autoritären Rollenvorstellungen und entziehen sich häufig ihren familiären Pflichten.

- Die deutschen Sitten und Gebräuche werden abgelehnt, auch in der Kindererziehung („In Deutschland darf man nicht mit den Kindern schimpfen, sonst gibt es Ärger mit den Nachbarn"), man plädiert für strengere Maßnahmen (bis hin zur körperlichen Züchtigung), als sie in der deutschen Gesellschaft üblich sind – wo die Kinder unnötig „verwöhnt und verzärtelt" werden und aufgrund von materiellem Überfluss und Laissez-faire-Haltung der Eltern sich falsch („unnatürlich", „sittenlos") entwickeln.

- Die Erziehungsvorstellungen sind nostalgisch geprägt und reflektieren das verlorene Ideal einer (scheinbar) intakten Herkunftsgesellschaft; man versucht, seinen Kindern die traditionellen Familienwerte und Rollenbilder beizubringen, und verlangt von ihnen, dass sie ethnische, religiöse und familiäre Traditionen/Normen einhalten (die religiösen Gebote, Unterordnung und Respekt, Achtung vor den Eltern etc.).

- Gleichzeitig möchte man seinen Kindern mehr bieten, als im Herkunftsland möglich gewesen wäre, und insbesondere Frauen des Milieus tendieren dazu, ihre Kinder mit Dingen zu überhäufen, die sie selbst entbehren mussten (Snacks, Süßigkeiten, Spielzeug).

Statusorientiertes Milieu

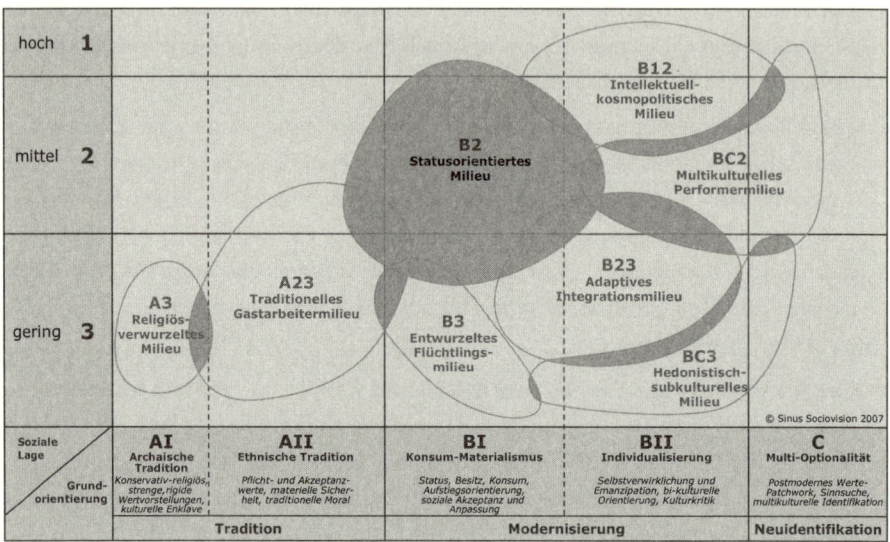

Soziale Lage					
	AI Archaische Tradition	**AII** Ethnische Tradition	**BI** Konsum-Materialismus	**BII** Individualisierung	**C** Multi-Optionalität
Grund-orientierung	Konservativ-religiös, strenge, rigide Wertvorstellungen, kulturelle Enklave	Pflicht- und Akzeptanz-werte, materielle Sicher-heit, traditionelle Moral	Status, Besitz, Konsum, Aufstiegsorientierung, soziale Akzeptanz und Anpassung	Selbstverwirklichung und Emanzipation, bi-kulturelle Orientierung, Kulturkritik	Postmodernes Werte-Patchwork, Sinnsuche, multikulturelle Identifikation
	Tradition		**Modernisierung**		**Neuidentifikation**

Familie und Partnerschaft

- Familie und Partnerschaft als Schonraum: Bedürfnis nach Harmonie und emotionaler Sicherheit im Privaten als Ausgleich zum harten Berufsalltag („keine zusätzlichen Belastungen"); die Ehe wird häufig als Zweckgemeinschaft („Zugewinngemeinschaft") gelebt.

- Reibungsloses Funktionieren und eine intakte Fassade sind wichtige Ansprüche, die Familie und der familiäre Lebensrahmen sollen nach außen vorzeigbar, „präsentabel" sein.

- Trennung zwischen Kernfamilie (Mutter, Vater, Kinder) und weiterem Familienkreis, mit dem man locker Kontakt hält, kein Großfamilienanspruch; meist noch traditionell geprägte Sexualmoral in der ersten Generation, in der zweiten Generation moderne Einstellung zu Ehe und Partnerschaft: freie Partnerwahl, auch Ehen ohne Trauschein und voreheliche sexuelle Kontakte werden akzeptiert.

- Traditionelle Rollenteilung (die oft mit Sachzwängen begründet wird): die Familie/die Partnerin soll den Mann bei seinen Berufs- und Karrierezielen unterstützen; dadurch häufig Unzufriedenheit der Frauen, die eine eigene berufliche Selbstverwirklichung und eigene Kontakte außerhalb der Familie anstreben.

Elternschaft

- Trotz tendenziell traditioneller Rollenteilung besteht der Anspruch, dass beide Eltern sich an der Erziehung beteiligen und Verantwortung übernehmen; Erziehungsangelegenheiten werden als wichtig erachtet und ausführlich besprochen, wichtige Entscheidungen (vor allem in Bezug auf Schule und Ausbildung) werden gemeinsam getroffen.

- Wichtigstes Ziel ist es, den Kindern eine (überdurchschnittlich) gute Bildung und Ausbildung mitzugeben, die als Voraussetzung für beruflichen Erfolg und sozialen Aufstieg („etwas Besseres erreichen") gesehen wird; die Kinder sollen nicht nur schulisch erfolgreich sein, sondern auch zusätzliche Soft Skills erwerben (z. B. durch Sport- und Musikunterricht); viele Kinder dieses Milieus erhalten professionelle Nachhilfe (z. B. in Deutsch).

- Die Kinder sollen auf das Leben in Deutschland vorbereitet werden, dazu gehören selbständiges Denken, Zielstrebigkeit und Initiative, Realismus und Durchhaltevermögen sowie Selbstbewusstsein und ein gehobenes Auftreten; dazu gehört auch, dass sich die Kinder nicht mit den „falschen" Freunden einlassen.

- Mädchen und Jungen sollen prinzipiell gleich erzogen werden, spätestens wenn die Kinder in die Pubertät kommen, werden aber doch Unterschiede gemacht (werden Mädchen stärker kontrolliert und zur sozialen Anpassung angehalten).

- Insgesamt lässt sich der Erziehungsstil in diesem Milieu als autoritativ charakterisieren; man möchte seinen Kindern mehr Freiraum und Mitbestimmungsmöglichkeit geben, als man selbst hatte, häufig wird aber starker Leistungsdruck ausgeübt.

Adaptives Integrationsmilieu

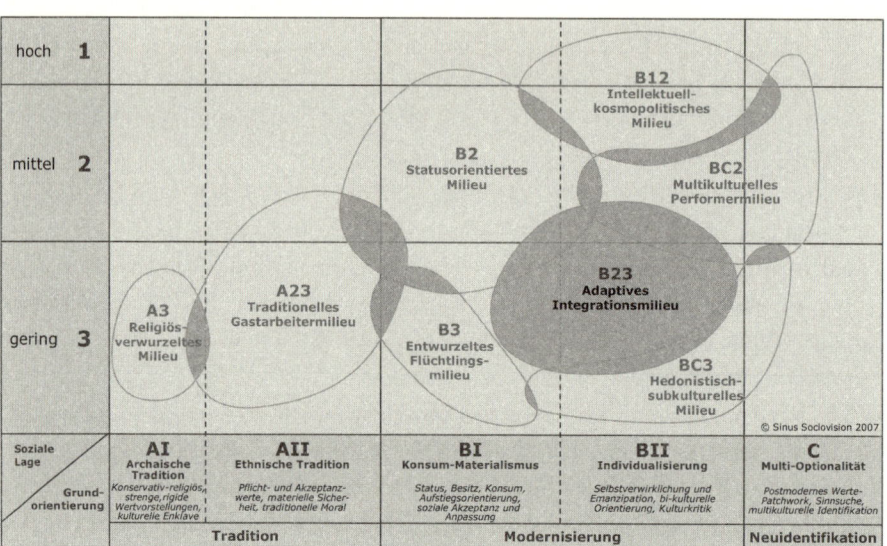

Familie und Partnerschaft

- Die Familie als Glücksgemeinschaft und Lebensmittelpunkt auf Basis einer dauerhaften, harmonischen, gleichberechtigten und solidarischen Partnerschaft; Leben in der Kernfamilie, aber meist enge und gute Kontakte zum Elternhaus.

- Ideal der unkomplizierten Beziehung von Männern und Frauen, die ihre geschlechtsspezifischen Besonderheiten haben und sich dadurch gut ergänzen; Wunsch nach einem intensiven Familienleben (Gespräche, Austausch, Beschäftigung mit den Kindern, gemeinsame Unternehmungen).

- Erwartung partnerschaftlicher Arbeitsteilung im Haushalt und bei der Kindererziehung – aber Abwehr allzu weit gehender Emanzipationsansprüche; das meist praktizierte Modell (Frauen sind, wenn sie Kinder haben, nur halbtags berufstätig) wird nicht zur Idee von Gemeinschaftlichkeit und Gleichberechtigung im Widerspruch empfunden.

- Je nach Herkunft und Alterskohorte sowohl arrangierte Ehen (die nicht selten scheitern) als auch freie Partnerwahl; voreheliche sexuelle Beziehungen sind eher unüblich, werden aber auf der Einstellungsebene akzeptiert; die Kinder sollen freier, offener und selbstbestimmter erzogen werden, als das bei einem selbst der Fall war.

Elternschaft

- Obwohl dieses Milieu eine Rollenteilung nach weitgehend konventionellem Muster vertritt, bringen sich die Männer mehr als in anderen Lebenswelten in das Familienleben und in die Erziehung der Kinder ein; gemeinsame Familienaktivitäten nehmen breiten Raum in der Freizeit ein, und man verbringt viel Zeit mit den Kindern, um sie in jeder Hinsicht zu fördern und zu unterstützen.

- Von den in der Herkunftskultur üblichen traditionellen Erziehungsvorstellungen und -maximen distanziert man sich: die Kinder sollen freier, offener und selbstbestimmter erzogen werden, als das bei einem selbst der Fall war; Unterschiede in der Erziehung von Mädchen und Jungen sollen nicht gemacht werden.

- Die Eltern sehen es als ihre Aufgabe, dem Kind Orientierung zu geben (das heißt auch Grenzen zu setzen) und ihm soziale Werte zu vermitteln: Befolgen von Regeln, Achtung vor anderen, gutes Benehmen – auf Basis von Liebe, Geborgenheit, Respekt und Vertrauen (die Kinder sollen ohne Angst alles mit den Eltern besprechen können).

- Von überragender Bedeutung in diesem Milieu ist, dass die Kinder eine gute schulische Bildung bekommen, um später beruflich „weiterzukommen"; dafür ist man bereit, sich intensiv um die schulische Laufbahn der Kinder zu kümmern, ihnen kontinuierlich bei den Hausarbeiten zu helfen, sich im Elternbeirat zu engagieren und zusätzlichen Kunst-, Musik-, Sportunterricht zu bezahlen.

Intellektuell-kosmopolitisches Milieu

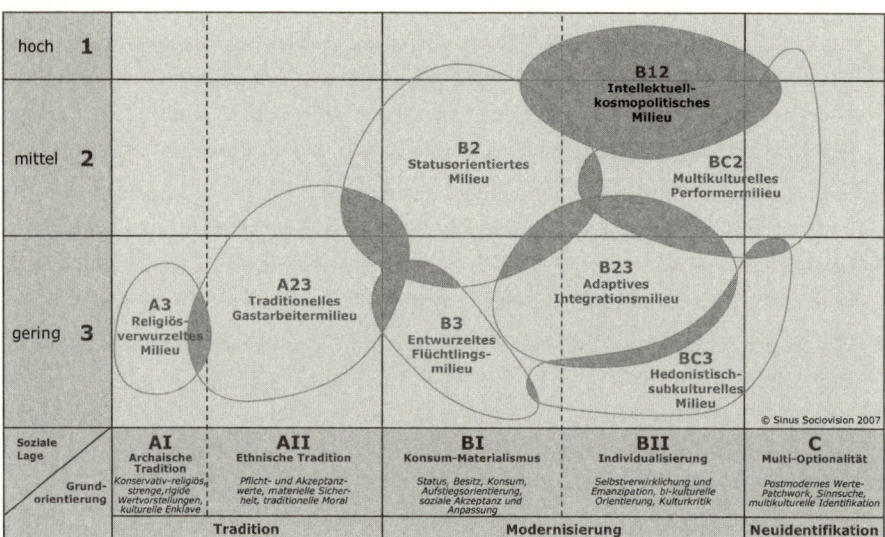

Familie und Partnerschaft

- Ideal der selbständigen, emotional autarken Partner: Gleichberechtigung, sich gut verstehen, Freude an gemeinsamen Interessen und Aktivitäten; Mann und Frau leben oft sehr selbständig, haben ihren Beruf und ihren eigenen Bekanntenkreis (jeder soll sich selbst verwirklichen).

- Keine Fixierung auf die traditionellen Rollenbilder, Akzeptanz der westlichen Emanzipationsnormen; partnerschaftliche Rollenteilung wird angestrebt – wenn auch im Alltag nicht immer erreicht; moderne Sexualmoral, Ehe/Heirat wird wichtig, wenn Kinder da sind.

- Das Familienleben soll möglichst reibungslos funktionieren, keine ausgeprägten Harmonieansprüche; dennoch häufig Beziehungsprobleme: Diskrepanz zwischen emanzipatorischen Ansprüchen und traditionell geprägten Bedürfnissen (Liebe, Gemeinschaft, Geborgenheit, emotionale Sicherheit); nostalgische Träume von der intakten Mehrgenerationenfamilie.

- Gemeinschaftliche Verantwortung für Haushalt und Kinder wird von den Frauen des Milieus eingefordert (reines Hausfrau- und Muttersein führt schnell zu Unzufriedenheit), aber Tendenzen, sich zu entziehen, bei den Männern.

Elternschaft

- Entsprechend der Partnerschaftsnorm in diesem Milieu sollen idealerweise für die Erziehung der Kinder beide Elternteile zuständig sein; weil der Alltag oft anders aussieht, schieben viele ihren Kinderwunsch auf und leben kinderlos; die Frauen des Milieus orientieren sich am Leitbild der Superfrau, die erfolgreich Karriere macht und gleichzeitig eine gute Mutter ist – und sind entsprechend frustriert, wenn das nicht gelingt.

- Die Kinder sollen fröhlich, unbeschwert aufwachsen und glücklich werden; sie sollen sich entsprechend ihren Anlagen und Talenten frei entfalten, ihre eigenen Erfahrungen machen und schließlich eine Ausbildung/einen Beruf wählen, die/der ihnen Spaß macht; der Erziehungsstil ist liebevoll mit Laissez-faire-Tendenz, Unterschiede in der Erziehung von Jungen und Mädchen möchte man nicht machen.

- Gleichzeitig will man die Kinder möglichst vielseitig fördern (durch kulturelle Aktivitäten, Austauschprogramme, Vereinsmitgliedschaft, Sprachunterricht etc.) und legt großen Wert auf Bildung und eine solide Ausbildung – das führt gelegentlich zu Überforderung (von Kindern und Eltern).

- Erziehungsziele sind Eigenständigkeit, Selbstbewusstsein, soziale Kompetenz, Weltoffenheit (Mehrsprachigkeit), Toleranz, Mitgefühl und Gerechtigkeitssinn – Leitbild: die allseitig gebildete Persönlichkeit.

Multikulturelles Performermilieu

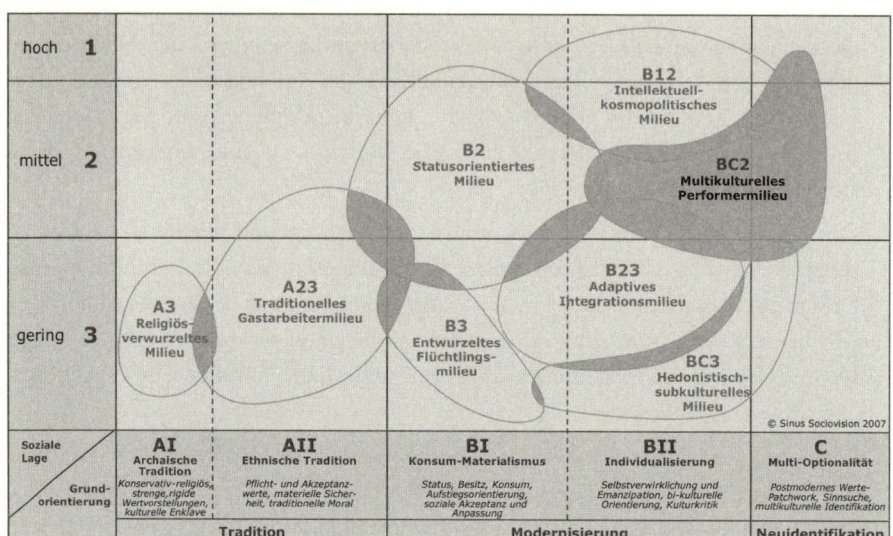

Familie und Partnerschaft

- Wunsch nach engen und dauerhaften Partnerschaften (kein „Beziehungshopping") – idealtypisch entsprechend dem konventionellen Zwei-Phasen-Modell: Zunächst frei von Familienzwängen gemeinsam das Leben genießen (bevorzugt ohne Trauschein), dann Familiengründung, Heirat, Kinder.

- Gleichzeitig oft Bindungsängste und Entpflichtungssehnsucht: sich nicht festlegen und einschränken lassen; Aus-, Weiterbildung und Karriere sind (noch) vorrangig, Heirats- und Kinderwunsch wird in die Zukunft verschoben; Einrichtung von „Autonomienischen" in der Partnerschaft.

- Häufig Widerstreit zwischen ichbezogenen Unabhängigkeitsansprüchen (die tendenziell zu Trennung und Einsamkeit führen) und Bedürfnissen nach Nähe und zwischenmenschlicher Wärme; bei Männern und Frauen Leitbild der autarken Persönlichkeit, die für sich selbst verantwortlich ist und alleine klarkommen kann.

- Dementsprechend Sehnsucht nach Verbindlichkeit (z. B. Hochzeit/Ehe als „Besiegelung" der Partnerschaft); Erwartung partnerschaftlicher Aufgabenteilung im Haushalt sowie gemeinsamer Ziele, Werte und Interessen; Spaß miteinander und sexuelle Zufriedenheit als Grundlage einer guten Beziehung.

Elternschaft

- Die Angehörigen dieses Milieus leben als Singles oder Paare und haben selbst in der Regel (noch) keine Kinder; Familiengründung hat gegenüber der beruflichen Etablierung/Weiterentwicklung (noch) keine Priorität, viele wollen bewusst „mit Kindern noch warten", um den Anschluss im Beruf nicht zu verlieren.

- Insbesondere für die Frauen des Milieus gehören aber zu einem erfüllten, vollständigen und erfolgreichen Leben auch Kinder; sie wollen „später einmal" viel Zeit mit ihren Kindern verbringen (und nicht immer nur „bis zum Anschlag" arbeiten), sie träumen von einer durch Liebe, Vertrauen und Geborgenheit geprägten Familie und gehen selbstverständlich davon aus, dass beide Partner gemeinsam für die Erziehung verantwortlich sind.

- Man stellt sich vor, seine Kinder zu Freiheit und Selbstbestimmung zu erziehen, sie von Beginn an als eigenständige Persönlichkeiten zu sehen und ihnen viel Freiraum zur Selbstentfaltung und zur Verwirklichung ihrer Ziele zu geben.

- Weitere Erziehungsziele sind: Leistungsbereitschaft, Wissbegierde, Bildung und Kritikfähigkeit sowie Offenheit, Fairness, Toleranz und Ehrlichkeit (gegenüber sich selbst und anderen).

Hedonistisch-subkulturelles Milieu

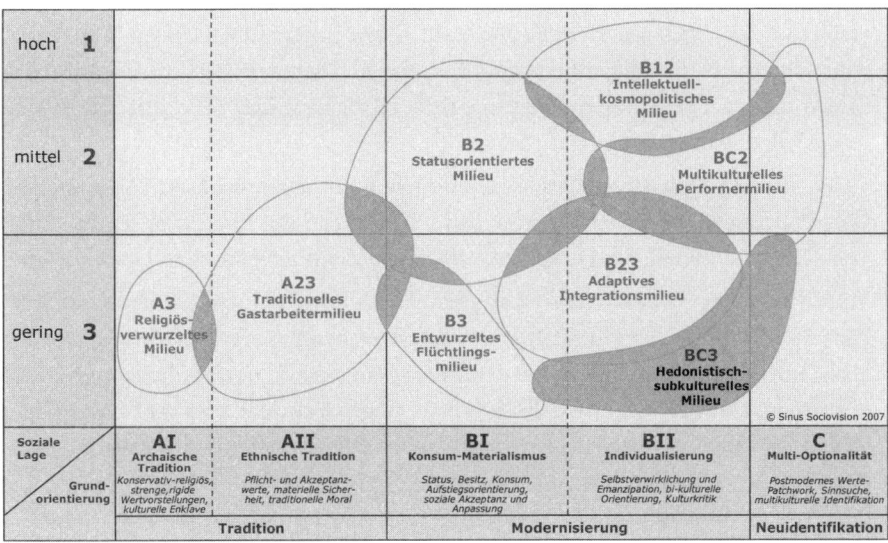

Familie und Partnerschaft

- Viele Milieuangehörige leben noch im elterlichen Haushalt, genießen Fürsorge und Zusammenhalt der Familie und ruhen sich auf familiärer Unterstützung aus; aber wenig gemeinsame Aktivitäten mit der Familie – das eigentliche Leben findet im Freundeskreis/in der Clique statt.

- Ambivalente Einstellung gegenüber festen Bindungen, Ehe und Kindern, häufig Beziehungsängste: sich nicht festlegen, möglichst keine Verantwortung übernehmen; Partnerschaften werden leicht geschlossen, aber ebenso schnell wieder aufgegeben, voreheliche sexuelle Beziehungen sind selbstverständlich.

- Gleichzeitig oft romantische Verklärung von Ehe und Familie („heiraten im weißen Brautkleid"); die Wünsche, Bedenken und Einflussversuche der Eltern werden durchaus wahr- und ernst genommen – Konfliktlösung nicht selten durch Verschweigen und Separieren.

- Die Männer des Milieus schwanken zwischen archaischen Rollenklischees und modernen Gleichberechtigungs- und Emanzipationsnormen; die Frauen sind im Alltag meist ausgesprochen emanzipationsorientiert, wollen ihren eigenen Weg gehen und verweigern die „Weibchen"-Identität.

Elternschaft

- Die meisten Angehörigen dieses Milieus haben selbst noch keine Kinder, leben teilweise noch bei den Eltern (d. h. sind selbst noch „Objekt" von Erziehung) und sind noch auf der Suche nach ihrer eigenen Identität; die Vorstellungen von einem Leben mit Kindern sind entsprechend unausgereift bzw. orientieren sich am Modell der elterlichen Familie.

- Viele sind in schwierigen familiären Verhältnissen aufgewachsen und hatten in der Pubertät teilweise heftige Auseinandersetzungen mit ihren autoritären Eltern (die ihnen vieles von dem verboten haben, was deutschen Kindern erlaubt war).

- Infolge solcher Negativerfahrungen träumt man entweder von der intakten Familie (nach traditionellem Modell) mit Kindern als Symbol von Etablierung und Erfolg, oder man will gar keine Kinder haben und einfach nur das Leben genießen; Erziehungsvorstellungen und Rollenzuweisungen von Männern und Frauen sind dabei durchaus kontrovers, die Frauen des Milieus wollen keinesfalls an Haus und Kinder gebunden sein.

Entfremdung und Verlust der eigenen Kinder

Kinder und Jugendliche, die im *„Religiös-verwurzelten Milieu"* sowie im *„Traditionellen Gastarbeitermilieu"* aufwachsen, leben im Alltag zwischen gegensätzlichen Kulturen:

– Zu Hause lernen sie eine **rigide Moral**, in der der Einzelne mit seinen Bedürfnissen (Freiheit, Möglichkeit der Wahl, Selbstverwirklichung) sich der vorgegebenen autoritären Ordnung unterwerfen muss. Indem ihnen eine archaisch-traditionelle Auffassung der Herkunftskultur und traditionellen Religion (v. a. des Islam) vermittelt wird, erleben sie ihr **Elternhaus als kulturelle Enklave** in der Mehrheitsgesellschaft.

– In den (öffentlichen) Schulen werden den Jugendlichen jene Werte vermittelt, die zu Hause sowie an konservativen Koranschulen tabuisiert oder diffamiert werden. Die **Attraktivität moderner westlicher (Freiheits-)Werte und Lebensstile** ist bei Jugendlichen groß. V.a. Mädchen haben ein starkes Bedürfnis nach Bildung, weil Bildung die nahezu einzige Chance für Emanzipation und Selbstbestimmung ist.

– Für diese Kinder und Jugendlichen besteht die **kognitive und emotionale Schwierigkeit**, hier **eine Balance zu finden** und die Unvereinbarkeit der Ansprüche beider Lebenswelten auszuhalten. Gleichzeitig spüren sie gegenüber ihren Eltern die Überlegenheit, in beiden Kulturen zu leben (Sprache, Orientierung, Netzwerke). Insbesondere die Zweisprachigkeit ist für sie ein Vorteil gegenüber den Eltern – wenn diese kein Deutsch sprechen. Die Kinder und Jugendlichen sind ihren Eltern im Außenkontakt – etwa im Umgang mit (Jugend-)Ämtern und Lehrern – überlegen. Sie fungieren oft als Übersetzer/Dolmetscher, sind Filter für Kontakt und Inhalte – und nutzen diese Macht auch aus.

Was bedeutet dies für Eltern in den Migranten-Milieus mit einer archaischen oder ethnischen Tradition (Werteabschnitt A im Migranten-Milieu-Modell)? Aus ihrer subjektiven Perspektive erleben sie, dass sich ihre Kinder außer Haus in ganz anderen Welten bewegen, die sie als Eltern kaum kennen, verstehen und akzeptieren (dürfen/können).

Der **massive Druck**, den diese Eltern empfinden, entspringt nicht so sehr gesellschaftlichen Leistungsanforderungen, sondern schlicht der **kulturellen Norm einer „moralisch richtigen Erziehung"**. Diese Eltern haben das Gefühl, als Eltern **persönlich zu versagen**, wenn ihre Kinder einen inakzeptablen westlich-modernen Lebensstil führen. Gleichzeitig fehlen ihnen mit zunehmendem Alter ihrer Kinder Mittel der Intervention: Sie erreichen ihre Kinder ab dem Jugendalter immer weniger, weil der Einfluss und die Attraktivität der sekundären Sozialisationsinstanzen wie

„Straße" (Freunde, Szenen, Cliquen), Schule und Ausbildungsplatz weitaus größer sind.

Während die Eltern ihre eigene Milieu-Enklave als normativen Horizont für sich und ihre Kinder begreifen, sehen sie, dass ihre Kinder zunehmend in andere Lebenswelten hineinwachsen, was zu einem **Gefühl der Entfremdung und des Verlusts** führt. Gleichzeitig haben viele dieser Eltern oft nicht die kognitiven, emotionalen und sozialen Ressourcen, damit konstruktiv umzugehen. Die häufige Anwendung von **autoritären Erziehungsmitteln** und drakonischen Strafen ist Ausdruck dieser **Hilflosigkeit**.

3. Perspektiven der verschiedenen Lebenswelten (Sinus-Milieus®)

Gesellschaftliche Leitmilieus

3.1 SINUS B1: „Etablierte"

Kurzportrait

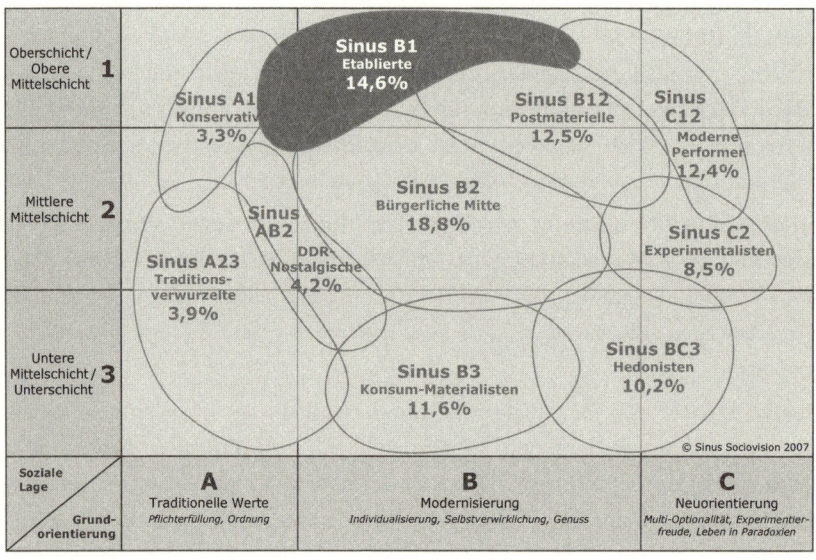

Anteil*: Gesamt 14,6 %, West-D. 15,0 %, Ost-D. 12,4 %
*Eltern mit Kindern unter 18 Jahren im Haushalt
Basis: TdWI 2007/08; n = 4.760 Fälle

- Selbstbewusstsein als gesellschaftliche Elite: Erfolg durch Leistung und Zielstrebigkeit, Übernahme von Führungsfunktionen und Verantwortung; klare Karrierestrategien, gute wirtschaftliche Verhältnisse

- Flexibilität und Reaktionsfähigkeit angesichts des schnellen Wandels: Einen Schritt voraus sein bei technologischen und wirtschaftlichen Neuerungen

- Streben nach beruflichem Erfolg und hohem Lebensstandard; intaktes Familienleben als wichtiges Lebensziel; neuerdings stärkere Clanning- und Cocooning-Tendenzen

- Pragmatisch-rationale Lebensphilosophie und Machbarkeitsdenken; Erfolgs-Ethik, klassische Achievement-Orientierung, Risikobereitschaft und grundsätzlicher Fortschritts-Optimismus

- Fortschritt als unaufhaltsames Räderwerk; Vertrauen in den Nutzen technologischer Innovationen für die Menschheit; bei negativen Folgen und Missbrauch müssen entsprechende technisch-wissenschaftliche Vorkehrungen getroffen werden

Demografische Schwerpunkte im Gesamtmilieu

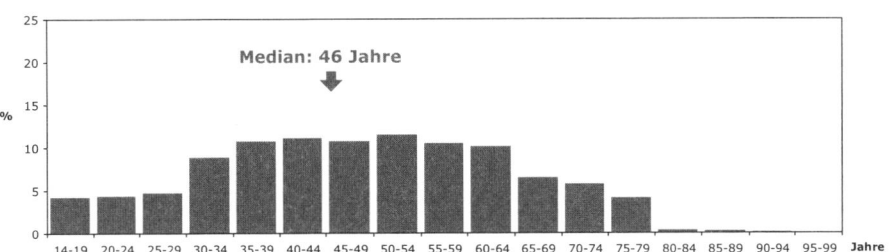

Alter	• Schwerpunkt: 35 bis 64 Jahre
	• Ein knappes Viertel der Milieuangehörigen ist über 60
Lebenssituation	• Meist verheiratet, mit Kindern im Haushalt
	• Oft 3-und-mehr-Personen-Haushalte
Bildung	• Überdurchschnittlich hohes Bildungsniveau
	• Fast zwei Drittel der Milieuangehörigen haben mindestens mittlere Reife
Beruf	• Höchster Anteil Vollberufstätiger im Milieuvergleich
	• Viele qualifizierte und leitende Angestellte, höhere Beamte sowie Selbständige, Unternehmer und Freiberufler
Einkommen	• Hohe und höchste Einkommensklassen

Familienstand und Lebensstil

Familienstand von Eltern mit Kindern unter 18 Jahren	Anteil	Index
• Verheiratet	90,2 %	107
• Ledig, ohne Partner im Haushalt	0,9 %	33
• Ledig, mit Partner im Haushalt	3,2 %	55
• Verheiratet gewesen (geschieden, getrennt lebend, verwitwet), mit Partner im Haushalt	3,1 %	99
• Verheiratet gewesen (geschieden, getrennt lebend, verwitwet), ohne Partner im Haushalt	2,6 %	65

Lebensstil

• Ausgeprägtes Statusdenken und entsprechende Exklusivitätsansprüche: Repräsentativer (aber durchaus selektiver) Konsum, hohes Qualitäts- und Markenbewusstsein (Luxus-/Edelkonsum)

• Lebensstil der Arrivierten: Kennerschaft und Stilgefühl, gekonnte Verbindung von Tradition und Moderne; Distinktion, Abgrenzung nach unten

• Intensive Teilnahme am gesellschaftlichen und kulturellen Leben, politisches Denken, aktives Engagement in Vereinigungen, Verbänden, Clubs

• Einerseits modernes Effizienz- und Leistungsdenken, andererseits Festhalten an seinen Wurzeln (Pflege von persönlichen Traditionen, Marken-Nostalgie) und Sehnsucht nach Einfachheit, Ruhe und Wohlbefinden

Alltagsästhetik

• Vorliebe für das Edle, Vornehme, für Harmonie und Ebenmaß: Nichts Übertriebenes, Schreiendes, Vulgäres oder allzu Verspieltes

• Distinktion und Kennerschaft als dominante alltagsästhetische Motive – von „neuaristokratisch" bis klassisch-modern: Bedürfnis nach Exklusivität

• Die Wohnung hat immer auch Repräsentationsfunktion; häufig Ensembles – mit konventionellen Elementen, aber stimmig inszeniert (klare Linien, großzügige Arrangements)

• Ablehnung standardisierter (modischer) Massenprodukte und Wertschätzung von Unikaten – Faible für antike Stücke (Biedermeier, Empire, Belle Époque) ebenso wie für zeitgenössische Kunst (20. Jahrhundert)

- Besonders beliebt: Die gekonnte Verbindung von Tradition und Moderne
  - Tradition: Echte Familientradition (Erbstücke) oder auch neu geschaffene/
    erworbene traditionelle Stücke
  - Moderne: Klassische Moderne, Design-Klassiker (z. B. Bauhaus)

Lebenswelt: Wie geht es Eltern?

Selbstbewusstes Establishment, ausgeprägte Exklusivitätsansprüche

Personen aus dem Milieu der Etablierten leben überwiegend in **sehr soliden wirt-schaftlichen Verhältnissen**. Sie haben sich ihre gehobene soziale Stellung langfristig und zielstrebig erarbeitet. Häufig hat die Herkunft aus **respektablen, guten Verhältnissen** ihren sozialen Entwicklungsprozess begünstigt.[17] **Pflichtbewusst-sein und ein hohes Maß an Selbstdisziplin** gelten als Grundvoraussetzung, um im Leben etwas zu erreichen. Etablierte sind bereit, Verantwortung zu übernehmen, sowohl beruflich als auch sozial.

- *„Es ist wichtig, dass der Betrieb läuft und dass wir damit Geld verdienen und dass wir davon dann auch einigermaßen gut leben können und unseren Standard halten können, so, wie wir das wollen. Und das ist natürlich mit viel Arbeit verbunden und langfristiger Planung. Es hat auch etwas mit Mitarbeiterführung zu tun. Das kriegen auch unsere Kinder schon früh mit.“*

Etablierte sind sich ihres sozialen Status bewusst, ohne diesen übertrieben dokumentieren zu müssen. Die realen Ansprüche sind in allen Lebensbereichen de facto jedoch sehr hoch. Dabei zeigen Etablierte unterschwellig ein feines Gespür für **Quali-tät, Wertigkeit** und **Stil** sowie eine **Kennerschaft** im kulturellen Bereich.

- *„Wir haben es gerne schön. Ohne dass wir jetzt ein völlig durchgestyltes Haus hätten. Im Haus macht meine Frau sehr viel und regt an, dies zu ändern und jenes zu ändern, was wir dann zusammen machen oder durch Handwerker machen lassen. Also ich will mal sagen: Wir haben einen anständigen Lebensstil, ohne dass wir nun Geld zum Fenster rauswerfen und nun meinen, wir müssten uns alles vom Luxusdesigner herrichten lassen. Trotzdem freuen wir uns, wenn etwas schön ist, und geben dann auch mal mehr Geld dafür aus.“*

---

[17]   Vergleiche hierzu auch: „Von oben geht's nach oben“ (DIE ZEIT, Nr. 35, 23.08.2007).

Etablierte **denken global** und sind gut über das Weltgeschehen informiert. Dies ist für sie unabdingbare Voraussetzung, um sich rechtzeitig auf neue Entwicklungsprozesse einstellen zu können. Sie leben sehr vorausschauend und setzen sich langfristige Ziele, welche sie ambitioniert und konsequent verfolgen. Dabei geht es meist nicht nur um den Erhalt, sondern um den **kontinuierlichen Ausbau der wirtschaftlichen und sozialen Verhältnisse**. Diese Entwicklung setzt sich häufig bis ins Rentenalter fort, in dem geistige Werte mehr und mehr an Bedeutung gewinnen.

Lebensgenuss und Entspannung sind die Belohnung für hohe berufliche Leistung und/oder umfangreiche gesellschaftliche Verpflichtungen. Auszeiten, die dem *Wohlbefinden* zuträglich sind – und damit auch der **Selbststärkung** und **Regeneration** dienen –, werden von Etablierten intensiv genossen und nehmen viel Raum in ihrer Lebensführung ein. Exklusive Freizeitaktivitäten in einem gepflegten Ambiente, sei es im eigenen, meist großzügig angelegten Garten, sei es in edlen Restaurants, im Golfclub oder im Wellness-Hotel, aber auch Kunst und Kultur bieten hier die Möglichkeit zum Rückzug.

Etablierte leben i. d. R. in einem **intakten sozialen Umfeld**. Sie pflegen intensive und regelmäßige Kontakte (gesellschaftliches und berufliches **Networking**) und bewegen sich dabei auf vergleichsweise hoher gesellschaftlicher Ebene. Die Akzeptanz im eigenen sozialen Umfeld sowie ausgeprägte **Distinktionstendenzen** spielen dabei eine wichtige Rolle. Gerne wird die eigene Dazugehörigkeit durch einen gewissen Status symbolisiert und man präferiert, weitestgehend unter *seinesgleichen* zu bleiben.[18]

Die Gründung einer Familie stellt für Etablierte eine selbstverständliche Entwicklung dar. Sie gilt häufig als eine bewusste **Fortführung der Familientradition über Generationen hinweg**, als Verpflichtung gegenüber sowohl seinen Vorfahren als auch der Nachwelt. Kinder werden dabei als wichtige **Bereicherung des persönlichen Lebens empfunden**. Die Verantwortung ihnen gegenüber und ihre zukünftige Entwicklung und Sicherheit stellen für Etablierte zentrale Lebensinhalte dar. Gleichzeitig verbinden sie mit dem Themenbereich „Familie" auch eine **gesellschaftliche Pflicht** und **soziale Verantwortung**.

---

[18] „Die feinen Unterschiede" (Bourdieu, Pierre, 1979).

> *„Ich überlege mir manchmal, dass wir ja auch irgendwann älter werden und dass es dann gut ist, Kinder zu haben und vielleicht auch irgendwann Enkelkinder. Das erlebe ich jetzt an meinen Eltern und an meinen Schwiegereltern, wie das das Leben bereichert. Das ist eine Sache, die hat man sich so gar nicht vorgestellt, als man beschlossen hat, Kinder zu bekommen. Aber es ist etwas, was mir immer bewusster wird: wie arm man doch ohne Kinder wäre.“*

Mit der Geburt eines Kindes erleben Etablierte ihre Situation nicht wesentlich verändert. Häufig geht dem Kinderwunsch eine langfristige, solide Zukunftsplanung voraus. Für Eltern aus dem Milieu der Etablierten gilt (in idealtypischer Form – ähnlich wie bei Modernen Performern) die **„Norm der verantworteten Elternschaft“**: Grundlage für Elternschaft ist hierbei nicht nur eine umfassende wirtschaftliche, sondern auch soziale Sicherheit, d.h. ein entsprechendes Maß an Verantwortungsbereitschaft und Zeit, sich um das Kind zu kümmern. Erst wenn diese Prämisse erfüllt ist, ziehen Etablierte ein Kind in Erwägung.

> *„Ich bin jetzt vielleicht etwas abgeklärter, sicherlich durch die Lebenssituation etwas abgerundet und nicht mehr ganz so draufgängerisch und etwas vorsichtiger. Auch in der Spontaneität etwas zurückhaltender durch die Kinder. Aber ansonsten hat sich gar nicht so viel geändert.“*
>
> *„Wir haben uns schon vorher überlegt, ob wir Kinder haben wollen. Bei mir war das relativ flott eigentlich auch klar und für meinen Mann dann auch. Aber es ist natürlich auch die Frage der Sicherheit und des Zeitbudgets: Kriegen wir das auch mit dem Betrieb so hin?“*

Organisiertes Familienleben in regelmäßigen Bahnen

Etablierte zeigen in der Regel eine **hohe Zufriedenheit mit ihrer Lebenssituation**. Die Anforderungen des Familienlebens stellen für sie zumeist keinerlei – nach außen getragene – Überforderung dar. Lediglich das als **knapp** wahrgenommene **Zeitbudget** wird häufig beklagt. Freie Zeit wird in diesem Milieu dementsprechend bewusst erlebt und genutzt, wobei es Etablierten v.a. darum geht, möglichst häufig angenehme Momente im Kreis der Familie zu verbringen. Das **finanzielle Budget spielt** bei der Freizeitgestaltung **keine Rolle**. Etablierte gönnen sich selbst und ihren Kindern gerne auch *etwas mehr*.

Der Familienalltag verläuft insgesamt meist in sehr regelmäßigen Bahnen. Allerdings erschwert die **starke berufliche Einbindung des Vaters** häufig, Routinen im Familienalltag konsequent zu leben. Zwar gelten das gemeinsame Frühstück und Abendessen als wichtige Bestandteile des gemeinsamen Familienlebens – in der Praxis stehen dem jedoch nicht selten berufliche Verpflichtungen gegenüber.

Das **eigentliche Familienleben** wird häufig auf die **Wochenenden** verlagert, wobei dann vielfältige Unternehmungen stattfinden, meist mit dem Anspruch, möglichst aktiv zu sein. Dabei spielt Sport eine wichtige Rolle. Häufig begleiten die Eltern ihre Kinder **zum Sport und zu Wettkämpfen**, teilweise werden auch gemeinsame Ausflüge, Radtouren oder Spaziergänge unternommen.

- *„Viel spielt sich bei uns zu Hause ab, mit unseren Kindern, aber auch die ganzen gesellschaftlichen Events sind wichtig. Wir gehen mal schön essen oder wir bleiben einfach gemütlich zu Hause, was wir dann auch sehr genießen, dass dann so ein bisschen Ruhe einkehrt. Sonntags sind wir viel im Garten, Tischtennis spielen, mal ein Eis essen fahren oder die Kinder zu den Turnieren bringen. Oder wir fahren in den Serengeti-Park oder so, also schon besondere Sachen, aber ohne Stress. Wir wollen uns schließlich erholen.“*

Mütter aus dem Etablierten Milieu wünschen sich häufig gewisse **Auszeiten von der täglichen Routine**. Enge soziale Kontakte mit anderen Müttern in vergleichbarer Lebenssituation zu pflegen, bietet ihnen die Möglichkeit, dem Alltag hin und wieder zu entfliehen. Eine **Hilfe im Haushalt und bei der Erziehungsarbeit** gilt als wichtige Unterstützung zur Wahrung der individuellen Freiheit.

- *„Wir haben eine ältere Dame, die uns bei der Betreuung entlastet. Und jetzt haben wir uns noch eine junge Studentin gesucht, die dann kann, wenn die andere nicht kann. Also es kommt selten vor, dass wir etwas nicht machen können, weil wir keinen Babysitter finden.“*

Beruflicher Erfolg durch hohes Engagement

Väter aus dem Milieu der Etablierten sind meist sehr intensiv ins Berufsleben eingebunden, häufig in **verantwortungsvollen, leitenden Posten** oder als **Selbständige**. Unter ihnen sind viele Freiberufler wie Ärzte und Rechtsanwälte, aber auch mittelständische Unternehmer oder Führungskräfte in großen Konzernen. Diese Positionen verlangen ihnen hohes berufliches Engagement ab, was sowohl Arbeitspensum als auch Arbeitsergebnisse anbelangt. Häufig sind **hohe Mobilität und zeitliche Flexibilität** notwendig.

- *„Ein Unternehmer muss natürlich kreativ sein, um irgendwas zu bewegen. Wir haben inzwischen nicht nur eine Druckerei; ich habe in Berlin noch eine weitere Druckerei, inzwischen zwei Verlage, wir haben noch eine Werbeagentur und dann haben wir letztes Jahr auch noch einen Versandhandel angefangen. Also sehr vielfältige Dinge, so dass man nicht sagen kann, dass wir untätig sind. Ich initiiere da viel und bin eigentlich ständig unterwegs.“*

Für *Mütter* in diesem Milieu besteht meist **nicht die wirtschaftliche Notwendigkeit, einer beruflichen Tätigkeit nachzugehen**. Auch ist der materielle Zugewinn zum Familieneinkommen i. d. R. nicht relevant. Dennoch haben viele Frauen nach einer gewissen Erziehungszeit das Bedürfnis und den Wunsch, wieder ins Berufsleben zurückzukehren. Die eigene Berufstätigkeit stellt ein wichtiges Identifikationsmerkmal dar und demonstriert Selbständigkeit und Unabhängigkeit. Teilweise handelt es sich hierbei um leitende oder selbständige Tätigkeiten mit hohem Bildungshintergrund, wie z. B. Ärztin, Rechtsanwältin oder Managerin, und jeweils entsprechende finanzielle Vergütung.

Im frühen Alter ihrer Kinder (bis zu drei Jahren) nehmen sich die **Mütter** i. d. R. eine **Auszeit von ihrer Berufstätigkeit**. In einigen Fällen kehren sie danach auch nicht mehr ins Berufsleben zurück. Nur selten wird ein früherer Wiedereinstieg ins Berufsleben angestrebt. Ein solcher wird dann häufig durch die zumeist vorhandenen materiellen Voraussetzungen erleichtert, sich **private, individuelle Betreuungsmöglichkeiten**, wie zum Beispiel eine eigene Kinderfrau, zu leisten.

Traditionelle Rollenteilung, Ich-Vertrauen in die eigene Leistung

Für Etablierte gilt die **Ehe als ideale Form des Zusammenlebens** mit dem Ziel, dem *Nachwuchs* einen Rahmen zu bieten, in welchem er sich möglichst positiv entwickeln kann. Emotionale Geborgenheit und Sicherheit stellen dabei zentrale Aspekte dar. Oberstes Ziel ist es, die **Ehe zu erhalten**, komme, was da wolle. Die sozialen Folgen einer etwaigen Trennung wollen sich Etablierte (z. B. im Gegensatz zu Experimentalisten) nicht einmal hypothetisch vorstellen. Vor diesem Hintergrund erfahren die Werte Toleranz und Rücksichtnahme eine besondere Bedeutung in diesem Milieu: Etablierte versuchen, Probleme so weit als möglich zu vermeiden, ggf. auch, indem sie diesen aus dem Weg gehen oder sie verdrängen.

- *„Manchmal versuche ich einfach, die Sachen nicht so hochschaukeln zu lassen, des lieben Friedens wegen."*

Etablierte leben i. d. R. eine Beziehung mit **traditioneller Rollenteilung**, in welcher der Mann stark ins Berufsleben eingebunden ist und somit die materielle Sicherheit der Familie gewährleistet, während sich die Frau vornehmlich um häusliche Angelegenheiten und die Erziehung der Kinder kümmert. Die alleinige Rolle als **Familien- und Erziehungsmanagerin** füllt Etablierte Frauen jedoch meist nicht aus. Ihrem Anspruch an eine Rolle, die über das Muttersein hinausgeht, werden sie daher entweder durch eigene berufliche Tätigkeit, häufig aber auch durch karitatives Engagement (z. B. Vorlesestunden für Privatpatienten in einer Klinik), soziale Arbeit in der Gemeinde oder kreative Betätigung (z. B. Mitarbeit in einer Galerie) gerecht.

- *„Ich brauche für mich selbst auch irgendetwas, was ich machen kann und wo ich eine Bestätigung finde. Ich bin ein Mensch, der gerne viel draußen ist. Ich bin ein Mensch, der sich gerne aktiv betätigt und nicht still sitzen kann. Und sich den ganzen Tag nur um Kinder kümmern, das wäre nicht mein Ding."*

Partnerschaft wird verstanden als **Arrangement auf Augenhöhe**: Beide Partner fühlen sich als gleichwertige Teile einer funktionierenden Beziehung und tragfähigen Familienkonstellation, welche auf gegenseitiger Rücksichtnahme und Achtung für die vom Partner geleistete Arbeit beruht.

Anders als etwa Postmaterielle gehen Etablierte mit der praktizierten Rollenteilung sehr **selbstbewusst** und **unprätentiös** um: Es ist im Alltag schlicht die praktikablere Form, wenn der Mann den 150 %-Job macht, während die Frau die wichtige Aufgabe der Erziehung übernimmt. Unabhängig von der konkreten Ausgestaltung haben beide Partner **gleich wichtige Aufgabenbereiche**. Der Mann in der Welt draußen, die Frau in der Familie drinnen. Explizit betonen Etablierte Frauen im Gespräch ihre eigene Leistung: Der berufliche Erfolg des Mannes ist *nur* **durch ihre Hilfe** möglich, *sie* hält *ihm* den Rücken frei.

Ambitionierte Erziehungsarbeit

Informationsgewinnung zur Bestimmung potentieller Entwicklungsdefizite

Eltern, insbesondere Mütter, aus dem Etablierten Milieu bezeichnen sich auch in diesem Bereich als eigenverantwortlich und setzen sich sehr früh und fundiert mittels **Fachliteratur und Ratgebern** mit Entwicklungsphasen des Kindes, aber auch Erziehungsstrategien auseinander. Sie haben den Anspruch, gut informiert zu sein, um sich selbst gegenüber sicher sein zu können, die **bestmögliche Variante für ihr Kind** gewählt zu haben.

Weiterhin fungieren Freunde und Bekannte – i.d.R. aus dem gleichen Milieu – aber insbesondere die eigenen Eltern als gefragte Ansprechpartner bei Fragen rund um das Thema Erziehung. Etablierte Eltern stellen **hohe Ansprüche an die Entwicklung ihres Kindes** und achten daher besonders frühzeitig und sorgsam auf **potentielle Entwicklungsdefizite**, um im Zweifelsfall professionelle Hilfe (z. B. von Psychologen oder Logopäden) in Anspruch zu nehmen.

- *„Natürlich habe ich einiges von meiner Mutter übernommen, so wie ich erzogen wurde, und öfters frage ich sie auch um Rat. Aber ich habe auch einige Bücher gelesen, z. B. ‚Jedes Kind kann schlafen lernen', und was es sonst noch alles gibt. Hauptsächlich in der ersten Phase, wo sie noch sehr klein waren."*

Der Vater als Familienvorstand und überlegter Weichensteller

Die **Erziehung** des Kindes wird hauptsächlich **von der Mutter** übernommen.

- *„Also für mich gibt es so Momente, wo man einfach sagt: ‚Es ist toll, Kinder zu haben!' Zum Beispiel, wenn alle zusammen auf dem Boot sind oder am Strand und wenn man das so betrachtet, wie sie zusammen spielen und was sie zusammen machen. Das ist toll. Die Belastung, was so die tägliche Arbeit angeht, das trägt natürlich zum Großteil meine Frau. Das muss man sagen (lacht). Und ich sorge für das nötige Kleingeld."*

Aufgrund des knappen Zeitbudgets Etablierter Väter ist es diesen besonders wichtig, die gemeinsame Zeit intensiv zu nutzen. Während die Mutter die alltägliche Erziehungsarbeit mit all ihren Höhen und Tiefen übernimmt, ist der **Vater primär** für die **angenehmen Zeiten,** insbesondere am Wochenende, zuständig.

Das starke berufliche Engagement des Vaters steht grundsätzlich nicht in Konflikt mit seiner **Rolle als Familienvorstand**, der bei wichtigen Entscheidungen oftmals die **letzte Entscheidungsinstanz** ist und die **Weichen für eine erfolgreiche Zukunft** des Kindes stellt. Häufig ist es der Vater, der eine gewisse Strenge demonstriert und die Einhaltung von Grenzen konsequent einfordert.

- *„Ich würde sagen, ich übernehme 70 %, mein Mann 30 %. Er ist einfach wesentlich stärker eingespannt, ich muss schon mehr machen. Aber wenn er etwas sagt, dann hat es einfach mehr Gewicht."*
- *„Es ist wichtig, dass sie vom Vater lernen, ihn als Vorbild sehen. Dass sie lernen, Verantwortung zu übernehmen, und sich auch um Sachen kümmern, und zwar nachhaltig. Wenn sie etwas anfangen, dann müssen sie das auch durchziehen.*
  Z. B. handwerkliche Sachen oder so was. Auch sportlich finde ich es ganz wichtig, Vorbild zu sein als Vater."

Autoritative Erziehung mit tendenziell autoritären Elementen:
Vorgabe klarer Reglements und Einhaltung der Etikette

Etablierte verbinden mit dem Wort „Erziehung" eine gezielte Entwicklung des Kindes in eine **erfolgreiche Richtung**. Es wird als selbstverständlicher Begriff verwendet und vermittelt, dass Kinder einer gewissen **Führung** und **Anleitung bedürfen**.

Diese „Anleitung" geben Etablierte Eltern ihrem Kind in jungen Jahren selbst, soweit sich dies beruflich vereinbaren lässt – was der Regelfall ist. Etablierte erachten den Kontakt zur Mutter und deren intuitive Fürsorge als wichtig, um dem Kind **familiäre Geborgenheit und Sicherheit** zu vermitteln. Erst ab dem Kindergartenalter kommt das Kind in eine z. T. außerfamiläre Betreuung, z. T. kommen auch **private Kinderfrauen und Au-pairs** zum Einsatz.

Dabei erziehen Eltern dieses Milieus ihre Kinder **in der Tendenz autoritativ**[19], jedoch partiell mit mehr Strenge, so dass der Erziehungsstil in einigen Fällen durchaus auch autoritäre Züge annehmen kann[20].

Die **Wahrung von Höflichkeit und Respekt** vor den Eltern gilt als wichtiges Prinzip. Man versucht dem Kind möglichst frühzeitig **Verhaltensweisen und Manieren** vorzuleben und zu vermitteln, wie man sich anderen gegenüber oder auch bei Tisch verhält. Etablierte Eltern sind der Ansicht, dass schlechte Angewohnheiten nur sehr mühsam wieder abgelegt werden können, daher ist es wichtig, dass das Kind dies gleich „richtig" lernt. Schließlich ist das Erlernen und die **Wahrung einer gewissen Etikette** eine wichtige Grundvoraussetzung, um sich später auf gesellschaftlich hohem Niveau sicher bewegen zu können (was die starke Außenorientierung des Milieus verdeutlicht). Das entsprechende private Umfeld und der kultivierte Rahmen mit klaren Vorgaben sind für Etablierte die Prämisse für eine diesbezügliche Sozialisation ihres Kindes. Und letztlich sind „wohlerzogene" Kinder, die das eigene Erbe erfolgreich fortführen, auch **Repräsentanten des eigenen Erziehungserfolgs**.

---

[19]   Autoritative Erziehung bedeutet kindliche Autonomie innerhalb klar gesetzter Regeln, die konsequente Umsetzung dieser Regeln, aber auch die gleichzeitige Erklärung der Grenzsetzung – sofern sie für das Kind nachvollziehbar ist –, sowie die Arbeit mit Lob und Ermutigung.

[20]   Autoritäre Erziehung beinhaltet strikten Gehorsam, die Befolgung von Normen und Achtung der Autorität als eigenen Wert – es findet keine Erklärung der Grenzen und Regeln statt. Gleichzeitig wird mit Tadel gearbeitet.

- *„Wie unsere Eltern uns erzogen haben, ist ja nicht ganz verkehrt, aber damals habe ich immer gedacht: ‚So streng wirst du später nicht sein, das wirst du etwas anders mit deinen eigenen Kindern machen.' Mittlerweile habe ich das aber schon nach und nach verstanden, warum eine gewisse Strenge gut ist.“*
- *„Das Sprichwort ‚Was Hänschen nicht lernt, lernt Hans nimmermehr' hat schon seine Richtigkeit. Man kann gar nicht früh genug damit anfangen.“*

Hohe Leistungserwartungen und Verplanung des Kindes

Etablierte Eltern streben eine frühzeitige Förderung ihres Kindes an. Sie versuchen auf vielfältige Weise **seine Interessen** zu wecken und diese entsprechend **auszubauen** (z. B. Sport, Turniere, Wettkämpfe). Gut *gerüstet* soll das Kind so auf den **späteren Leistungsdruck** und wirtschaftlichen Wettbewerb vorbereitet sein. Kosten stellen in diesem Milieu üblicherweise keine Hürde dar – sie sind eine sinnvolle **Investition in die Zukunft.**

Neben sportlichen Aktivitäten fördern Etablierte ihr Kind auch musikalisch umfassend nach den jeweiligen Vorlieben. Häufig gilt das Erlernen eines Instruments wie z. B. Klavier oder Violine als vorteilhaft für die Persönlichkeitsentwicklung und wird im Hinblick auf den **späteren gesellschaftlichen Erfolg** mittels intensiven Privatunterrichts unterstützt.

In ihrem Bestreben, das Kind möglichst früh und umfassend zu fördern, kommt es häufig dazu, dass Etablierte Eltern die **Freizeit** ihres Kindes sowohl zeitlich als auch inhaltlich **komplett verplanen**. Der Selbstentwicklung des Kindes werden dadurch enge Grenzen gesetzt – es muss in ein bestimmtes Schema passen. Eltern dieses Milieus beobachten (ähnlich wie etwa Eltern der Bürgerlichen Mitte) sehr kritisch, auf welchen Pfaden sich das Kind bewegt und ob es die von ihnen **intendierte Richtung** einschlägt.

- *„Beide spielen Hockey und haben am Wochenende Punktspiele. Nele ist noch im Chor und Lennard spielt Gitarre und Nele spielt auch noch Klavier, dann sind dann ab und zu auch mal irgendwelche Veranstaltungen, wo man hin muss.“*
- *„Wettkämpfe sind schon sehr wichtig. Sie müssen sich ja messen und schauen, wo sie stehen. Und später bekommen sie auch nicht alles geschenkt im Leben.“*

Trotz der hohen Anforderungen erhält das Kind gewisse **Freiräume, in denen es sich frei entfalten** *darf.* Auch diese werden sozusagen „von oben“ gewährt. Etablierte Eltern sprechen davon, dass ein immerwährender Leistungsdruck die Bereitschaft des Kindes, „aktiv am Erziehungsziel zu partizipieren", geradezu verhindern könne. Sie ermöglichen dem Kind daher zwischendurch kleine Auszeiten, in denen es ohne Aufsicht und Reglementierung tun und lassen kann, was es möchte. Bemerkenswert erscheint hierbei, dass eine solche Auszeit weniger als Auszeit und Wert per se für das Kind, sondern in einem primär **funktionalen Verständnis** vor dem Hintergrund erneuter Leistungserbringung („aktiv am Erziehungsziel partizipieren") gesehen wird. Das Wohl des Kindes, seine Bedürfnisse stehen hier nicht im Fokus.

- *„Ich halte nicht viel davon, sie dauernd zu überfordern. Sie brauchen auch mal einen Zeitrahmen, in dem sie sich mit Freunden verabreden. Und es gibt sicherlich auch noch viele Sportarten, die sie mal probieren möchten. "*
- *„Pausen zwischendurch sind schon wichtig, sonst wird das ganze Programm mit Klavier, Ballett und Reiten zu anstrengend und sie verlieren die Lust und schmeißen alles hin – dann ist auch nichts gewonnen. "*

Das **Sammeln eigener Erfahrungen** und **etwaige Regelverstöße** des Kindes werden von Etablierten Eltern als unumgänglich betrachtet. Allerdings muss das Kind im Zweifelsfall mit **entsprechenden Konsequenzen** (und z. T. Strafen) rechnen. Erneut zeigt sich ein eher pragmatischer Erziehungsanspruch, welcher auf konkrete Ziele ausgerichtet ist.

Erfolgs-Ethik: Erziehung als Vorbereitung auf den sozialen und wirtschaftlichen Erfolg

Etablierte Eltern legen bei der Erziehung ihres Kindes hohen Wert auf das Erlernen von klassischen Tugenden, die im Zusammenhang mit dem Leistungs- und Erfolgsprinzip stehen. Dazu gehören Fleiß, Ehrgeiz, Disziplin und die Bereitschaft, Verantwortung zu übernehmen. Das Kind soll darauf vorbereitet werden, sich im späteren Leben, **im wirtschaftlichen und sozialen Konkurrenzkampf, durchsetzen** zu können und eine **führende Stellung** zu erreichen. Damit wird deutlich, dass Werte weniger als Primärtugend (Selbstzweck) vermittelt, sondern im Sinne einer Sekundärtugend (Kompetenzerweiterung, sich bewähren können) verstanden werden.

Dabei offenbart sich eine **tendenziell geschlechtsspezifische Differenzierung**. Durch tiefer gehende Beobachtung und Analyse sowohl manifester als auch latenter Sinngehalte zeigt sich, dass bei Mädchen verstärkt sprachliche, künstlerische und musische Interessen gefördert werden, wohingegen Jungen insbesondere marktrelevante Fähigkeiten (z. B. Fokus auf Naturwissenschaften und Mathematik) erwerben sollen.

Mediennutzung als zukünftiger Wettbewerbsvorteil

Etablierte stehen Medien eher kritisch gegenüber. Lediglich – zumeist überregionale – Tageszeitungen genießen ein hohes Vertrauen und gelten als wichtige Informationsquelle (insbesondere der Wirtschaftsteil). Fernsehen empfinden Etablierte häufig als anspruchslose Zeitvergeudung, dementsprechend achten sie auch beim TV-Konsum des Kindes auf Auswahl und Dauer der Sendung. Allerdings akzeptieren sie Formate mit **möglichst lehrreichen, z. B. kulturellen Inhalten** wie etwa Reportagen und Dokumentationen. Darüber hinaus hat aber auch reines Unterhaltungsfernsehen (Spielfilme) aufgrund einer wahrgenommenen entspannenden Funktion einen gewissen Stellenwert.

Relativ früh werden die Kinder an den Computer herangeführt. Viele verfügen bereits zu Beginn der Schulzeit über einen **eigenen Computer.** Dabei werden einerseits bestimmte Ziele verfolgt, gleichzeitig wird aber auch das spielerische Interesse des Kindes ausgenutzt. Damit es auf dem **Arbeitsmarkt** später **erfolgreich bestehen** kann, ist es in den Augen der Eltern eine Notwendigkeit und Selbstverständlichkeit, das Kind möglichst früh an den Umgang mit Computern zu gewöhnen.

Kinder aus diesem Milieu besitzen häufig Spielkonsolen, grundsätzlich ziehen die Eltern jedoch das aktive Ausleben von Energie beim Sport, den realen *Wettkampf* und den Erwerb sozialer Kompetenz den virtuellen, als sinnentleert empfundenen Videospielen bei weitem vor.

- *„Also er hatte im Urlaub mal sein kleines Notebook mit, mit einem Lernprogramm für das 10-Finger-Schreiben. Und da hat er schon mal von sich aus ein bisschen geübt, bevor sie das dann auch in der Schule hatten, in der Pflicht-AG Computerkurs. Wir haben ihn auch immer mit unseren Computern schon etwas rangeführt. Ich bin einfach der Meinung, dass er in einem Zeitalter groß wird, wo es ohne Computerkenntnisse gar nicht mehr geht."*

Distinktion durch Erfüllung hoher Konsumansprüche

Auch wenn Eltern des Etablierten Milieus die Bedeutung materieller Güter nach außen hin gerne relativieren, sind **exklusiver Konsum und hohe Ausgaben** für das Kind Realität. Dazu gehören eine umfassende Ausstattung mit Computern, Spielkonsolen, Fahrrädern und anderen Spielsachen. Wünschen des Kindes wird meist ohne großes Zögern entsprochen, Belohnungen und Geschenke sind keine Seltenheit.

Die Mitgliedschaft im **exklusiven Tennis-, Golf- oder Hockeyverein, Marken- und Designerkleidung** bis hin zum **eigenen Pferd** sind oftmals die Zugangsberechtigung zu den elitären Kreisen dieses Milieus. Eltern erleben dies als gegebene Tatsache und sehen darin den Vorteil, dass man sich auf diese Weise zumindest eines „guten Umgangs" sicher sein kein.

- *„Ich glaube, es ist schon mehr und mehr ein wichtiger Punkt, was die Gesellschaft letztendlich vorgibt. Wo man in manchen Sachen auch mitziehen muss, man kann nicht einfach sagen, wenn die das haben, dann kaufen wir das noch lange nicht."*
- *„Die Jungs entwickeln natürlich auch ihren Geschmack und die sehen ja auch, was ihre Freunde und Klassenkameraden tragen. Sie wollen da natürlich auch nicht zurückstehen."*
- *„Ich denke dann manchmal, ich weiß wenigstens, mit wem sie unterwegs sind und dass das alles Kinder aus gutem Haus sind."*

Gesellschaftspolitischer Stellenwert von Kindern: Keine adäquate Anerkennung der Träger der zukünftigen wirtschaftlichen und sozialen Entwicklung: „Deutschland – quo vadis?"

Auch wenn sich Eltern aus dem Etablierten Milieu von ungünstigen Rahmenbedingungen persönlich weniger stark betroffen fühlen (sie leben in sozial stabilen Verhältnissen, in welchen Kinder zumindest keine materiellen Probleme bereiten), kritisieren sie offen das wahrgenommene **wenig kinderfreundliche Klima in Deutschland**.

Teilweise werden zu enge, als intolerant geltende Vorgaben aus dem sozialen Umfeld erlebt. Spielende, lachende oder lärmende Kinder verursachen häufig Unmut und Ärger, sei es im eigenen Garten, sei es beim Besuch eines Restaurants. Hier wünschen sich Eltern eine **größere Offenheit und Akzeptanz in der Öffentlichkeit**.

Gleichzeitig werfen sie Gesellschaft und Politik **mangelnde Rücksichtnahme und Unterstützung** vor. Sie fordern ein Umdenken und eine deutliche Modernisierung, um auf die veränderten gesellschaftlichen Rahmenbedingungen adäquat reagieren zu können.

Im Erfolg der Kindererziehung sehen Etablierte die Grundvoraussetzung für eine positive Entwicklung der gesellschaftlichen Zukunft und die **Chancen für wirtschaftliche und soziale Entwicklung** in Deutschland. Die **Förderung von Kindern** (wohlgemerkt, weniger von Eltern) ist in ihren Augen **zentrale Aufgabe des Staates,** welcher aktuell jedoch nur *unzureichend* nachgekommen wird. Als Anzeichen benennen sie u. a. limitierte Betreuungsplätze, welche zudem oftmals über kein modernes, anspruchsvolles Angebot verfügen; heruntergekommene, schlecht ausgestattete Schulen; ein sinkendes Leistungsniveau im Schulunterricht sowie überforderte Lehrer.

- *„Ja, das ist die Zukunft. Das ist die Wirtschaft Deutschlands von morgen. Das ist das Leben und ich finde schon, dass da einiges mehr gemacht werden muss, speziell auf dem schulischen Sektor."*

Individuelle Betreuungsarrangements: gezielte Förderung des Kindes, persönliche Flexibilität

Die Betreuungssituation gestaltet sich in diesem Milieu vergleichsweise wenig angespannt, es besteht meist keine finanzielle Notwendigkeit, dass die Mutter einer Berufstätigkeit nachgeht. Doch selbst wenn sie dies nach einigen Jahren wieder anstrebt, werden **institutionelle Betreuungsmöglichkeiten nur äußerst selten in Anspruch genommen**. Häufiger wird auf die Dienste von Tagesmüttern, Au-pairs oder Haushaltshilfen zurückgegriffen.

- *„Wir haben im Moment zweimal die Woche eine Putzfrau. Das klappt ganz gut. Die kommt ein paar Stunden, kümmert sich um Wäsche und Saubermachen, alles, was so dazugehört. Wir hatten zeitweise über anderthalb Jahre mal zwei, drei Personen, als die Kinder noch kleiner waren, die sich eben dann auch mehr um die Kinder gekümmert haben und auch gekocht haben."*

Darüber hinaus beziehen Etablierte die Eltern beider Partner (welche häufig in der Nähe leben) gerne und aktiv in die Betreuung der Kinder mit ein.

- *„Meine Mutter lebt in 50 Meter Luftlinie. Ich habe die Kleine morgens fertig gemacht und dann habe ich sie rübergefahren. Meine Mutter ist auch sehr, sehr kinderlieb. Die hat das auch sehr gerne gemacht."*

Dies sehen Eltern des Milieus als weitere Möglichkeit, **Traditionen innerhalb der Familie weiterzugeben**. Konfliktpotentiale und neue Abhängigkeiten (wie etwa bei Hedonisten) nennen sie in diesem Zusammenhang kaum. Vielmehr findet häufig eine bewusste Orientierung am (eher traditionellen) Erziehungsstil der eigenen Eltern statt – was insofern stimmig erscheint, als man neueren Erziehungskonzepten eher kritisch gegenübersteht.

Diejenigen (wenigen) Eltern aus dem Etablierten Milieu, die ihr Kind in einen *öffentlichen* Kindergarten geben, kritisieren häufig eine als unzureichend bewertete **frühkindliche Förderung**. Bereits im Kindergarten könnten Kinder wesentlich mehr lernen, ist ihre Aussage, und somit **sehr viel besser vorbereitet in die Schule**

kommen. Bislang wird jedoch die Aufnahmefähigkeit der Kinder im frühen Alter nicht optimal *genutzt*. Als positive Beispiele werden hier die Förderung der Sprachentwicklung, musikalische Entwicklung sowie Fremdsprachenunterricht genannt. All dies sind demzufolge Bereiche, die Etablierte idealerweise außerhalb des öffentlichen Kindergartens, häufig in einer **privaten Einrichtung** fördern.

> • *„Was mir fehlt, sind spezielle Programme, bevor sie in die Schule kommen. Sie sollten vorher schon mal so ein bisschen etwas Sprachliches machen, auch spielerisches Schreiben wäre wichtig. Das war im Kindergarten unserer Tochter nicht der Fall, es war zu sehr reine Verwahrung."*

Für die eigenen Kinder sind die finanziellen Mittel vorhanden, eine Betreuung auch jenseits des öffentlichen Kindergartens zu organisieren. Etablierte zeigen aber auch mit Blick auf andere soziale Schichten starkes **gesellschaftspolitisches Engagement**: Öffentliche Einrichtungen sehen sie auch vor dem Hintergrund potentieller Erziehungsdefizite, die **negative Folgen für die gesamtgesellschaftliche und damit wirtschaftliche Entwicklung** verursachen könnten, als unzulänglich an.

Bildung als Schlüssel zum Erfolg

Schulischer Erfolg hat bei Etablierten einen **außerordentlich hohen Stellenwert**. Schulbildung ist die Eintrittskarte zu einem perspektivenreichen Studium, welches Grundvoraussetzung für die spätere Existenzsicherung ist. Somit ist das **Abitur** i.d.R. erklärtes Ziel und eher eine **Standardanforderung**, wobei man das Kind in der Eigenwahrnehmung jedoch nicht unter zu hohen Druck setzen möchte, gerne aber mit Belohnungen materieller Art auf gute Leistungen reagiert.

> • *„Ich glaube, das Abitur ist einfach ein Muss, das man schon erreichen sollte, um weiterzukommen und um einen gewissen Horizont zu haben. Auch die Firmen und Arbeitgeber, wenn sie zwischen Realschüler und Gymnasiast entscheiden, tendieren immer zum Gymnasiasten. Außerdem hat man ja viel, viel mehr Möglichkeiten, sich weiterzuentwickeln, wenn man Abitur gemacht hat."*
> • *„Die Kinder waren einverstanden, dass sie für Einser und Zweier in der Schule Geld bekommen: Für eine Eins 20 Euro und für eine Zwei 10 Euro."*

Schulische Defizite gilt es in Hinblick auf die berufliche Zukunft unter allen Umständen frühzeitig auszugleichen. Etablierte Eltern verfolgen daher die Leistungen des Kindes konsequent und genau und greifen bei entsprechenden Problemen zu einem frühen Zeitpunkt *steuernd* ein, indem sie nach konkreten, **erfolgversprechenden Lösungsstrategien** suchen, z. B. in Form von externem Nachhilfeunterricht. De facto erfährt das Kind somit sehr früh einen **starken Leistungsdruck**, der – positiv gewendet – auf den späteren beruflichen Konkurrenzkampf vorbereiten soll.

- *„Jeder Mensch wird dumm geboren und wenn er daraus nichts macht, bleibt er dumm. Gesellschaftlich hat Bildung einen ganz hohen Stellenwert. Berufsmäßig ist nicht auszudenken, was ohne Bildung passiert. Jeder Mensch muss sich selbst fordern und ist dazu geboren, aufzusaugen und mitzunehmen, was er nur mitnehmen kann. Sonst wird er später einfach keinen Erfolg haben."*

Um die Kinder adäquat vorzubereiten, sind **Privatschulen häufig die erste Wahl**. Diese gelten als besser ausgestattet und verfügen über einen adäquaten Lehrerschlüssel. Ebenso spielen die Umgebung und das vorherrschende Leistungsniveau eine Rolle, da es sich hierbei zumeist um ein **sozial privilegiertes Umfeld** handelt. Die individuelle Betreuung der Schüler mit besonderer Aufmerksamkeit für Stärken und Schwächen gilt als wichtiger Vorteil gegenüber „Staatsschulen", deren Leistung häufig stark bemängelt wird. Hauptkritikpunkte sind hierbei sinkende Anforderungen, veraltete Lehrmethoden sowie überlastete Lehrer.

- *„Im normalen Gymnasium kommt gar nichts von den Lehrern. Und insofern sind wir momentan am Überlegen, ihn auf eine Privatschule zu schicken. Ein Freund von ihm ist da auch. Wir sind ein bisschen unsicher im Moment, strecken unsere Fühler ein bisschen aus, was evtl. möglich wäre. Dieser hohe Stundenausfall und auch, dass man das Gefühl hat, dass die Lehrer die Eltern nicht ernst nehmen und sich nicht engagieren, das ist einfach ein Unding."*

3.2   SINUS B12: „Postmaterielle"

Kurzportrait

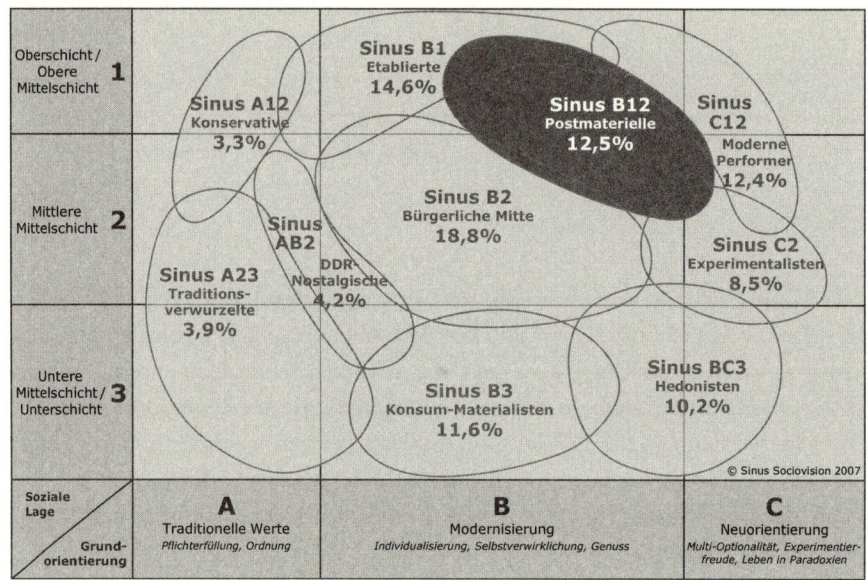

Anteil*: Gesamt 12,5 %, West-D. 13,3 %, Ost-D. 8,7 %
*Eltern mit Kindern unter 18 Jahren im Haushalt
Basis: TdWI 2007/08; n = 4.760 Fälle

- Liberale Grundhaltung: Weltoffenheit, Toleranz, kosmopolitische Weltsicht; kritische Auseinandersetzung mit Übertechnisierung und Globalisierung (Primat der Lebensqualität)

- Postmateriell geprägter Individualismus: Freiräume für sich selbst schaffen (auch gegen Sachzwänge), Zeitsouveränität und Entschleunigung; eigene Ideen realisieren, gegen starre Abläufe und Bürokratie, Antifundamentalismus

- Großes Vertrauen in die eigenen Fähigkeiten, souveräner Umgang mit beruflichen und familiären Herausforderungen; Leistungsbereitschaft und Durchhaltevermögen; materieller Erfolg, aber keine klassische Karriereorientierung

- Weltoffenheit und Bildung als humanistische Tugend, grundsätzliche (aber nicht bedingungslose) Toleranz gegenüber anderen Lebensauffassungen und Lebensweisen; allerdings Ablehnung von krudem Hedonismus und oberflächlichem Konsum-Materialismus in ideologischer und stilistischer Hinsicht; Distanz zu „eindimensionalen" Lebensweisen und Lebensentwürfen

- Teilweise im Widerspruch: Verantwortungsethik (Umwelt, Ausländer, sozial Benachteiligte, Dritte Welt) vs. Pflege der Lebenskunst (subtile Genüsse, Ästhetik, Bildung, Kultur)

Demografische Schwerpunkte im Gesamtmilieu

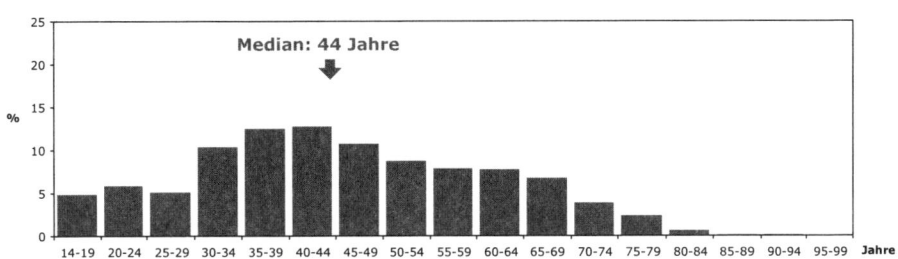

Alter	- Breites Altersspektrum – von Anfang 20 bis zur Generation der „jungen Alten"
	- Schwerpunkt: 30 bis 50 Jahre
Lebenssituation	- Häufig Haushalte mit (kleineren) Kindern
	- 4-Personen-Haushalte sind deutlich überrepräsentiert
Bildung	- Hohe bis höchste Formalbildung
	- Höchster Anteil von Personen mit Abitur oder Hochschulabschluss im Milieuvergleich
Beruf	- Qualifizierte und leitende Angestellte sowie Beamte und Freiberufler; auch Studenten sind überrepräsentiert
	- Häufig pädagogische, wissenschaftliche, soziale und medizinische Berufe
Einkommen	- Gehobenes Einkommensniveau
	- Fast 40 % haben ein monatliches Haushaltsnettoeinkommen von 3.000 Euro und mehr

Familienstand und Lebensstil

Familienstand von Eltern mit Kindern unter 18 Jahren	Anteil	Index
Verheiratet	86,1 %	102
Ledig, ohne Partner im Haushalt	2,3 %	79
Ledig, mit Partner im Haushalt	4,6 %	80
Verheiratet gewesen (geschieden, getrennt lebend, verwitwet), mit Partner im Haushalt	3,3 %	106
Verheiratet gewesen (geschieden, getrennt lebend, verwitwet), ohne Partner im Haushalt	3,7 %	91

Lebensstil

- Streben nach Gleichgewicht/Balance zwischen Körper, Geist und Seele (Fitness, Gesundheit, Wohlbefinden) als Primat der Lebensphilosophie

- Ideal einer nachhaltigen, umwelt- und gesundheitsbewussten Lebensführung (z. B. Bioprodukte, Naturheilverfahren), das aber im Alltag immer weniger konsequent umgesetzt wird

- Selbstdefinition eher über anspruchsvolle intellektuelle und kulturelle Interessen und Engagements als über Status, Besitz und Konsum

- Anspruchsvolles und selektives Konsumverhalten („weniger ist mehr"), Ablehnung sinnentleerten Konsums; Aversion gegen die Konsum- und Mediengesellschaft (besonders im Osten) – aber aktives Informationsverhalten, souveräne Nutzung der Neuen Medien

- Ungebrochene Emanzipationsorientierung: Partnerschaftlichkeit in Ehe und Familie, Zurückweisung der traditionellen Rollenklischees; treibende Kraft der „Feminisierung" in Wirtschaft und Gesellschaft

Alltagsästhetik

- Stil-Sensibilität, Kennerschaft und (nicht selten) Kunstverstand sind bildungsgetrieben/erlernt: Erworbenes kulturelles Kapital – ohne bildungsbürgerliche Attitüde

- Abgrenzung vom Massengeschmack der modernen Konsumgesellschaft wie vom ästhetischen Konventionalismus (sei er groß- oder kleinbürgerlich); Empfindlichkeit gegenüber Protz und Prunk, Kitsch und Trash

- Sehnsucht nach dem Authentischen (das Echte, Natürliche – bis hin zum Bäuerlichen und Nostalgischen); Wunsch nach einem persönlichen Bezug zu den Dingen

- Anti-Perfektionismus: Keine zwanghaften Inszenierungen – Vorliebe für offene, flexible Strukturen und belebte Arrangements (menschliches Maß)

- Häufig unprätentiöser Gestus, Understatement als Stilmittel: weniger ist mehr, Leben ist Chaos, schlicht ist schön; häufig bewusster ästhetischer Nonkonformismus: Inszenierte Stilbrüche, Anleihen bei der zeitgenössischen Avantgarde

Lebenswelt: Wie geht es Eltern?

Intellektuelle und kulturelle Avantgarde, Wunsch nach Balance

Postmaterielle stellen die **intellektuelle und kulturelle Avantgarde** der Gesellschaft. Sie zeigen eine **hohe Affinität zu gesellschafts- und umweltpolitischen Fragestellungen** sowie ein starkes Engagement hinsichtlich der Verbesserung von aus ihrer Sicht relevanten Strukturen (z. B. im Bereich Bildungspolitik).

- *„Uns ist es wichtig, Verantwortung zu übernehmen. Deshalb haben wir auch zusätzlich zu den eigenen noch zwei Patenkinder in Afrika.“*
- *„Ich hoffe, dass ich mich stark genug dafür einsetze, dass das Leben um mich herum sowohl ökologisch als auch in sozialer Form möglich ist.“*
- *„Wir haben ein Haus, das energieautark arbeiten kann, wenn wir demnächst Solarmodule auf das Dach bekommen. Und wir haben eine begrünte Garage.“*
- *„Seit 25 Jahren sind wir Mitglied bei Greenpeace. Wir sind zwar keine Aktivisten, aber bei Unterschriftenaktionen etc. sind wir schon dabei. Das ist das Mindeste, was man an Engagement haben kann.“*

Sie grenzen sich bewusst und explizit gegenüber überkommenen Werten, Wirtschafts- und Sozialmodellen im Allgemeinen, aber auch wenig **ganzheitlichen Lebensweisen** im Speziellen (z. B. im Bereich Ernährung, Medizin) ab. Dabei zeigt sich ein interessantes Phänomen: Einerseits erweisen sich **Individualität** („Konturen haben", „sich von der grauen Masse abheben", „Freiräume zugestehen"), **Authentizität** („echt sein", „kreativ im Hier und Jetzt sein") und **Weiterentwicklung** („immer etwas Neues entdecken, nicht stehenbleiben", „Herausforderungen meistern") als wichtige Werte, andererseits wird z. T. Kritik hinsichtlich einer zunehmenden Individualisierung/Ich-Orientierung und eines nicht selten damit einhergehenden zu schnellen „Weglaufens" bei Problemen geübt („Dinge nicht ausfechten").

- *„Die Entsolidarisierung und der Turbo-Kapitalismus schreiten voran. Es ist fraglich, wie lange unser Sozialstaat noch funktioniert."*
- *„Es ist nicht unüblich, dass Bilanzen in Unternehmen gefälscht werden, denn die Devise ist ja: ‚Man darf alles, nur nicht sich erwischen lassen.' Beziehungen zerbrechen und werden viel zu schnell aufgegeben. Alle haben den Traum von Familie, aber keiner hat bei Problemen den entsprechenden Durchhaltewillen: Wir leben in einer individualisierten Gesellschaft."*

Postmaterielle betonen im Gespräch die Wichtigkeit von **Familienglück** innerhalb einer **lebendigen, gleichberechtigten Partnerschaft**, aber auch die Relevanz eines interessanten, anregenden und **gleichgesinnten Freundeskreises** (wobei ein knappes Zeitbudget regelmäßige Treffen im Alltag oftmals verhindert). 86,1 % der Eltern von Kindern unter 18 Jahren in diesem Milieu sind verheiratet, **Patchwork-Familien** stellen hierbei keine Seltenheit dar.

- *„Wichtig sind Familie, Geborgenheit, Vertrauen und Zuverlässigkeit."*
- *„Familie ist Teil des menschlichen Daseins. Ohne Familie würde mir vieles fehlen, sie ist eine Bereicherung, sie hält jung, man bleibt in Kontakt, das Leben wird bunter. Wir lieben uns sehr."*
- *„Ich empfinde für alle Menschen ohne Kinder eine Trauer, dass sie keine Kinder haben."*
- *„Ich wünsche mir, dass wir gesund bleiben, dass es der Familie gut geht und mein Mann und ich weiterhin Glück in der Ehe haben."*
- *„Die Kinder sollen gesund bleiben und sich gut entwickeln und ich wünsche mir, dass unsere Partnerschaft weiterhin gut läuft, das alles so bleibt, wie es jetzt ist."*

Dabei zeigt sich, dass sich Postmaterielle Frauen in Bezug auf ihr Muttersein weder als „Glucken" noch als „Heimchen" erleben.

- *„Ich bin keine Mutter, die ihre Kinder ständig nur behütet und aufpasst. Ich finde, Kinder müssen sich auch ein Stück weit lösen und für sich selbst etwas finden."*
- *„Kürzlich habe ich eine Sendung gesehen, wo es um Mütter ging. In der Schlussrunde sagte eine mit acht Kindern ganz begeistert und verklärt, dass sie es jedes Mal wieder genauso machen würde und bei den Kindern bliebe, es gebe nichts Schöneres auf der Welt, als sich rund um die Uhr um Kinder zu kümmern. Also da musste ich schon etwas lachen."*

Postmaterielle Frauen können sich nur bedingt vorstellen, sich ausschließlich auf Familienarbeit zu konzentrieren, sondern zeigen vielmehr den ausgeprägten **Wunsch nach Balance zwischen Familie und Beruf.** Arbeit und **Selbstverwirklichung in der Arbeit** stellen für Postmaterielle Mütter einen zentralen Lebensinhalt dar; der Großteil der befragten Frauen hat nach dem Abitur studiert und ist beruflich hoch qualifiziert. Damit einhergehend wird eine **traditionelle Rollenteilung abgelehnt**, in welcher der Mann einer Vollzeitarbeit nachgeht, während sich die Frau um Haushalt und Kinder kümmert.

- *„Natürlich ist mir der Beruf wichtig, denn wozu hätte ich sonst studieren sollen?"*
- *„Für mich kam nie in Frage, nicht berufstätig zu sein. Dazu habe ich ja schließlich meinen Beruf gelernt."*

Einige Befragte denken in diesem Zusammenhang auch – obwohl sie ihr Kind niemals missen wollten – mehr oder weniger offen darüber nach, wie ihr Leben wohl ohne Kinder verlaufen wäre.

- *„Ich musste lernen, frohen Herzens von meinen Bedürfnissen Abstand zu nehmen. Ich kann jetzt nicht mehr so spontan sein wie früher und habe weniger Zeit für mich selbst, aber das ist in Ordnung, das wollte ich ja so."*
- *„Ich beneide Kinderlose wirklich selten. Aber ich ginge schon mal gerne spontan zur Berlinale."*
- *„Ohne Kinder wäre manches sicher ganz anders verlaufen, sie verändern das Leben ja um 180 Grad. Aber ich möchte es mir eigentlich gar nicht richtig vorstellen. Dafür sind wir schließlich auf der Welt."*

Gemeinsam und bewusst erlebter Familienalltag

Familie konstituiert sich für Postmaterielle nicht nur in der faktischen Existenz von Vater-Mutter-Kind-Sein, sondern in gemeinsamen Aktivitäten. **Routinen und Rituale**, mit denen man als Familie den Tag beginnt bzw. beendet (z. B. gemeinsames

Frühstück und Abendessen, abendliches Zubettbringen, vereinzeltes „Sandmann"-
Schauen), haben zentrale Bedeutung. Trotz z. T. unterschiedlicher Anfangs- oder
Heimkehrzeiten der einzelnen Familienmitglieder ist man bestrebt, die Mahlzeiten so
zu legen, dass alle daran teilnehmen können.

- *„Das gemeinsame Abendessen ist uns heilig. Wir tauschen uns aus, besprechen den Tag oder
  anstehende Dinge der nächsten Tage. Alle sollen sich daran halten, die Kinder genauso wie die
  Eltern."*

Oftmals übernehmen am Morgen die Väter das häusliche Programm wie insbesondere Frühstück richten, aber z. T. auch Kinder versorgen (waschen, anziehen) und
(die Jüngeren) in Hort, Kindergarten bzw. (die Älteren) in die Schule bringen. Zwei-
erlei Motive spielen hierbei eine Rolle: Zum einen soll die Mutter eine gewisse Entlastung erfahren, zum anderen aber sind diese Momente insofern von Bedeutung, als
sie unter der Woche einige der **wenigen Möglichkeiten** darstellen, bei welchen der
Mann aktiv die Vaterrolle ausübt.

Da der oft hektische Alltag nicht immer genügend Zeit zum vertrauten Gespräch
bietet, wird die Zubettgehzeit als feste Institution betrachtet, um sich ganz auf das
Kind einzustellen. Das Kind soll den Tag schön abschließen können und gemeinsam
mit den Eltern bzw. einem Elternteil (dann oft im Wechsel, denn einerseits soll das
Kind zu beiden ein **tiefes Vertrauensverhältnis** aufbauen, zum anderen wird dies
als **Aufgabe beider Eltern** verstanden) noch einmal Gelegenheit haben, die Erleb-
nisse und Eindrücke des Tages Revue passieren zu lassen.

Auch wenn Postmaterielle Frauen vor der Familiengründung ein intensives Leben
privater und beruflicher Selbstverwirklichung führten und diese Lebensphase inklu-
sive Zeitsouveränität, beruflicher Perspektiven und Karriere teilweise vermissen, so
betonen sie dennoch, dass ihnen diese Einschränkung bereits vor der Elternschaft
bewusst war und ihnen die **Zeit für die Kinder, deren Entwicklung, die Familie
und ihre eigene Persönlichkeit wichtig** ist. Sie sind dementsprechend gerne bereit, eine Zeit lang zurückzustecken. Gleichzeitig erleben einige die Lebenssituation
mit Kind aber auch nicht als eklatant unterschiedlich im Vergleich zu früher.

- *„Wir dachten, mit dem ersten Kind ändert sich alles, das war aber gar nicht so. Wir hatten nie
  das Gefühl, wir müssen auf etwas verzichten."*

So verbringen Postmaterielle ihre Zeit, die neben Beruf und Haushalt übrig bleibt,
bewusst mit den Kindern, da ihnen klar vor Augen ist, dass es sich hierbei um eine

unwiderruflich befristete Phase handelt. **Gemeinsame Aktivitäten untertags** spielen eine große Rolle, neben der Betreuung der Hausaufgaben sind dies insbesondere Tätigkeiten in der freien Natur (z. B. auf dem Spielplatz, im Garten) sowie sportliche Aktivitäten, welche oftmals gleichzeitig ein hohes Maß an Verantwortungsbewusstsein erfordern (z. B. Pferde betreuen). Auch am Wochenende wird **Familie gelebt**, wird Zeit mit **Familie und Freunden** verbracht und Abstand zum Beruf gesucht: Sei es bei gemeinsamen Museumsbesuchen, Ausstellungen und Lesungen, sei es, aufgrund starker Naturverbundenheit, bei gemeinsamen Fahrradtouren oder dem Besuch von Wildparks.

Dabei wird **Freizeit als arbeitsfreie, nicht als kinderfreie Zeit** (z. B. im Unterschied zu Hedonisten) verstanden. Postmaterielle freuen sich auf die Zeit mit ihrem Kind und planen dafür feste Zeiten ein, um zu vermeiden, dass dies durch andere Aufgaben untergeht. Gemeinsames Spiel mit dem Kind bedeutet hier nicht nur Verpflichtung, sondern auch gemeinsamen Spaß und gemeinsame Erfahrungen. Daneben ist es Postmateriellen Eltern aber auch wichtig, sich bewusst Zeit für sich selbst zu nehmen, und sie erwarten von älteren Kindern diesbezüglich auch Respekt. Sie erleben **Familie als Zusammenspiel von kleinen und großen Menschen**, die die **Bedürfnisse der anderen** zu **achten** lernen.

- *„Ich verbringe meine Freizeit am liebsten mit der ganzen Familie und nicht alleine. Meinen eigenen Hobbys gehe ich erst nach, wenn die Kinder abends im Bett liegen."*
- *„Ich plane meine Unterrichtsvorbereitung so, dass sie abends stattfindet, wenn die Kinder im Bett sind. Die Wochenenden halte ich mir prinzipiell frei."*
- *„Der Großen verlange ich schon ab, dass sie auch versteht, wenn ich mal eine halbe Stunde in ein Buch schauen möchte."*

Im Hinblick auf Urlaub präferieren Postmaterielle gemeinsame Familienurlaube am Meer oder in der Abgeschiedenheit der Berge, die Raum zur Kontemplation bieten. Hier geht es weniger um Reize von außen als vielmehr um generelle **Entschleunigung** und ein **inneres Bezugnehmen** zu sich selbst. Gemeinsame Unternehmungen, Zeit und Selbstbestimmtheit sind ihnen wichtiger als exklusive Cluburlaube.

- *„Uns ist Gleichmäßigkeit und Ruhe sehr wichtig. Die findet man ganz wunderbar am Meer. Wir müssen keine extravaganten Dinge unternehmen. Viel lieber setzen wir uns hin, schauen in die Ferne und hängen unseren Gedanken nach."*

Berufung statt Beruf

Für Postmaterielle liegt der Fokus im Beruf primär auf **Selbstverwirklichung** und Identifikation mit der beruflichen Tätigkeit und **weniger auf Karriere, Status und Besitz** im klassischen Sinn. Dies wird auch durch die gewählten Berufsfelder v. a. im sozial-, gesellschafts- und wirtschaftswissenschaftlichen Bereich (z. B. Sozialpädagogik, Lehramt, Psychologie und Jura) deutlich; aber auch medizinische und karitative Berufsfelder (Veterinärmedizin, Krankenschwester, Sterbebegleitung) sind vertreten.

- *„Ruhm, Karriere und Statussymbole sind mir nicht wichtig. Es geht mir mehr darum, eine Arbeit zu machen, die mich ausfüllt."*
- *„Bei meiner Berufswahl hatte ich nie den Verdienst vor Augen. Ich wollte den Dingen auf den Grund gehen."*
- *„Ein ‚Job' und ‚Dienst nach Vorschrift' kamen für mich nie in Frage."*
- *„Die Ungerechtigkeit während meiner Zeit bei der Bundeswehr hat mich dazu gebracht, Jura zu studieren. In diesem Beruf gehe ich auf. Es ist wichtig, sich verwirklichen zu können. Das Leben ist eine Expedition."*

Durch die vergleichsweise hohe Relevanz eigener beruflicher Ambitionen bedeutet die Entscheidung für Kinder (im Gegensatz zu anderen Milieus wie z. B. der Bürgerlichen Mitte) nur einen **zeitlich befristeten Verzicht auf eigene Belange**: Postmaterielle Mütter stecken zwar zurück, wenn ein Kind kommt (sei es beruflich, sei es hinsichtlich persönlicher Interessen und Freizeitaktivitäten), sehnen sich mehrheitlich aber eindeutig (zurück) ins Berufsleben – sie verstehen sich als **Lebensphasen-Begleiterin** des Kindes, eine Phase, die für sie wichtig und zentral ist, aber auch nur einen zeitlich begrenzten Abschnitt in ihrem Leben darstellt.

- *„Momentan genieße ich den Erziehungsurlaub noch. Aber nur für die Kinder da zu sein, reicht mir nicht aus."*
- *„Ich freue mich auch, wieder in den Beruf einzusteigen. Ich möchte zwar nicht unbedingt Karriere machen, aber auch nicht mein Leben lang nur für die Kinder da sein."*

Der hohe Stellenwert des Berufslebens und eigener beruflicher Vorhaben spiegelt sich auf vielfältigste Weise wider: z. T. gibt es bewegte Berufsbiografien vom Elektriker, der eine Ausbildung zum Kinderpfleger macht, eine Umschulung zum Tischler erfährt, bevor er das Abitur nachholt und schließlich Sozialpädagogik studiert; z. T. gibt es Promotionsvorhaben im Alter von knapp 50 Jahren, denn: „Das Leben ist eine ständige Weiterentwicklung".

Das **Streben nach Vereinbarkeit von Familie und Beruf** stellt Postmaterielle jedoch oft vor große Herausforderungen. Insbesondere Mütter sehen sich im Konflikt der Erwartungshaltungen (Erwartungen an sich selbst, aber auch Erwartungen der Familie und der Gesellschaft). Trotz der Wahrnehmung verbesserter Möglichkeiten und größerer Freiheiten im Vergleich zu früheren Generationen werden **aktuelle familien- und arbeitsmarktpolitische Strukturen als unzureichend erachtet.**

- *„Unsere Gesellschaft möchte, dass man seine Kinder sehr gut erzieht und auf das Leben vorbereitet, dass man Karriere macht, dass man selbst perfekt aussieht, dass man in einem schön aufgeräumten Haus mit gepflegtem Grundstück wohnt. Und das alles soll man selber hinkriegen! Da macht unsere Familienpolitik seit Jahrzehnten die größten Fehler. Uns wurde doch immer eingebläut, entweder Job oder Familie, und das habe ich auch geglaubt. Bei meinen Mädchen mache ich das anders, denen sage ich, wenn sie Kinder bekommen: ‚Eure Kinder sind eure Verantwortung, aber ihr müsst, ihr dürft auch das Leben leben und euren Beruf ausüben. Schaut nach Systemen, in denen das gut möglich ist, und habt kein schlechtes Gewissen, wenn ihr arbeiten geht. Und fordert das auch politisch ein, schließt euch mit Gleichgesinnten zusammen.'“*
- *„Ich hatte diesen Druck, weil ich im öffentlichen Dienst war und um meinen Studienplatz bangen musste. Ich hatte eine Konzessionsstrafe im Nacken, ich musste jede Prüfung mit 2 schaffen. Und ich dachte, das schaffe ich nicht mit Kindern. Da hat niemand gesagt: ‚Du kannst tolle Tierärztin werden und tolle Mutter.' Alle haben nur gesagt: ‚Tierarzt ist ein Männerberuf. Alle Frauen, die hier in der Uni sitzen, sind ein volkswirtschaftlicher Schaden.'“*
- *„Es gibt keinerlei Anerkennung. Wenn heute 40-Jährige auf dem Arbeitsmarkt abgelehnt werden, denke ich: ‚Wie blöd!': Wenn die ihren Laden zu Hause geschmissen hat, dann schmeißt die den Laden auch im Berufsleben.“*
- *„Seien wir doch mal ehrlich: Eine Frau, die nach der Geburt des Kindes längere Zeit aus dem Job war, hat auf dem freien Markt doch kaum Chancen, wenn sie eine verantwortungsvolle Position hatte und nicht gerade Büroangestellte war.“*

Postmaterielle Frauen kritisieren die Situation massiv, dass es für Frauen heute oftmals eine **Entweder-oder-Entscheidung zwischen Beruf und Kindern** ist. Dagegen nennen Männer den Wunsch, mehr Zeit und Kraft für sich selbst und die Familie zu haben. Sie sind i. d. R. mit einem hohen Stundenvolumen ins Berufsleben eingebunden (Arbeitszeiten von 50 Stunden und mehr sind keine Seltenheit) und sprechen davon, etwas weniger arbeiten zu wollen – z. B. in Form einer 75 %-Stelle –, um sich eine größere Ausgeglichenheit und Gelassenheit für private und familiäre

Erfordernisse zu bewahren und ihrer **„aktiven Vaterrolle"** besser gerecht zu werden, denn sie sehen sich als **partizipierenden, gleichermaßen zuständigen Erzieher**. Die damit verbundenen monetären Einbußen werden allerdings als zu hoch empfunden.

- *„Wenn ich 60, 70 Stunden die Woche arbeite, dann ist mir die Familie manchmal einfach zu viel und ich bin auch mal ungeduldig und gereizt."*
- *„Ich möchte eigentlich nur weniger Stunden arbeiten und dann viel Zeit mit meinen Kindern verbringen."*

Partnerschaftlichkeit in Ehe und Familie

Postmaterielle haben die **Vision einer gleichberechtigten Partnerschaft** mit gleichgestellter Arbeitsteilung in Beruf, Haushalt und Erziehung. Mit der Forderung einer selbstverständlichen Teilhabe des Mannes bei der Versorgung und Erziehung der Kinder zeigt sich eine deutliche Abkehr vom traditionellen patriarchalischen Rollenbild.

Dabei verstehen Postmaterielle unter Partnerschaft eine emotionale, liebevolle und vertrauensvolle Verbundenheit, die von Empathie, Authentizität, gegenseitigem Respekt und Rücksichtnahme geprägt ist und eine **gleichberechtigte Teilung der Aufgaben** sowie **beidseitige Zugeständnisse** hinsichtlich der Bedürfnisse des Partners beinhaltet. Gemeinsame Zielsetzungen und eine intensive Zusammenarbeit, um diese Ziele zu erreichen, werden als zentral erachtet, gleichzeitig soll jeder Partner aber auch seine eigenen Bereiche und Interessen leben können.

- *„Wenn man auf alles verzichten müsste, aber auf diese Person nicht verzichten kann, das ist eine gute Partnerschaft."*
- *„Partnerschaft bedeutet miteinander wachsen, miteinander einen Weg gehen."*
- *„Wenn man alle Probleme besprechen kann, sich voll und ganz einlassen kann, dann ist das eine gute Partnerschaft."*

Häufig nehmen (werdende) Väter von sich aus an Vorbereitungen im Rahmen der Schwangerschaft teil, gehen mit zu Untersuchungen und Schwangerschaftsgymnastik, sind bei der Entbindung dabei. **Sehr vereinzelt** kommt es auch vor, dass der **Vater zu Hause beim Kind bleibt**, während die Mutter einer Erwerbstätigkeit nachgeht, da sie das höhere Gehalt bezieht.

Der Regelfall ist allerdings, dass der Wunsch nach paritätischer Teilung der Verantwortung für die Familie und das Geldverdienen ein Wunsch bleibt: Postmaterielle Eltern werden durch die Elternschaft **von der Realität eingeholt**. Die Frau übernimmt i.d.R. die hauptsächliche Verantwortung für die Versorgung des Kindes und des Haushalts – z. T. trotz eigener Berufstätigkeit –, der Vater geht weiter in gewohntem Umfang (Vollzeit) seiner Berufstätigkeit nach. Insbesondere bei jüngeren Frauen zeigt sich oftmals **Frustration** in Anbetracht des **Abstiegs in eine traditionelle Rollenteilung**, wenn trotz in der Theorie vorhandener gemeinsamer Vorstellungen von einer gleichgestellten Partnerschaft diese in der Praxis nicht gelingt.

Dennoch äußern Väter die Hoffnung, ihre Partnerin habe genügend Zeit und Freiraum für ihre eigenen Interessen und Bedürfnisse, überlaste sich nicht und fühle sich nicht (ausschließlich) fremdbestimmt. Mangelnde Zeit und **Schutz eigener Ressourcen** ist für Postmaterielle ein zutiefst ambivalentes Thema.

- *„Das war nicht so geplant, dass ich im Haushalt mehr arbeiten würde und mein Mann weniger. Wir wollten auch beide große Teile der Erziehung gemeinsam übernehmen. Aber es ist doch so gekommen, dass ich es mehr oder weniger alleine mache."*
- *„Konfliktpotential gibt es, weil ich sage: ‚So haben wir eigentlich nicht gewettet.' Wenn die Kinder aus dem Gröbsten raus sind, will ich wieder mehr für mich machen."*
- *„Letztlich ist es doch so: Frauen haben ein schwierigeres Leben als Männer. Sie sind für die seelische Befindlichkeit der ganzen Familie verantwortlich. Frauen müssen von ihren Bedürfnissen absehen."*

Auch ein **gegenseitiges Entfremden** wird konstatiert, wenn sich jeder ausschließlich auf seine Rolle fokussiert und man keine gemeinsame Ebene mehr hat.

- *„Man hat das Gefühl, dass man sich ein bisschen auseinanderlebt. Ich bin 100 % hier, ich entscheide alles. Mein Mann hat das Gefühl, er läuft hinterher und kommt nach Hause und wird vor vollendete Tatsachen gestellt. Manchmal hat er das Gefühl, dass das nicht mehr seins ist, dass das nicht mehr seine Welt ist."*
- *„Früher dachte ich, wir wüssten mehr von den jeweiligen Bereichen des anderen und dass ich vielleicht auch mal auf eine Dienstreise oder so etwas mitfahre. Dass man ein kleines bisschen was am Rand mitbekommt und die ganzen Leute auch mal kennen lernt. Das fällt flach. Jeder ist nur in seinem Bereich tätig."*

So entstehen aus dieser Rollenteilung häufiger **Konflikte,** und Partnerschaften drohen eventuell in die Brüche zu gehen, wenn Postmaterielle Frauen selbstbewusst zu ihrer partizipierenden Rollenvorstellung stehen. Nur eine Minderheit zeigt sich zufrieden mit der praktizierten Aufteilung der Erziehungs- und Betreuungsarbeit. Meist sind dies Frauen, deren Männer eine gewisse Flexibilität hinsichtlich der Arbeitszeit aufweisen (z. B. Lehrer).

Die Mehrheit jedoch beklagt v.a. die **ungünstigen gesellschaftlichen Rahmenbedingungen:** den Arbeitsmarkt mit wenig familienfreundlichen Arbeitszeiten, so dass berufliche Zwänge des Partners oft im Vordergrund stehen; die als zu gering wahrgenommene Anzahl von Kinderbetreuungs- und -krippenplätzen; die limitierten Betreuungszeiten in Kindergarten und Schule.

Selbstkritische Erziehungsarbeit

Hohe Anforderungen an sich selbst, Offenheit hinsichtlich pädagogischer Unterstützung

Postmaterielle haben **hohe Ansprüche an ihre Erziehungsleistung.** Sie informieren sich bereits vor der Geburt sowie in den einzelnen Entwicklungsstadien des Kindes umfassend, sowohl fachlich-kompetent (Bücher, Zeitschriften, Elternbriefe, Seminare) als auch im Austausch mit Freunden und anderen Eltern. Sie machen sich Gedanken über die Ziele und Mittel der Erziehung – sowohl der Erziehung ihrer eigenen Kinder als auch der Erziehung von Kindern etwa aus sozial schwächer gestellten Familien[21] – und sind generell an neueren pädagogischen Konzepten interessiert.

Erziehung wird als **verantwortungsvolle Aufgabe** gesehen, die einem immer wieder aufs Neue große Anstrengungen abverlangt.

- *„Erziehung ist Verantwortung: Kinder sind eine so weiche Matrize, in die man hineinschreiben kann. Erziehung ist ein mächtiges Instrument, man muss sorgsam damit umgehen."*
- *„Es ist Verantwortung und Chance zugleich: mit den individuellen Möglichkeiten das Beste zu geben."*
- *„Die Hebamme ist mit uns zur Tür gegangen und sagte: ‚Ich gehe jetzt mit Ihnen zu dieser Tür und dann gebe ich Ihnen Ihr Kind und ab da sind Sie Ihr Leben lang für dieses Kind verantwortlich.' Das hat mich unheimlich stolz gemacht. Dass man für jemanden verantwortlich ist. Und dass ich mich mit all meinen Ideen und allem, was ich habe, dafür einsetzen kann, um es möglichst gut hinzubekommen."*
- *„Man bekommt so ein kleines Wesen in die Hand und man spürt die Seele. Dickköpfig und lieb, ganz weich und verletzlich. Und man versucht, möglichst nicht da dran zu stören."*

---

[21]   Im Gespräch benannten Postmaterielle Eltern hier das Stichwort „Elternführerschein".

Dabei beobachten Eltern dieses Milieus ihre eigene Erziehungsarbeit permanent **selbstkritisch** und sind selten mit ihren Lösungen zufrieden. Insbesondere nach einem langen Arbeitstag kann es vorkommen, dass sie die Grenze ihrer Belastbarkeit erleben, aber sofort kritisch hinterfragen, ob die eigene Reaktion adäquat war oder nicht.

- *„Wir haben uns schon frühzeitig und eigentlich immer informiert. Auch später, als der Kleine kontaktscheu war und Probleme in der Schule hatte, haben wir uns immer Hilfe geholt."*
- *„Gordon's Familienkonferenz ist der Klassiker in unserem Bücherregal. Man lernt dort gute Techniken, wie aktives Zuhören und Formulieren von Ich-Botschaften, und auch, wie man Situationen entschärfen kann."*
- *„Ich wäre gerne noch gelassener. Es gelingt mir nicht immer, in eskalierenden Situationen ruhig zu bleiben. Die Kinder spüren das natürlich sofort und provozieren noch weiter. Da kommt man dann schon an seine Grenzen."*

Autoritativer Erziehungsstil mit individuellen Elementen

Postmaterielle Eltern folgen in ihren Vorstellungen von Erziehung nahezu idealtypisch dem Grundmuster **autoritativer Erziehung** („Freiheit in Grenzen"). Dabei zeigt sich ein flexibler Umgang mit der Thematik, indem sie sich „das Beste" aus verschiedenen Erziehungsstilen herauspicken, ohne bestimmte Dinge kategorisch abzulehnen („ich bin dagegen"). An das Kind werden Anforderungen gestellt und es wird die Einhaltung von Regeln gefordert, wobei diese und das Verhalten der Eltern in einer bestimmten Situation – je nach Alter und Entwicklungsstand des Kindes – erklärt werden.

Es wird sowohl eine Abkehr vom einstigen Laissez-faire („Freiheit ohne Grenzen" als Folge der Abgrenzung zur einstmals autoritären Erziehung der eigenen Eltern) als auch eine Abkehr von autoritärer Erziehung („Grenzen ohne Freiheit") deutlich. Im Gegensatz zu autoritärer Erziehung wird nicht die strikte Befolgung von Normen und Achtung der Autorität als eigener Wert eingefordert. Zwar erleben sich auch Postmaterielle Eltern als (natürliche) Autoritätsperson für die Kinder, gleichzeitig vermitteln sie ihnen aber auch, dass sie ihre **Kinder als Gesprächspartner ernst nehmen** und versuchen, sich in die Perspektive des Kindes zu versetzen.

- *„Ich lehne die autoritäre Erziehung, wo alles verboten wird, ab. Aber genauso bin ich gegen die antiautoritäre, denn dann kommen die Kinder im Leben nicht zurecht."*
- *„Kinder brauchen gewisse Regeln, sie können sich nicht selbst erziehen."*

- *„Grenzen setzen macht die Stärke der Eltern aus und damit die Vertrauenswürdigkeit. Denn wer stark ist, an den kann ich mich anlehnen als Kind, zu dem habe ich Vertrauen."*

Lautwerden, Anschreien, Brüllen, Türenknallen oder gar Schläge sind in diesem Milieu verpönt. Dahinter steht die Überzeugung, dass das **Kind am Verhalten der Eltern lernt** und die Kinder eines Tages den Umgangsstil nachahmen, der ihnen vorgelebt wurde. Das Verhältnis zwischen Eltern und Kind ruht damit auf den Grundpfeilern einer idealtypischen Eltern-Kind-Beziehung: Sicherheit und Vertrauen, Selbständigkeit und Unabhängigkeit, Orientierung und Grenzen sowie Vorbildfunktion der Eltern.

Ebenso wird teilweise eine Distanzierung zum Begriff „Erziehung" und ein Sichlösen vom traditionellen Bild einer typischen Mutter/eines typischen Vaters deutlich, allerdings werden Sprachmuster und Sprachstile partiell unbewusst übernommen, so dass sich die Befragten bei kritischer Selbstreflexion dabei ertappen, manches Mal doch auf Sprachstile aus der eigenen Kindheit zurückzugreifen.

- *„Ich vermeide den Begriff ‚Erzieher', es ist mehr ein Begleiten, Aufzeigen von Dingen und Wegen."*
- *„In den 70ern wurden neue Ideen propagiert, die von einem weniger nachdenklichen Publikum dahingehend missverstanden wurden, dass Erziehung immer Fremdbestimmung heißt. Das hat dazu geführt, dass immer weniger Erziehung stattfand und wir immer mehr unerzogene Kinder und Jugendliche haben. Ich selbst verwende das Wort auch nicht so gerne, da schwingt immer noch so etwas Negatives mit."*

Gute Eltern zu sein bedeutet für Postmaterielle, eine **liebevolle Person** zu sein, die sich umfassend um ihr Kind kümmert, aber **auch loslassen kann**, wenn es nötig ist. Sie bietet ihrem Kind Kontinuität, ist um angemessene Kommunikation bemüht und ist bereit, das Verhalten des eigenen Kindes kritisch zu beobachten sowie ggf. zu korrigieren. Gleichzeitig lebt sie **Konsequenz und Glaubwürdigkeit** vor. In Bezug auf die Mutter ist in diesem Milieu die Erkenntnis zentral, dass sie auf ihre eigenen Bedürfnisse achten und etwas für sich selbst tun sollte, um so wieder Energie für das Kind zu finden.

- *„Eine gute Mutter sagt, wenn sie an ihre Grenzen kommt, um nicht in die Überforderung zu kommen mit Kindern und Haushalt und Arbeit."*
- *„Dass man sich selbst schützt, um sich nicht auslaugen zu lassen von den Erfordernissen des Lebens, das ist wichtig. Das versuche ich auch, meinen Kindern zu vermitteln."*

Insgesamt werden in diesem Milieu **Kinder als „Geschenk"** erlebt, die es in den ersten Etappen und Lebensabschnitten, ganz im Verständnis Khalil Gibrans, zu begleiten gilt:

- *„Eure Kinder sind nicht eure Kinder! Sie sind Söhne und Töchter der Sehnsucht des Lebens nach sich selbst. Sie kommen durch euch, aber nicht von euch, und obwohl sie bei euch sind, gehören sie euch nicht. Ihr dürft ihnen eure Liebe geben, aber nicht eure Gedanken, denn sie haben ihre eigenen Gedanken ... "*

Förderung mit Augenmaß

Erziehung wird zwar als **schöne, spannende und bereichernde Aufgabe** erlebt, stellt sich aber auch als **komplexe Gratwanderung** heraus: Man möchte das Kind fördern, ohne es aufgrund eigenen Ehrgeizes zu überfordern. Wichtig ist es einerseits, die **Individualität** des Kindes zu bewahren, gleichzeitig aber auch seine **soziale Kompetenz** und Integrationsfähigkeit zu unterstützen. Das Kind soll ein behütetes, harmonisches und vertrautes Zuhause erleben, ohne jedoch „in Watte gepackt" zu sein. Es soll einerseits Anregungen erhalten, soll andererseits aber auch in der Lage sein, sich selbst zu beschäftigen. Es soll aktiv sein, gleichzeitig aber auch das nötige Maß an Ruhe für die Verarbeitung der vielfältigen Reize erfahren.

- *„Vertrauen ist das Allerwichtigste. Das Kind muss wissen: ,Wenn du mich brauchst, bin ich da.'"*
- *„Kinder wollen Anforderungen erleben, wollen wachsen. Gleichzeitig darf man sie aber auch nicht überfordern. Die richtige Balance ist wichtig."*

Postmateriellen Eltern ist es wichtig, die Kreativität des Kindes anzuregen und seine Interessen zu erkennen und **mit Augenmaß** zu **fördern** sowie es zu einem interessierten und **aufgeschlossenen Menschen** zu erziehen. Dem Kind werden verschiedene Bereiche eröffnet, um ihm Anregungen zu geben, jedoch ohne es unter Druck setzen zu wollen. Statusambitionen, übertriebener Ehrgeiz, Wettbewerbs- und Leistungsdenken (wie z. B. bei Etablierten, Modernen Performern und der Bürgerlichen Mitte) sowie permanenter Aktionismus und die Bereitstellung eines ständigen Angebots werden abgelehnt. Vielmehr geht es um eine **Selbstfindung und -entwicklung** des Kindes innerhalb bestimmter Regeln und Grenzen.

- *„Kinder sollen Freiraum zur Selbstentwicklung haben. Dabei bin ich gerne dabei und begleite sie, führe sie liebevoll in die Welt."*
- *„Mein Ziel ist es, die Kinder in ihrer Entwicklung zu unterstützen, die sie haben wollen, und sie in guter seelischer Verfassung zu wissen."*

Die Eltern bieten ihrem Kind interessante Bereiche und Themen nicht nur an, sondern **begleiten** es dabei. Man möchte dem Kind Beschützer und Spielkamerad sein; konsequent, aber auch nachsichtig. Insbesondere versuchen sie, das Kind für seine **natürliche Umwelt** (z. B. Waldspaziergänge), für Kunst und Kultur (z. B. Malkurse) sowie für sportliche Aktivitäten, dann verstärkt im Rahmen von Sportarten, die den Teamgeist fördern, zu begeistern.

- *„Alle drei Kinder trainieren auf ihren Pferden, um beim gemeinsamen Wettkampf im 5er-Team ihr Bestes zu geben. Was zählt, ist das Mannschaftsergebnis, kein Einzelkämpfertum. Es geht nicht um bloßes Reiten, sondern sie müssen sich Gegenstände weitergeben, müssen als Team miteinander arbeiten."*

Als für die Erziehung wichtige Werte erachten Postmaterielle insbesondere **soziale und liberale Tugenden**: Selbständigkeit, innere Stärke, Mut, Offenheit, Toleranz, Gerechtigkeit, Fairness, Ausgeglichenheit und Konfliktfähigkeit. Aber auch **traditionelle Werte** wie Rücksichtnahme, Höflichkeit, Respekt und Pflichtgefühl gelten als wichtig, allerdings weniger im Verständnis von Primärtugenden, sondern vielmehr als Mittel zum Zweck, um **Entscheidungs- und Handlungsfreiheit** zu erlangen.

- *„Gelebte Werte sind das A und O in der Erziehung."*
- *„Es ist wichtig, die Kinder in alltägliche Pflichten einzubinden, damit sie eine gewisse Selbständigkeit erlangen."*
- *„Ich möchte den Kindern klarmachen, wie viel Arbeit das ist. Dass nicht alles automatisch sauber und gebügelt im Schrank hängt und der Boden sauber ist, sondern dass man dafür arbeiten muss. Dass sie sich selber organisieren können müssen, wenn sie ausziehen und ihre kleine Wohnung beziehen."*
- *„Schlimm wäre es, wenn die Kinder dem Vater Staat auf der Tasche liegen würden – sie sollen selbständig und selbstbewusst werden."*
- *„Wenn die Kinder Werte wie Höflichkeit und Respekt kennen, gewinnen sie an Sicherheit und bekommen ein selbstbewussteres Auftreten. Sie werden dadurch freier in der Möglichkeit, mit unterschiedlichen Situationen adäquat umzugehen."*

Kritischer Umgang mit Medien

Postmaterielle Eltern zeigen sich im Umgang mit Medien generell, aber insbesondere in Bezug auf das Thema „Kinder" **sehr kritisch**. So lehnen sie beispielsweise TV-Erziehungsratgeber privater Anbieter wie z. B. „Die Super Nanny" oder „Help TV" für sich selbst strikt als „reißerisch" und „unseriös" ab und bemängeln, dass **Problemfälle** zugunsten einer wahrgenommenen **Sensationslüsternheit** des Publikums **instrumentalisiert** werden.[22] Allerdings gestehen sie Eltern aus sozial schlechter gestellten Verhältnissen zu, in Konfliktsituationen Hilfestellung – dann allerdings pädagogisch fundierte Hilfestellung – anzufordern.

> • *„Meine Frau und ich sind uns über unsere Erziehungsziele und den Weg dahin relativ sicher. Aber es gibt eine Vielzahl von Menschen, die über diese Sicherheit nicht verfügen und die darauf angewiesen sind, dass sie fachlich kompetenten und wohlwollenden Rat bekommen. Wenn es mal eine Sendung geben würde, die diese Hilflosigkeit nicht so reißerisch aufbereiten würde, dann könnte eine solche Sendung sicher eine gewisse Hilfe darstellen."*

Ihren Kindern ermöglichen sie, je nach Alter und Interesse, einen **kontrollierten Umgang mit elektronischen Medien**, z. B. PC-Spielen, Chat, TV. Einerseits gilt dies als unabdingbar und als Voraussetzung, um in der Wissens- und Informationsgesellschaft später Anschluss zu halten; andererseits achten Eltern dieses Milieus jedoch aufgrund der Überzeugung, ein zu **hoher Medienkonsum schade der Fantasie und Kreativität** des Kindes, strikt darauf, dass das Kind nicht zu viel Zeit hiermit verbringt. Scharfe Kritik üben sie am (projektiven) Medienverhalten in der modernen Unterschicht und sehen hier einen Mangel an Alternativangeboten.

> • *„Ich finde Fernsehen schrecklich. Viel zu viel Bilder, viel zu viel Reize, viel zu viel Lärm. Ich versuche, das auf ein Minimum zu reduzieren."*
> • *„Ich würde niemals einem Kind einen Fernseher ins Zimmer geben: Kinder können sich gegen dieses Medium nicht wehren."*
> • *„Ich glaube, jedes Kind ist vom Computer wegzubringen. Man muss sich heutzutage allerdings anstrengen, muss Alternativen bieten."*
> • *„Es gibt Studien, die belegen, dass ein hoher Medienkonsum zu schlechteren Schulleistungen führt. Ich denke, das ist v.a. bei sozial Schwächeren der Fall."*

---

[22] So ist Postmateriellen Eltern z. B. die Entscheidung für die Nominierung und Verleihung des deutschen Fernsehpreises 2007 in der Kategorie „Bester TV-Coach" am 29.09.2007 an Katharina Saalfrank („Die Super Nanny") unverständlich. (Die Eltern-Befragung im Rahmen dieser Studie war zum Zeitpunkt der Preisverleihung abgeschlossen – diese Anmerkung basiert auf *grundsätzlichen, studienübergreifenden* Milieukenntnissen.)

Konsum – Qualität statt Quantität

Postmaterielle haben nicht nur eine **Aversion gegen die Medien-**, sondern auch gegen die **Konsumgesellschaft**. Sie sind bestrebt, ihr Kind für andere, ideelle Themen und Bereiche zu interessieren. Dennoch werden im Alltag Wünsche nach Süßigkeiten, Spielsachen, Markenkleidung, Accessoires, Kosmetika, elektronischen Medien (z. B. iPod, Handy, PC) an die Eltern herangetragen. Die Wünsche werden dann vor dem Hintergrund des jeweiligen Alters und des tatsächlichen Bedarfs des Kindes *gemeinsam reflektiert*.

Hochwertige Produkte und Markenartikel kommen in diesem Milieu durchaus zum Einsatz, insbesondere bei Nahrungsmitteln, Spielwaren und Bekleidung. Durch entsprechende **Siegel und Zertifikate** fühlen sich Postmaterielle Eltern oftmals in ihrer Auswahl bestätigt. Allerdings gilt für sie insgesamt die **Maxime des „weniger ist mehr"** – das Angebot soll attraktiv, aber überschaubar sein. Gerne bittet man auch Verwandte, sich zu Feierlichkeiten wie etwa Weihnachten an einem größeren gemeinsamen Geschenk für das Kind zu beteiligen, anstatt es mit vielen Einzelgeschenken zu überfrachten. Grundsätzlich legen Postmaterielle Wert darauf, dass ihr Kind möglichst frühzeitig einen **verantwortungsvollen Umgang mit Geld** lernt.

- *„Wenn der Wert geschätzt wird und klar wird, dass Markenklamotten nicht qua Gesetz immer gekauft werden, dann ist es schon o.k., auch mal etwas Besonderes zu kaufen."*
- *„Man muss den Kindern klarmachen, woher das Geld kommt, das sie ausgeben wollen. Die Annahme, man geht halt einfach auf die Bank, wenn man Geld braucht, trifft so ja nicht ganz zu."*
- *„Man kann das Geld nur einmal ausgeben, wenn es weg ist, ist es weg. Das sollten Kinder frühzeitig lernen."*

Gesellschaftspolitischer Stellenwert von Kindern: Manifestation der mangelnden Anerkennung u. a. in wenig familienfreundlicher Arbeitskultur

Postmaterielle werten Erziehung nicht nur als individuelle Leistung, sondern als **elementaren Beitrag für die Gesellschaft**, auf den man zu Recht auch stolz sein darf.

- *„Ich mache das für mich, aber auch für die Gesellschaft. Ich erziehe Kinder, die gesellschaftstauglich sind. Wenn ich ein Zeugnis meiner Kinder lese und da steht, dass sie sozial überdurchschnittlich engagiert sind, dann denke ich, das ist meine Leistung."*
- *„Unsere Große macht gerade ein Praktikum in einem Hilfsprojekt in Nepal, das macht mich wirklich stolz."*

Sie zeigen insgesamt ein feines Gespür für Veränderungen im gesellschaftspolitischen Bereich und benennen – in ihren Augen allerdings bislang leider nur leichte –
Veränderungen hinsichtlich der Wahrnehmung des Stellenwerts von Kindern.

- *„Alle haben verstanden, wie wichtig Kinder für die Gesellschaft sind, schon alleine aus demografischen Gründen. Viele schauen auch freundlich und nett in den Kinderwagen, den man
  als Mutter vor sich herschiebt, und sagen: ‚Ach wie süß!'. Aber so richtig Verständnis hat
  dann doch keiner. Die Wichtigkeit von Kindern wird zwar festgestellt, aber es verändert sich
  nicht so richtig viel, es tut sich noch zu wenig."*
- *„Kinder haben in der Gesellschaft leider noch immer nicht den Stellenwert, der ihnen eigentlich
  zukommt."*
- *„Deutschland fängt ja gerade erst an, diesbezüglich wieder an seinem Image zu arbeiten."*
- *„Es wird immer nach Familie geschrien, aber wenig dafür getan."*

Der (für sie persönlich) hohe Stellenwert von Kindern für Gesellschaft und Wirtschaft sowie das von Postmateriellen genannte Ziel von Familienpolitik, für die Her-
stellung und Sicherung der Voraussetzungen für familiäres Zusammenleben Sorge zu
tragen, stehen für Postmaterielle in eklatantem Widerspruch zur erlebten Realität.
Dies zeigt sich auf verschiedenen Ebenen:

- **Mangelnde gesellschaftliche Akzeptanz und geringe Kinder- und Famili-
  enfreundlichkeit**, v.a. in den alten Bundesländern, z. B. Diskriminierung bei der
  Wohnungssuche, „schiefe Blicke" im Restaurant oder im Wartezimmer beim
  Arzt, Nachbarschaftsklagen wegen tobender, lärmender Kinder.
- **Mangelnde Akzeptanz der konkreten Erziehungsleistung** (Frauen ohne eigene Berufstätigkeit fühlen sich regelrecht „geächtet", „aktive Väter" werden bestenfalls belächelt) sowie **mangelnde monetäre Wertschätzung**, z. B. hinsichtlich sozialversicherungs- und rentenrelevanter Anrechnungszeiten. Eine wirklich
  gerechte Bewertung von Leistungen und Belastungen findet nach Ansicht von
  Postmateriellen bislang nicht statt.

- *„Kindererziehung wird in unserer Gesellschaft nicht anerkannt. Die Leute sind viel zu demü-
  tig: ‚Ach, ich bin nur zu Hause.' Da könnte ich verrückt werden. Ich würde sagen: ‚Ich arbeite drei Schichten am Tag und du hast nur eine Arbeitsstelle. Ich kriege keinen Pfennig dafür
  und du bekommst ein Gehalt. Ich kriege keine Rente dafür und du kriegst Rente. Ich mache
  für unsere Gesellschaft wertvolle Arbeit, ich erziehe nämlich Mitbürger, die – hoffe ich – weder
  eine Ergo- noch eine Logotherapie noch psychiatrische Behandlung benötigen, sondern mit beiden Beinen auf der Erde stehen und etwas leisten können, wenn sie einen Studienplatz oder
  eine Lehrstelle kriegen.'"*

- *„Man müsste den Frauen sagen: ‚Hey, das ist toll, was ihr macht!', man müsste sie stärken. Man müsste es als Arbeit ansehen und nicht ein schlechtes Gewissen dabei haben."*
- *„Der Begriff ‚Vater' müsste in der Gesellschaft einen anderen Stellenwert bekommen. Nicht nur Elterntreffen, wo sowieso nur Mütter hingehen, sondern Vätertreffen, die außerdem legitimiert sind. Wo die Väter nicht das Image von Weicheiern und Warmduschern haben, sondern von Vätern, die sich ihrer Aufgabe bewusst sind und diese annehmen."*
- *„Frauen haben rententechnisch einen erheblichen Nachteil, wenn sie zu Hause bleiben, das müsste dringend geändert werden."*
- *„Es geht nicht nur ums Geld: Es geht um Wert. Familie ist nichts wert."*

- **Strukturelle Gegebenheiten**, z. B. **mangelnde Kinderbetreuungsmöglichkeiten** – insbesondere in den alten Bundesländern[23] –, sowie stark eingeschränkte Öffnungszeiten der Kitas und Kindergärten. Postmaterielle machen sich hierbei insbesondere stark für sozial schwächer Gestellte und zeigen ein ausgeprägtes Bewusstsein dahingehend, dass finanzielle Zuwendungen alleine nicht ausreichen, sondern auch **lokale Infrastrukturen** geschaffen werden müssen, will man bevölkerungs- und familienpolitisch erfolgreich agieren.
- **Arbeitsmarktpolitische Rahmenbedingungen**: Postmaterielle konstatieren eine arbeitgeberseitige Fokussierung ausschließlich wirtschaftlicher Interessen („Man ist nur Arbeitnehmer, kein Mensch."). Sie bemängeln die **stetig weiter steigenden Anforderungen** hinsichtlich Flexibilität, Mobilität, Verfügbarkeit und Einsatzbereitschaft (z. B. Stundenvolumen, Arbeitszeiten am Abend und am Wochenende). Dabei zeigen sich je nach Geschlecht unterschiedliche Schwerpunkte:
  - ○ *Väter*: Die vorherrschende Zeitpolitik steht ihrer Ansicht nach der **veränderten Vaterrolle vom Ernährer zum Erzieher** diametral entgegen und bietet keine Gelegenheit, den Erziehungsauftrag in dem von ihnen gewünschten Maß (paritätische Teilung) wahrzunehmen. Auch spüren sie z. B. eine lediglich **„zähneknirschende Akzeptanz"** seitens des Arbeitgebers bezüglich der Inanspruchnahme des Babyjahrs.[24]

---

[23] Der Ausbau von Betriebskindergärten wird von Postmateriellen hier als wichtiger Schritt genannt.

[24] Von positiven Reaktionen des Arbeitgebers bezüglich des Väterwunsches, eine Zeit lang aus dem Job auszusteigen – wie in der Süddeutschen Zeitung „Männer machen Ernst" vom 6./7.10.2007 beschrieben –, war in den Eltern-Gesprächen im Frühjahr (April/Mai) 2007 (noch) wenig zu spüren.

o *Mütter:* Sie kritisieren, dass sie nach der Geburt der Kinder ihre **eigenen Berufsziele oftmals nicht mehr im gewünschten Maß erreichen können**; dies gilt insbesondere in der freien Wirtschaft (unzureichende Möglichkeiten der Teilzeitarbeit, eingeschränkter Zugang zu höheren Positionen), aber auch in anderen Berufsfeldern.

o Insgesamt wird konstatiert, dass Partnerschaften immer stärker kämpfen müssen, um Familie und Beruf zufriedenstellend miteinander zu vereinbaren. Postmaterielle wünschen sich hier unkonventionelle Lösungsansätze, die Antwort auf die *tatsächlichen* Erfordernisse bieten. Die aktuelle Situation auf dem Arbeitsmarkt ermöglicht eine nur **sehr eingeschränkte Vereinbarkeit von Familie und Beruf**: Nicht beide Partner können als Eltern einen gut qualifizierten, verantwortungsvollen Beruf ausüben, was jedoch von zentraler Bedeutung für dieses Milieu ist.

- *„Eine Bekannte von mir wollte eine Doktorarbeit schreiben. Der Doktorvater sagte ihr: ‚Sie haben drei Kinder zu Hause. Das Einzige, was Sie schreiben können, ist ein Einkaufszettel.' Man wird, was das Geistige angeht, nur noch aufs Muttersein reduziert."*
- *„Am Anfang hatten wir versucht, uns alles zu teilen, so dass wir gemeinsam für die Kinder zuständig sind. Aber das hat damit geendet, dass ich nicht mit meiner Arbeitsstelle zufrieden war und mein Mann mit seiner auch nicht. Mit reduzierter Stelle findet man einfach keine Anerkennung. In der Schweiz finde ich es schön, da gibt es 12,5 %-Stellen, richtige Stellen und auch mit so einem Schutz."*
- *„Mein Mann wollte in seinem Berufsfeld etwas bewegen. Mit einer Stellenreduktion ging das nicht. Dann hätte er, sagte er, Hausmeister werden müssen."*
- *„Ich hatte gehofft, dass es auch in einer Managementposition etwas berechenbarere Zeiten hat, aber da gibt es keine Tarife, keine Arbeitszeiten oder Überstunden."*
- *„Was Frau von der Leyen sagt, klappt so ja leider nicht ganz: Ein Manager kann nicht einfach zwei Monate von seiner Arbeit wegbleiben."*
- *„Frau von der Leyen macht uns zwar vor, dass man mit Kindern Karriere machen kann. Aber sie hat ganz andere finanzielle Möglichkeiten als die Normalfrau."*
- *„Warum gibt es nicht viel mehr Jobsharing-Angebote? Dann könnte man sich Führungspositionen teilen und beide Elternteile hätten mehr Zeit für die Familie."*
- *„Vom Arbeitnehmer wird immer mehr Flexibilität erwartet. Ich finde, arbeitgeberseitig sollte das gleiche Maß an Flexibilität gewährleistet werden."*

Krippe, Kindergarten und Hort als Orte des sozialen Miteinanders

Postmaterielle Eltern zeigen sich Betreuungsinstitutionen (öffentlich und privat) gegenüber grundsätzlich aufgeschlossen. Eine **qualitativ hochwertige außerfamiliäre Betreuung** (ab einem Alter von ca. 1,5 bis drei Jahre) beeinträchtigt in ihren Augen nicht zwangsläufig die Qualität der Bindung zu den Eltern.

Gleichzeitig haben Postmaterielle das Bewusstsein, dass das soziale Miteinander in der Gemeinschaft mit Gleichaltrigen, aber auch Kindern anderer Altersstufen von hoher Relevanz für die frühkindliche Entwicklung ist.[25] Frühförderung bedeutet für sie nicht prestige- und wettbewerbsorientiertes Leistungsdenken, sondern **entwicklungspsychologisch begründetes Training grundlegender Fähigkeiten**.[26] Demzufolge sehen sie in Krippe, Kindergarten und Hort weitaus mehr als nur „Aufbewahrungsanstalten", sondern verbinden damit die Chance zu kognitivem, sozialem und emotionalem Lernen. Postmaterielle verweisen zudem auf **positive Erfahrungen anderer Gesellschaften**, z. B. Frankreich und Skandinavien, wo Betreuungseinrichtungen eine weitaus größere Rolle zukommt als in Deutschland.[27]

- *„Unsere Tochter geht sehr gerne in die Kita. Sie blüht dort richtig auf und erzählt abends, was sie alles gemacht hat. Sie erlebt und lernt dort sehr viel, gerade im Zusammensein mit anderen."*
- *„Nils geht in einen Integrationskindergarten mit behinderten Kindern. Ich finde das sehr wichtig, er lernt dort eine Menge."*

---

[25] Insbesondere Einzelkinder erleben Postmateriellen zufolge ansonsten Deprivationssituationen, die es zu vermeiden gilt.

[26] Bernstein hat dies am Beispiel der Sprachentwicklung im Rahmen seiner soziolinguistischen Forschungen bereits 1959 untersucht (Bernstein, B.: Sozio-kulturelle Determinanten des Lernens, in: P. Heintz (Hg.): Soziologie der Schule, Sonderheft 4 der Kölner Zeitschrift für Soziologie und Sozialpsychologie, Köln 1959). Auch Piaget hat 1954 Sprache als wesentlichen Aspekt kognitiver Entwicklung erkannt (Piaget, P.: Das moralische Urteil beim Kinde, Zürich 1954).

[27] Dr. Marie-Thérèse Letablier, CNRS/Centre d'Études de l'Emploi, Paris, bestätigte dies aktuell in ihrem Vortrag „Eigenständige und abgeleitete Existenzsicherung von Frauen – empirische Befunde", welcher im Rahmen der von BMFSFJ und Max-Planck-Institut für ausländisches und internationales Sozialrecht veranstalteten interdisziplinären Tagung „Eigenverantwortung, private und öffentliche Solidarität – Rollenleitbilder im Familien- und Sozialrecht im europäischen Vergleich" am 6. Oktober 2007 in der Villa Vigoni (Italien) gehalten wurde. In ihrem Vortrag führte Letablier aus: „47 % of couples in France continue to work full-time with a child under 12 years. The dual-earner model is facilitated by a rather generous state support to parents, but childcare facilities are still not sufficient to respond to the demand."

Eltern in diesem Milieu zeigen sich im Umgang mit Betreuungseinrichtungen **sehr engagiert**: Sie suchen das Gespräch mit dem Betreuungspersonal, nehmen Elterngespräche wahr, übernehmen Ämter der Elternvertretung und Ähnliches. Aufgrund ihrer hohen Bildungsabschlüsse und ihrer guten Allgemeinbildung sind sie oftmals kritisch und scheuen auch vor Widerstand im Umgang mit Institutionen und Personen nicht zurück, zeigen sich aber meist konstruktiv und zielorientiert im Dialog.

Bezüglich der aktuellen Betreuungssituation konstatieren sie **erhebliche Mängel**:

- Mängel hinsichtlich der **zur Verfügung stehenden Plätze** in Krippe, Kindergarten und Hort.

- *„Es sollte einen Anspruch auf einen Krippenplatz geben, so wie das bei Kindergärten der Fall ist."*
- *„Frau von der Leyen hat mit ihrer geplanten Verdreifachung der Krippenplätze noch ganz schön was vor sich."*

- Mängel bezüglich der **Betreuungszeiten**, welche als zu stark eingeschränkt erlebt werden.

- *„Selbst wenn es genügend Kita-Pätze gibt, was bei uns in Ostdeutschland noch eher der Fall ist, helfen die trotzdem nicht immer, weil die Kitas einfach zu früh schließen."*

- Mängel hinsichtlich der **Ausstattung** dieser Einrichtungen.
- Mängel hinsichtlich der **Qualifikation und Konzepte** des Betreuungspersonals (bez. Wissen, Ausbildung und Kompetenz, z. B. wenig Konzepte mit Bezug zur sinnlich erfahrbaren Alltagswelt, wenig Integration von Fremdsprachen) sowie hinsichtlich des **Personalschlüssels**. Dies bringt insbesondere Mütter z.T. in einen **starken inneren Konflikt**, wenn sie wieder in den Beruf einsteigen wollen.

- *„Die Betreuung ist einfach nicht gut. Das betrifft sowohl die Qualität als auch die Quantität."*
- *„Man kriegt ja schon ein schlechtes Gewissen, wenn man berufliche Ambitionen hat und seine Kinder in den Kindergarten bringt. Weil nicht alle Kindergärten so gut sind, wie sie sein sollten. Und wenn man weiß, dass man seine Kinder besser versorgen kann, dann hat man ein schlechtes Gewissen, wenn man zur Arbeit geht, klar."*

- Vereinzelt Kritik hinsichtlich der **finanziellen Rahmenbedingungen,** wobei dies primär private Betreuungsarrangements betrifft.

- *„Die Kosten für die Tagesmutter sind enorm, aber ich möchte nun mal zurück in den Beruf."*

Dabei ist die Kritik Postmaterieller Eltern jedoch nicht auf das eigene Kind fokussiert (wie z. B. bei Modernen Performern), sondern nimmt immer auch die Perspektive sozialer und bedürfnisorientierter Gerechtigkeit ein.

Bildung als humanistische Tugend

Das Thema Bildung und Bildungssystem wird von Postmateriellen mit großem Eifer aufgegriffen und gerne diskutiert. Bildung kommt in diesem Milieu ein **ausgesprochen hoher Stellenwert** zu, wobei zwei Motive eine Rolle spielen:

- Bildung wird als **Ausgangsbasis für den späteren Berufserfolg** gesehen. In einer modernen Wissens- und Informationsgesellschaft, die wenig gebildeten Menschen kaum mehr Arbeit bieten kann, da Arbeiten aus dem Niedriglohnsektor größtenteils ins Ausland verlagert werden, gewinnt das Thema Bildung immer mehr an Relevanz. Ein gutes Bildungsniveau wird als unabdingbare Voraussetzung gesehen, in Deutschland in Zukunft einen **adäquaten, anspruchsvollen, sinnstiftenden und spaßbringenden Beruf** auszuüben.

- Postmaterielle haben darüber hinaus das Bewusstsein, dass man **als Mensch nur „komplett und glücklich"** wird, wenn man umfassende Bildung im Sinne einer humanistischen Tugend erfahren hat. Spaß an Musik oder Kunst (z. B. Malerei) werden hier als persönlich erfüllende Beispiele genannt.

- *„Jemand, der diese persönlichen Interessen nicht entwickelt hat, weil er damit nie in Berührung gebracht wurde, weil es ihm nie gezeigt wurde oder weil man ihm nie die Freude des Umgangs mit der Kreativität vermittelt hat, wird Schwierigkeiten bekommen, sein Leben sinnvoll auszufüllen. Dann sitzt man in der Freizeit eben fünf Stunden vor einem blöden Computerspiel oder guckt sich eine debile Fernsehsendung an, um seine Zeit totzuschlagen."*
- *„Ich halte Bildung für wichtig, um das Kind zu einem selbstbewussten, glücklichen Menschen zu machen. Nur so kann man ein erfülltes Leben haben."*

Postmaterielle versuchen, ihr Kind frühzeitig an interessante Themengebiete (z. B. aus Natur und Technik, Kultur und Kunst) heranzuführen, die **kindliche Neugierde aufrechtzuerhalten** und den Wissensdrang zu befriedigen. Bücher spielen hierbei eine zentrale Rolle, aber auch das konkrete sinnliche Erfahren wird als wichtig erachtet.

- *„Dass Bildung spannend ist, das habe ich versucht, meinen Kindern schon sehr früh zu vermitteln."*
- *„Wenn solche Fragen kommen wie: ‚Warum ist der Himmel blau?', dann freut mich das sehr."*

Bezüglich des schulischen Werdegangs achten sie darauf, dass ihr Kind entsprechend gefordert wird, ohne jedoch eine Überforderung zu erfahren. Als wünschenswerten Schulabschluss benennen sie das **Abitur**, allerdings nur, wenn das Kind selbst die gleiche Vorstellung hat; sie verstehen dies eher als **Angebot** denn als Vorgabe. Gleiches gilt für etwaige **Auslandsaufenthalte**, die dem Kind eine möglichst umfassende, optimale Vorbereitung auf das Leben ermöglichen sollen. Gute Noten explizit zu belohnen, kommt für Postmaterielle weniger in Frage. Der Schulerfolg und das sich dadurch einstellende Selbstvertrauen ist ihrer Ansicht nach für das Kind Belohnung genug.

- *„Abitur wäre schön, aber wenn er nach der 10. Klasse sagt, dass er eine Ausbildung machen möchte, dann ist das auch in Ordnung. Hauptsache, er findet etwas, wofür er sich wirklich begeistern kann."*
- *„Zeugnisgeld bekommen die Kinder nicht. Ich finde, die gute Note selbst ist Belohnung genug. Da haben sie Erfolg."*

Eltern aus diesem Milieu sind häufig der Ansicht, dass Kinder heutzutage **zu wenig angemessen gefordert** werden, sei es im positiven Fall aus Besorgnis, sei es im negativen Fall aus Gedankenlosigkeit. Das als niedrig wahrgenommene Bildungsniveau, divergierende Lehrpläne aufgrund der Kulturhoheit der Bundesländer (problematisch z. B. beim Umzug) sowie oftmals als wenig engagiert und kompetent erlebte Pädagogen werden von ihnen stark bemängelt. Nach Kenntnis Postmaterieller Eltern beinhaltet die Ausbildung der Lehrer nicht mehr psychologisches Know-how als noch vor 30 Jahren, was ihnen in Zeiten **zunehmender Auffälligkeiten und Störungen** der Schüler wenig nachvollziehbar erscheint. Gleichzeitig bewerten sie die Unterrichtskonzeption als solche als wenig modern und lehnen reinen Frontalunterricht, der Kindern keinerlei Eigeninitiative bietet, ab. Vor dem Hintergrund, dass Kinder den Großteil des Tages in der Schule verbringen, betonen Postmaterielle Eltern insgesamt die hohe **Relevanz der Qualität der Fachkräfte**.

- *„Bei einer beruflichen Veränderung und einem damit einhergehenden Umzug ist das ein echtes Problem. Je nachdem, wohin man zieht, ist das Kind maßlos überfordert oder unterfordert."*
- *„Kinder wollen gefordert werden, aber mit Augenmaß. Zum Beispiel am ersten Schultag. Da hat die Lehrerin Blümchen um die Sprechblase und sagt: ‚Ihr kommt jetzt zwar in die Schule, aber das ist nicht so schlimm, ihr braucht nicht so viel zu arbeiten und Hausaufgaben bekommt ihr auch keine auf.' Das Witzige an dieser Geschichte ist aber, dass Kinder, wenn man sie fragt, darauf warten, dass sie anfangen können zu arbeiten. Sie freuen sich auf die ersten Hausaufgaben und sind dann total enttäuscht."*

> • *„Lernen macht keinen Spaß und hat oft keinen Sinn für die Kinder. Das liegt sicherlich auch an der Ausbildung der Pädagogen."*
> • *„Es fehlt die positive Einstellung. Die Kinder sollten anstatt ‚jetzt schreiben wir eine Arbeit und ihr werdet schon sehen ...' eher ein ‚jetzt könnt ihr mal sehen, was ihr alles könnt' mit auf den Weg bekommen."*

Postmaterielle Eltern üben **deutliche Kritik an der Einführung des G8-Konzepts** an Gymnasien, da die Kinder in Anbetracht der momentan erlebten Schulsituation[28] den Anforderungen nicht gewachsen sehen und sie **„nur noch mit Wissen abgefüllt werden"**. Als bedauerlich bezeichnen sie insbesondere die Tatsache, dass einige Kultusminister offensichtlich der Ansicht sind, es sei egal, *„wer* die Kinder mit Wissen abfüllt", d.h. mehrfache Lehrerwechsel innerhalb eines Schuljahres keine Ungewöhnlichkeit darstellen. Sie verweisen in diesem Kontext darauf, dass die **G8-Konzeption** von einschlägigen Fachleuten auch als **Maßnahme zur Begabtenförderung** beschrieben wird.

> • *„Die Anforderungen durch G8 sind wirklich enorm, das ist ein völlig unnötiger Leistungsdruck."*
> • *„Die Kinder gehen heute zur Schule mit hochgezogenen Schultern, mit krummem Rücken und mit ständigem Druck."*
> • *„Natürlich sollen Kinder gefordert werden, aber bitte adäquat! Immer mehr Inhalte in immer kürzerer Zeit – das geht nicht. Der kognitive Inhalt muss doch auch begriffen werden."*
> • *„Ein gutes Essen muss sich setzen, so ist es auch bei der Bildung."*

Zwar machen sich Postmaterielle gesamtgesellschaftlich stark für ein weniger selektives Bildungssystem und größere Chancengleichheit, insbesondere auch für **Kinder aus anderen Kulturen mit Sprach- und Integrationsproblemen.**[29] Sie engagieren sich in Elterninitiativen, führen Gespräche mit lokalen Politikern, arbeiten nebenbei in Eltern-Schul-Entwicklungsgruppen mit[30] und vieles mehr. Jedoch ziehen sie *zum jetzigen Zeitpunkt* aufgrund der als stark wahrgenommenen Widerstände und (bürokra-

---

28 Postmaterielle Eltern benennen hier u. a. zu große Schulklassen, überforderte Lehrer, ausfallende Unterrichtsstunden, häufigen Lehrerwechsel, geringe Lehrmittelausstattung, großes Hausaufgabenpensum, wenig Freizeit.

29 Vereinzelt bieten Postmaterielle Mütter z. B. privat kostenlose Nachhilfe für Kinder mit türkischem Migrationshintergrund an.

30 Z. B. an der Idee der Gründung einer Waldorfschule in ihrer näheren Umgebung.

tischen) Hürden für ihre eigenen Kinder z. T. **auch Privatschulen in Betracht**, sofern die finanziellen Mittel dies erlauben.

> • *„Meine Frau und ich, wir arbeiten beide an staatlichen Schulen. Wenn wir die Möglichkeit hätten, würden wir unsere Tochter aber unbedingt auf eine private Schule schicken. Die Förderung und Betreuung an den staatlichen Schulen ist einfach nicht ausreichend."*
> • *„Erst habe ich mich gegen eine Privatschule gesträubt, denn die Idee ist schon ziemlich elitär. Aber mein Großvater aus den USA hat den Impuls dazu gegeben. Und letztlich profitieren die Kinder enorm, sie lernen mehr, und das in lernfreundlicher Umgebung."*

3.3   SINUS C12: „Moderne Performer"

Kurzportrait

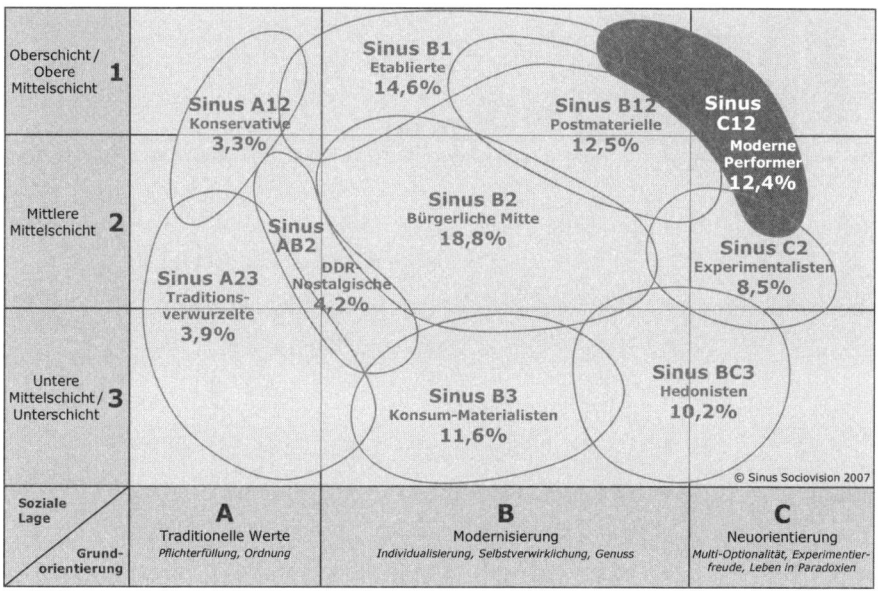

Anteil*: Gesamt 12,4 %, West-D. 12,0 %, Ost-D. 14,3 %
*Eltern mit Kindern unter 18 Jahren im Haushalt
Basis: TdWI 2007/08; n = 4.760 Fälle

• Ausgeprägter Leistungsehrgeiz, verbunden mit Streben nach persönlicher Selbstverwirklichung und intensivem Leben: mobil, flexibel, innovativ und kreativ sein; seine Fähigkeiten erproben und seine Grenzen erfahren (sich beweisen, was man kann)

- Erfolg haben, wenn und wo sich Chancen auftun (Adaptive Achievement); viel Energie und (spielerische) Risikobereitschaft bei der Verfolgung seiner Ziele
- Nach dem Ende des New-Economy-Hype zunehmend Ernüchterung und Fokussierung auf das Machbare sowie auf Sicherheits- und Statusaspekte
- Einerseits Hinterfragen von Normen und Hierarchien, andererseits Sehnsucht nach sozialer Anerkennung, sozialem Ausgleich und Eingebundensein
- Ideal einer Verbindung von materiellem Erfolg und lustvollem Leben; Aufhebung der traditionellen Widersprüche wie Pflicht vs. Genuss, Beruf vs. Privatleben

Demografische Schwerpunkte im Gesamtmilieu

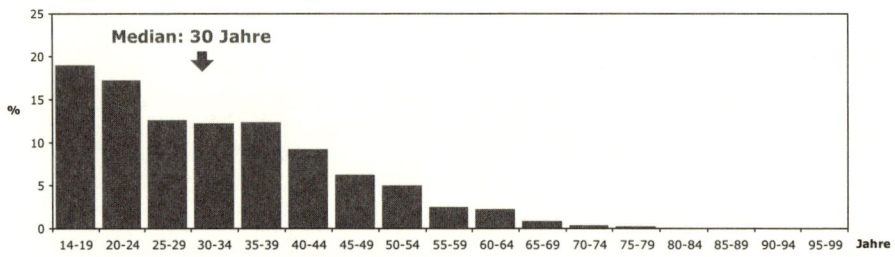

Alter	• Jüngstes Milieu in Deutschland; Altersschwerpunkt unter 30 Jahre; etwa ein Viertel ist zwischen 30 und 40
Lebenssituation	• Überwiegend ledig (mit oder ohne Partner)
	• Steigende Zahl junger Familien
	• 3-und-mehr-Personen-Haushalte (viele leben noch im elterlichen Haushalt)
	• Vergleichsweise großer Anteil Alleinerziehender
Bildung	• Hohes Bildungsniveau, zwei Drittel haben mindestens mittlere Reife; etwa ein Drittel ist noch in Ausbildung
Beruf	• Viele Studenten (oft mit Nebenjobs)
	• Unter den Berufstätigen hoher Anteil (kleinerer) Selbständiger und Freiberufler (Start-ups) sowie qualifizierter Angestellter – häufig im Bereich Marketing und Multimedia
Einkommen	• Hohes Niveau des Haushaltsnettoeinkommens (gut situiertes Elternhaus)
	• Bei den Berufstätigen in der Regel gehobenes eigenes Einkommen

Familienstand und Lebensstil

Familienstand von Eltern mit Kindern unter 18 Jahren	Anteil	Index
• Verheiratet	83,7 %	99
• Ledig, ohne Partner im Haushalt	3,6 %	125
• Ledig, mit Partner im Haushalt	6,7 %	115
• Verheiratet gewesen (geschieden, getrennt lebend, verwitwet), mit Partner im Haushalt	3,0 %	97
• Verheiratet gewesen (geschieden, getrennt lebend, verwitwet), ohne Partner im Haushalt	3,0 %	74

Lebensstil

- Trendsetterbewusstsein, Zugehörigkeit zur jungen Elite; Offenheit gegenüber Globalisierung und Deregulierung, Selbstverständnis als Teil des *Global Village*

- Ich-Vertrauen, Leistungsoptimismus und Fähigkeit zur Krisenbewältigung; keine Festlegung auf konventionelle Lebensmuster (Patchworking), Multioptionalität (*„Mein Motto ist: Augen auf, wach gegenüber Neuerungen bleiben."*)

- Multimedia-Begeisterung, selbstverständliche Integration der Neuen Medien in die Lebensführung (beruflich und privat); positive Einstellung zur modernen Technik (High-Tech-Faszination)

- Großes Interesse an sportlicher Betätigung (Trendsport, Extremsport, Fitness-Studio, Squash etc.); ausgehintensive Freizeitgestaltung (Kino, Disco, Kneipe, Events, Kunst)

Alltagsästhetik

- Ästhetik des jungen, modernen Mainstreams: Konventionelle Einrichtungs-elemente und Muster werden kreativ und gekonnt inszeniert – aufgelockert mit gängigen Nonkonformismus-Anklängen (Fernseher auf dem Boden, Bilder hängen nicht an der Wand, sondern stehen herum)

- Die Wohnung ist weniger gewachsener Lebensraum als eine Ausstellung: Die Inszenierungen zielen auf Wirkung, Extravaganz, Selbstpräsentation

- Selbstverständnis als Avantgarde: Aufgreifen aktueller Moden und Designtrends, Design-Anklänge als Ausweis des Zeitgeistes

- Modernismus: Faible für modernes Industriedesign und technisch anmutende Materialien (Stahl, Glas) vs. neue Empfindsamkeit: Verspielte bis manierierte Arrangements, subtile Stilexperimente, Retro-Design (40er, 50er Jahre)
- Meist offene, flexible Raumgestaltung: Inszenierte Vorläufigkeit, gewollte Improvisation

Lebenswelt: Wie geht es Eltern?

Dynamische Leistungselite mit Ehrgeiz: Chancen nutzen

Für Moderne Performer, ein vergleichsweise junges Milieu, stellt sich das **Leben als individuell wählbarer und gestaltbarer Parcours** dar. Eigenständigkeit, Freiheit, Leistungsorientierung, Kreativität, Flexibilität und Mobilität sind für dieses Milieu typische Werte. Erfolg sieht man als Folge der erkannten und persönlich genutzten Chancen: Nur wer die sich ständig neu bietenden Möglichkeiten rechtzeitig ergreift, kann langfristig erfolgreich sein.

Anerkennung sowie ein **gehobener gesellschaftlicher Status** sind von zentraler Bedeutung. Moderne Performer sind meist in gehobenen Gehaltsklassen angesiedelt und wenn nicht bereits beruflich etabliert, so doch auf dem besten Weg dahin. Sie schauen mit positivem Blick und **ausgeprägtem Vertrauen bezüglich der eigenen Leistungsfähigkeit** in die Zukunft. Schwierige berufliche und private Situationen werden als *Herausforderung* betrachtet, an der man wächst. Den Kopf in den Sand zu stecken, ist für Personen dieses Milieus schlichtweg undenkbar.

Ein wichtiges Grundbedürfnis ist **Multioptionalität**: Man möchte unbedingt und immer wieder unter verschiedenen Möglichkeiten wählen können. Das bedeutet gegebenenfalls auch, den vormals eingeschlagenen Weg wieder zu verlassen, wenn sich eine attraktivere und erfolgversprechendere Option bietet. „Das Leben ist ein Fluss" ist ein typisches von Modernen Performern genanntes Zitat und „Irgendwie fällt man schon immer wieder auf die Füße".

- *„Man muss das Leben selbst in die Hand nehmen, das ist meine Devise."*
- *„Ich habe schnell gemerkt, dass ich mehr möchte. Ich habe das Abitur nachgemacht und mein BWL-Studium durchgezogen. Seit einigen Jahren bin ich nun als Selbständiger in meinem ‚neuen Leben'. Und ich weiß, egal was kommt, irgendwie geht es immer."*

Zwar kommt Werten wie Individualität und Autonomie des Einzelnen hohe Bedeutung zu, Werten also, die eine **zielstrebige Leistungsperspektive** symbolisieren. Gleichzeitig spielt aber auch die soziale „Erdung" und Einbindung des Einzelnen in soziale Kreise eine wichtige Rolle: Die Pflege von Freundschaften und sozialen Kontakten wird als immens wichtig erachtet, sowohl auf privater als auch beruflicher Ebene – hier zeigt sich eine ausgeprägte Mentalität des Networking im *Global Village*. Nicht selten zieht man aus beruflichen Kontakten neue Optionen, ergeben sich neue Perspektiven.

- *„Networking will gelernt sein, aber ich bin der Ansicht, dass das nur Vorteile bringt."*

Für Moderne Performer ist das Leben als Single, LAT (living apart together) oder DINK (double income no kids) die üblicherweise „voreingestellte" Lebensform während der Ausbildung und der ersten Berufsjahre. Die damit verbundene Freiheit, Flexibilität und Mobilität möchten sie so schnell nicht aufgeben. In die **Familiengründungsphase** wächst das Milieu **oft erst nach dem 30. Lebensjahr** hinein. Dann allerdings ist die Entscheidung für ein Kind eine ganz bewusste. Auch für Moderne Performer gilt die Norm der **verantworteten Elternschaft**: Ein Kind ist erst dann denkbar, wenn man ihm gesicherte ökonomische Verhältnisse bieten und persönlich entsprechende Verantwortung übernehmen kann. Gerade in diesem Milieu führt dies zu einer **„Rushhour" des Kinderkriegens**, da Elternschaft immer stärker damit verbunden wird, im Berufsleben „etabliert" zu sein, und somit ein gewisses Aufschubverhalten stattfindet. Stimmen allerdings die Prämissen in allen anderen Lebensbereichen, dann ist ein Kind wichtiger und willkommener Teil des persönlichen Erfolgskonzepts – eine Familie *zu haben* ist gewissermaßen ein **Statusmerkmal**.

- *„Fast alle unsere Freunde haben inzwischen Kinder. Und irgendwie hat es dann auch bei uns gepasst. Wir hatten die Jugend ohne Kind genossen, und deshalb fehlt mir jetzt auch nichts."*

Elternschaft bedeutet für Moderne Performer zumeist eine deutliche Veränderung der bisherigen Lebenssituation. Sie erleben diese als deutlich anstrengender und **vermissen** insbesondere die für sie so wichtige einstige **Flexibilität**. Dennoch beschreiben sie ihr aktuelles Leben als bereichernd: Die Teilhabe an der Entwicklung des Kindes zu einem *vollwertigen Mitglied der Gesellschaft* füllt das eigene Leben weiter mit Sinn.

- *„Man wächst da rein, am Anfang war es schon eine Umstellung, nicht mehr alles spontan machen zu können, was einem in den Sinn kommt."*
- *„Jetzt ist es so, dass man nur mit Planung und Absprache an seine Freiheit kommt und sich Freiräume schaffen kann. Aber auf der anderen Seite habe ich eine großartige Entschädigung, wenn ich meine Tochter sehe. Ich finde es toll, dass ich mit ihr so viel machen kann. Es ist einfach nur schön."*
- *„Man wird ein kleines bisschen spießiger, muss sich häufiger arrangieren, muss besser planen. Die Prioritäten ändern sich etwas, man geht z. B. weniger weg. Aber ich habe eigentlich nur Positives daraus gezogen und empfinde das nicht als Verlust."*
- *„Unbewusst sind da vielleicht schon ein paar kleine Verzichtsmomente, aber insgesamt habe ich das Gefühl, dass mir nichts wegläuft."*

Mit Blick auf die Zukunft ist das Ziel, Beruf und Familie möglichst perfekt miteinander zu vereinen und dabei das **Optimale in beiden Bereichen *„herauszuholen".*** Moderne Performer möchten in einer harmonischen, ausgeglichenen Partnerschaft mit Kind leben *und* gleichzeitig weiterhin beruflich Karriere machen. So steht das Kind zwar im Mittelpunkt, wird aber dennoch mit Selbstverständlichkeit in die alltäglichen (Berufs-)Aktivitäten integriert.

- *„Meine Tochter hat ein Briefing bekommen, wie man sich bei einem Geschäftsessen bei Tisch verhält, und dann habe ich sie mitgenommen. Ich konnte den Termin nicht absagen, und sie hat sich ganz gut gemacht."*

Professionelles Familienmanagement

Familie bedeutet für Moderne Performer den **„Heimathafen"** in einer ansonsten hektischen, stressigen (Berufs-)Welt, den **„Anker"** nach einem anstrengenden, von Leistung gekennzeichneten Tag im Job. Gleichzeitig ist die Familie selbst nicht frei von Leistungsmotiven, sondern hat auch die *Funktion,* dem Einzelnen die für den beruflichen Erfolg **notwendigen Ressourcen bereitzustellen.** Sie soll Energie spenden, wenn die Akkus leer sind. Hierdurch wird das für Moderne Performer so typische funktionale Verständnis veranschaulicht, das sich durch alle Lebensbereiche hindurchzieht: Sie beurteilen die Dinge primär instrumentell und messen sie am Grad der individuellen Nützlichkeit.

Der Familienalltag von Modernen Performern mit Kind ist zeitlich stark strukturiert und durchorganisiert. Um eine Berufstätigkeit beider Elternteile zu arrangieren, bedarf es eines Höchstmaßes an Planung. Auch dem Kind wird früh kommuniziert, dass eine gute Organisation notwendig ist und **Familie nur** dann **funktionieren kann, wenn es feste Regeln gibt**, die es einzuhalten gilt. „Geht nicht gibt's nicht" könnte man Modernen Performern sinngemäß in den Mund legen, oder: **„Es ist alles nur eine Frage der Organisation"** (ausgeprägtes Machbarkeitsdenken). Diese Alltagsorganisation ist meist Sache der Mutter, die sich in diesem Sinne als **„Profi-Mami"** versteht: Egal, *was* sie tut, sie tut es richtig.

Während der Woche ist sie meist alleine für das Kind zuständig und der (beruflich stark engagierte) Vater häufig von allen Aufgaben, die das Familienleben bereithält, entbunden. Das gemeinsame Abendessen ist werktags das nahezu einzige gemeinsame Familienereignis (sofern der Vater nicht berufsbedingt auf Reisen ist). Mütter aus dem Milieu der Modernen Performer betonen allerdings, dass dieser Umstand alleine der beruflichen Situation (und meist gehobenen Position) des Mannes geschuldet ist, und zeigen hierfür **Verständnis** – schließlich wissen sie selbst aus eigener Erfahrung, wie es im „harten" Berufsleben zugeht.[31]

Das **„eigentliche" Familienleben** konzentriert sich somit primär auf die **Wochenenden**. Während die Hausarbeit weitgehend an eine bezahlte Hilfe delegiert wird, die z.T. mehrmals pro Woche kommt (und zeitweise auch das Kind betreut, insbesondere, wenn die Mutter wieder berufstätig ist), können Vater und Mutter wochenends *zunächst einzeln* ihren individuellen Hobbys nachgehen – in dieser Zeit bleibt der Partner beim Kind. Neben einem Faible für Multimedia, Lektüre (Zeitungen, Fachzeitschriften, Fachbücher) und musikalische Events (Clubs, Konzerte etc.) haben Moderne Performer eine Vorliebe für Trendsportarten (z. B. Mountainbiking, Joggen, Fitness-Studio, Squash, Tennis, Golf, Reiten, Wassersport) mit dem Motiv, sich einerseits aktiv zu entspannen, sich aber andererseits auch zu messen bzw. an die eigene Leistungsgrenze zu gehen.[32] Generell sind Eltern dieses Milieus bestrebt, sich **trotz Familie eigene Interessen und Freundschaften zu erhalten**, was als berechtigtes Bedürfnis gilt. Ebenso haben Unternehmungen *zu zweit, als Paar*, einen hohen Stellenwert (allerdings primär abends unter der Woche).

- *„Wir haben sehr oft eine Babysitterin. Das gilt sowohl für die Tage unter der Woche als auch ab und zu mal am Wochenende, also samstags. Wenn wir beide gleichzeitig etwas vorhaben, rufen wir sie an, das klappt meist ganz gut."*

---

[31] Eine solche Legitimation wäre z. B. für Postmaterielle Frauen undenkbar.

[32] Der Körper ist in ihrem Verständnis gewissermaßen Kapital, man darf ihn nicht verkommen lassen.

Hatten beide Partner Gelegenheit für ihre individuellen Hobbys bzw. zur Regeneration, dann wird im Anschluss *gemeinsam als Familie* etwas unternommen. Beliebt sind z. B. Ausflüge in Freizeitparks, den Zirkus, den Aquazoo oder vergleichbare Aktivitäten. Es lässt sich vermuten, dass diese **„Erlebnis-Events"** z. T. auch **Kompensationscharakter** für die knapp bemessene gemeinsame Freizeit unter der Woche haben. Insbesondere die Väter sind hierbei in ihrem Element: Sie organisieren, planen und gestalten solcherlei Vorhaben, wobei es „gerne auch etwas mehr sein darf". Väter sind in diesem Sinne **professionelle „Part-Time-Event-Papas"**, welche die am Wochenende zur Verfügung stehende Zeit für das Kind aktiv und intensiv nutzen und bestrebt sind, in dieser Zeit ganz für das Kind da zu sein und ihm möglichst viel zu bieten.

Zielstrebige Karriereplanung, Orientierung an Erfolg und Status

Berufliche Werdegänge werden in diesem Milieu minutiös und bewusst geplant. Sei es das Studium mit Praktika in entscheidenden Unternehmen, das Auslandssemester zur Festigung der Sprachkenntnisse: Man wendet viel Kraft und Zeit auf, **Studium und Berufseinstieg zielorientiert** *durchzuziehen*.

Leistung und Erfolg spielen eine entscheidende Rolle – Moderne Performer werden prägnant als die **junge, unkonventionelle Leistungselite** beschrieben. Es geht darum, sich ständig weiterzuentwickeln, seine Kompetenzen zu erweitern, Verantwortung zu übernehmen – häufig handelt es sich um **leitende Positionen** in Bereichen, die zeitliche **Flexibilität** (z. B. Medizin, Unternehmensberatung) und Kreativität erfordern (z. B. Marketing, Werbung). Man möchte die eigenen Ressourcen voll ausschöpfen und die **persönlichen Grenzen kennen lernen**. Hierzu werden neue, z. T. risikoreiche Wege (z. B. Selbständigkeit) eingeschlagen und mit Energie und Tatkraft verfolgt. „Alte" Strukturen wie feste Arbeitszeiten werden aufgebrochen, und auch **Mobilität** stellt für Moderne Performer grundsätzlich keine Barriere dar, wobei die Mobilitätsbereitschaft durch Elternschaft tendenziell etwas geringer wird: Nicht immer ist man dann uneingeschränkt bereit, des Berufs wegen häufig umzuziehen.

Diese ambitionierte Herangehensweise an den Beruf gilt für beide Geschlechter: Auch für Mütter dieses Milieus sind die eigene Berufstätigkeit und die damit verbundenen **Karrierechancen zentral**. Nach der Geburt genießen sie es zwar, eine Zeit lang für ihr Kind da zu sein, doch i. d. R. steigen sie nach **minimaler Babypause** wieder halb- oder ganztags ins Berufsleben ein: Zum einen wollen sie den **Anschluss im Job nicht verlieren**, zum anderen suchen sie sozialen Kontakt jenseits typischer Elternkreise und -themen. Die Leidenschaft, sich im Beruf zu verwirklichen, ist ausgesprochen groß.

- *„Ich habe nie aufgehört zu arbeiten, ich hatte nur normalen Mutterschutz und habe dann von zu Hause aus gearbeitet. Nach acht Wochen fing ich wieder an, für ein Jahr Teilzeit zu arbeiten, und danach ist Max zur Tagesmutter gegangen und ich habe wieder voll gearbeitet. Wäre ich drei Jahre zu Hause geblieben, hätte ich meinen Job vergessen können.“*
- *„Ich kann es mir überhaupt nicht vorstellen, nur Mutter zu sein, wozu habe ich denn dann studiert? Mein Beruf ist mir wichtig – man kann die liegen gebliebene Arbeit ja auch am Wochenende erledigen oder sich Support einkaufen.“*
- *„Sich immer nur mit anderen Müttern über die lieben kleinen Wonneproppen zu unterhalten, kann ich mir auf Dauer nicht vorstellen. Irgendwann ist auch mal Schluss mit lustig.“*
- *„Ich möchte mit meinem Kind, aber nicht ausschließlich für mein Kind leben.“*

Das erstgenannte Zitat verdeutlicht die starken beruflichen Ambitionen bzw. die Sorge, den beruflichen Anschluss zu verlieren: Die Schilderung „ich habe nie aufgehört zu arbeiten" ist wenig kompatibel zu gesetzlichen Regelungen (welche acht Wochen Mutterschutz nach der Entbindung vorsehen). Für viele Frauen ist es jedoch selbst während des Mutterschutzes grundsätzlich vorstellbar, bei flexiblen Arbeitszeiten von zu Hause aus als Freelancer für die Firma weiterhin tätig zu sein.

- *„Ich konnte in der Firma nicht mehr bleiben, also arbeitete ich freiberuflich weiter, das klappte auch vom Zeitmanagement her am besten.“*

Ähnlich wie im Milieu der Postmateriellen (jedoch mit anderen Implikationen) gilt bei Modernen Performern die **Maxime,** dass der **Einzelne seine Bedürfnisse und Passionen verwirklichen sollte** – bei Modernen Performern ist dies noch deutlich ausgeprägter der Fall. Sie sind der Ansicht, dass es dem Kind nur dann gut geht, wenn es auch den Eltern gut geht.

- *„Wenn ich Erfolg im Job habe, selbst glücklich und zufrieden bin, dann handle ich auch im Privaten entsprechend.“*

Retraditionalisierung der Partnerschaft durch Elternschaft

Moderne Performer gehen völlig selbstverständlich davon aus, dass sie in einer **gleichberechtigten Partnerschaft** leben. Häufig haben beide Partner eine gleichwertige Ausbildung und verdienen in ähnlichen Positionen das gleiche Geld.

- *„Partnerschaft heißt für mich ein Leben auf gleicher Augenhöhe.“*

Offenheit, Ehrlichkeit, gegenseitige Anerkennung, Verständnis und Kompromissfähigkeit sind zentrale Elemente einer guten Partnerschaft. Partnerschaft wird verstanden als ein **Miteinander zweier autonomer Individuen, die „gleich ticken“** und Respekt für die privaten Bedürfnisse und beruflichen Ambitionen des Partners zeigen, so dass sich jeder frei entfalten kann.

- *„Dem Partner Freiheiten lassen und selbst auch Freiheiten haben.“*

Ähnliche Werte-, Moral- und Erziehungsvorstellungen sowie das gemeinsame Entscheiden werden hierbei als wichtig für eine langfristig erfolgreiche Beziehung gesehen.

- *„Partnerschaft bedeutet für mich, dass man Entscheidungen gemeinsam trifft.“*
- *„Eine gute Partnerschaft ist auf jeden Fall ein gutes Miteinander, Dinge bereden können, an einem Strang ziehen, Aufgaben bewältigen zu gleichen Teilen.“*

Vor der Elternschaft wird dieses Partnerschaftsmodell i. d. R. im genannten Sinne gelebt: **Beide Partner teilen sich paritätisch die anfallenden Aufgaben** im Haushalt und kümmern sich um Einkauf oder Essenszubereitung, je nachdem, wer gerade Zeit hat. Die Aufteilung der Aufgaben erfolgt individuell und der jeweiligen Situation angepasst, ein krampfhaftes Planen der „banalen, notwendigen Pflichten des Lebens“ versucht man zu vermeiden, dies käme einer Überbewertung ihrer tatsächlichen Relevanz gleich.

Dieses *Konzept von Partnerschaft ändert sich* allerdings, wenn aus der Zweierbeziehung eine Familie wird und sich die Frage stellt, wer (zumindest in der Anfangszeit) zu Hause beim Kind bleibt – und somit auch mehr Pflichten im Haushalt übernimmt: **Nahezu ausschließlich ist dies die Frau.** Während Erziehungsurlaub z. B. von Postmateriellen Vätern durchaus überlegt und von einigen wenigen praktiziert wird, ist dies für Moderne Performer keine Option, über die man nachdenkt: Eine **Aufteilung der Elternzeit** und eine berufliche Auszeit *beider* Partner wäre schlichtweg **strategisch unvernünftig** und eine alleinige Betreuung und Erziehung durch den Vater kommt für Moderne Performerinnen insofern nicht in Frage, als für sie Mutterschaft oft auch eine gewollte – allerdings *temporäre* – Auszeit vom Job ist: Nachdem sie intensiv an ihrer beruflichen Laufbahn gearbeitet, sich beruflich etabliert und häufig höhere Posten in Unternehmen erreicht haben, ist **Elternschaft für sie ein**

bewusst geplanter, nächster Schritt und z.T. echter „Luxus", daheim bleiben und sich für eine gewisse Zeit ganz auf das Kind konzentrieren zu können. Bei einigen ist darüber hinaus das Bild des „starken" Mannes und des „Machers" noch immer latent verankert: Die Vorstellung eines „Hausmanns" erscheint ihnen befremdlich.

Mutterschaft wird somit als **„Projekt",** als **Lebensabschnittsphase** begriffen, für welche man sich selbstbestimmt entscheidet und welche auch die *freie Entscheidung* für eine traditionelle Rollenteilung nach der Geburt des Kindes beinhaltet. Dies führt jedoch nicht zu Frustration und wird (anders als bei Postmateriellen Frauen) nicht als „Rückschritt" betrachtet, sondern als *Option* (Refeminisierung) wahrgenommen.

Moderne Performerinnen sehen sich weiterhin als gleichberechtigte Partner ihres Mannes, die sich jedoch gezielt entschieden haben, für eine Zeit lang die Rolle der Hausfrau und Mutter zu übernehmen. **Sie adaptieren und modifizieren Rollenzuschreibungen individuell:** Auch wenn sie *aktuell* die Rolle der „Mutter und Hausfrau" innehaben, so sind sie *gleichzeitig* doch weiterhin auch kompetente Businessfrau und qualifizierter Gesprächspartner – nur leben sie diese Rolle momentan nicht aus.

- *„Ich sehe mich als gute Mutter und eigenständige, erfolgreiche Karrierefrau."*

Hinsichtlich der beruflichen Anforderungen ihres Partners (zeitliche Flexibilität, Mobilität) zeigen sie großes Verständnis („Der Vater hilft, soweit es ihm beruflich möglich ist."), wünschen sich aber dennoch, bestimmte Teile des Alltags gemeinsam erleben zu können.

- *„Wir versuchen es, soweit es geht, die Aufgaben gerecht zu verteilen, so macht jeder einen Teil im Haushalt. Durch seine berufliche Belastung kann mein Mann aber natürlich nicht in dem Maße im Haushalt arbeiten wie ich."*
- *„Es wäre schön, wenn mein Mann die Möglichkeit hätte, sich mehr um unser Kind zu kümmern."*
- *„Durch das berufliche Eingebundensein meines Mannes ist Zeit für uns ein echter Luxus. Ich würde mir wünschen, dass wir öfters Zeit für uns und die Beziehung hätten."*
- *„Finanziell muss immer alles stimmen, deswegen bin ich sehr viel am Arbeiten, und wenn ich keine Zeit habe, leidet natürlich auch die Beziehung darunter. Ich würde gerne mehr Zeit mit meiner Frau haben."*

„Projekt" Erziehungsarbeit

Ausgeprägtes Selbstbewusstsein hinsichtlich eigener Erziehungskompetenz

Moderne Performer zeigen sich in Bezug auf ihre **Erziehungsarbeit sehr selbstbewusst.** Sie informieren sich – z. B. im Gegensatz zu Postmateriellen oder zur Bürgerlichen Mitte – nicht kontinuierlich zum Thema Erziehung, weder durch Elternzeitschriften und Bücher noch durch aktive Gespräche mit Pädagogen. Dies liegt weniger an einem knappen Zeitbudget als vielmehr an der selbstbewussten Einstellung, dass die **eigene intuitive Vorstellung von Erziehungsarbeit,** die aus der persönlichen Lebenseinstellung und Lebensweise erwächst, **für das Kind schon richtig sein wird.** Gegenüber der Flut pädagogischer Ratgeberkultur zeigen sie sich somit vergleichsweise „immun".

- *„Aus Erziehung wird immer so ein Hype gemacht, ich finde, viele Dinge erledigen sich mit gesundem Menschenverstand ganz von selbst."*
- *„Es gibt viel zu viel Gedöns zum Thema ‚Laufenlernen', ‚Essenlernen', ‚Schlafenlernen' und, und, und ... Ich mache das eher aus dem Bauch heraus."*
- *„Wenn mein Kind nicht einschlafen kann, dann kaufe ich kein Buch dazu, sondern überlege mir, was es wohl beschäftigt, und frage es, wovon es vielleicht träumen könnte und ob es sich daran erinnert, jemals nicht geschlafen zu haben. Damit ist der Fall dann meist gelöst."*

Zwar werden, insbesondere während der Schwangerschaft, grundsätzlich einschlägige Informationen eingeholt, dies aber auf deutlich niedrigerem Niveau als bei anderen Milieus und vor allem auf andere Art: Bevorzugt wird vor allem die gezielte **Online-Recherche,** was die hohe Affinität des Milieus zu den Neuen Medien veranschaulicht (vom Online-Banking bis hin zu Erziehungsfragen).

„Rat hole ich mir im Internet unter www.babynewsletter.de."

Dabei geht es primär um eine **fokussierte Informationsbeschaffung** für kurzfristig auftauchende Fragestellungen und weniger um eine kontinuierliche Auseinandersetzung mit der Thematik. Nur bei konkreten Problemen des Kindes, z. B. Schwierigkeiten beim Zahnen, besorgen sich Moderne Performer über die Internetrecherche hinaus gezielt ein anerkannt problemlösendes Buch oder konsultieren eine Fachkraft (z. B. Erzieher, Ärzte), die einen kompetenten Eindruck vermittelt. Wichtig sind Modernen Performern hierbei **Professionalität und leichte Umsetzbarkeit** – ein Zeichen ihrer lösungs- und benefitorientierten Sicht der Dinge.

Autoritative Erziehung mit klarer Vorgabe und Orientierung an Regeln

Moderne Performer legen sich im Gespräch ungern auf einen bestimmten Erziehungsstil fest: Ein **individueller, auf das Kind zugeschnittener Mix** verschiedener Stile, kombiniert mit dem Vertrauen in die eigene Intuition, wird als am ehesten erfolgversprechend betrachtet.

In der Außenperspektive lässt sich ihr Erziehungsstil als **autoritativ** mit einer klaren Orientierung an Vorschriften und Regeln sowie, falls nötig, der Anwendung von Sanktionen bezeichnen: Jede Handlung hat ihre Konsequenzen, und immer und überall im Leben gelten Regeln, da nur so das Zusammenleben funktionieren kann. Die Welt ist keine „heile Welt", und nicht alle Dinge im Leben machen immer Spaß. Das Kind hierauf **frühzeitig** und **optimal vorzubereiten** ist zentrale Aufgabe. Themen der Erwachsenenwelt (z. B. berufliche Sorgen, gesellschaftliche Themen) werden daher offen und transparent kommuniziert. Geborgen in familiärer Sicherheit soll das Kind so das „wirkliche Leben" Stück für Stück dosiert kennen lernen und eine gewisse **Problemlösungskompetenz** vermittelt bekommen.

- *„Regeln müssen eingehalten werden, Kinder müssen wissen, wo Schluss ist und wo ihre Grenzen sind, sonst bekommt man das nicht mehr in den Griff. Aber ich versuche das nicht so furchtbar streng zu machen."*
- *„Wenn sie etwas verbockt hat, soll sie das Problem verstehen. Den stillen Stuhl halte ich für sinnlos, denn da denkt sie in der ersten Minute vielleicht über ihr Fehlverhalten nach und die restlichen Minuten sitzt sie nur ab und schmollt."*

Auch wenn das Setzen von Grenzen elementarer Teil der Erziehungsarbeit ist, so ist es Modernen Performern gleichzeitig wichtig, dass das Kind in einem bestimmten, klar abgesteckten Rahmen eigene Erfahrungen sammelt, sich ausprobiert und hierdurch Selbstvertrauen gewinnt. Erziehung soll, trotz aller Regeln, **möglichst unkompliziert** stattfinden, dies ist zumindest der eigene Anspruch. Maxime bei der Erziehung ist, dem Kind **auf Augenhöhe** zu begegnen, ihm die eigene Lebensauffassung durch das alltägliche Zusammenleben zu vermitteln und die eigenen Wertvorstellungen vorzuleben. Dabei werden nicht abstrakte Tugenden formuliert, sondern es wird anhand konkreter Situationen erklärt, was richtig oder falsch ist.

Der oder die Beste sein

Erziehungsziele im Milieu der Modernen Performer weisen die milieutypische Verschränkung von Leidenschaft und Beruf auf: Das Kind soll später einmal tun, was zu ihm passt, allerdings haben Eltern dieses Milieus (z. B. im Gegensatz zu Postmateriellen Eltern) **dezidierte Vorstellungen** hinsichtlich seiner späteren Laufbahn und Lebenslage und entsprechend **hohe Ambitionen**; eigene Interessen und Wünsche werden stark auf das Kind übertragen: **Abitur und Studium** sind erklärtes Ziel, damit aus dem Kind ein **leistungsstarkes, anerkanntes** Mitglied der Gesellschaft wird.

- *„Man kann nur durch gute Noten und ein abgeschlossenes Studium im Leben Anerkennung und Selbstverwirklichung finden."*
- *„Man kann sich nur selbst verwirklichen, wenn man die Ausgangsbasis dazu hat. Wir als Eltern legen den Grundstein, dass unser Kind später Anerkennung findet."*
- *„Das ist schon ganz wichtig, dass er Abitur macht und einen ordentlichen Beruf lernt, damit aus ihm mal etwas Anständiges wird."*

Disziplin, Ordnung, Höflichkeit, Respekt, aber auch Offenheit und Mut sind hierbei wichtige Werte. Gutes Benehmen ist die Eintrittskarte in die bessere Gesellschaft, und nur, wer kontinuierlich offen ist für Neues, wer es schafft, **sich in verschiedenen Umwelten anzupassen** und **zurechtzufinden** (Multioptionalität und Adaptive Achievement), wird später erfolgreich seinen Weg gehen und ein selbstbestimmtes Leben führen können.

Jeder ist seines Glückes Schmied. Man bekommt im Leben nichts geschenkt und muss schauen, wo man bleibt. Der Anspruch Moderner Performer an die Entwicklungs- und Bildungschancen des Kindes wird an einer **Vielzahl von Unterstützungsmaßnahmen** deutlich: Frühförderkurse (z. B. Sport, Musik, Sprachen, Umgang mit Neuen Medien) zur Erbringung von **überdurchschnittlichen und Bestleistungen** sind die Regel, nicht die Ausnahme.

- *„Wir zeigen ihm alles, wo er etwas lernen kann, Internet, Bücher, Englisch-Kurse, der Umgang mit dem Computer."*
- *„Wir haben sie fürs Leistungsturnen angemeldet. Sie ist ziemlich sportlich und gelenkig und wir glauben, sie hat da durchaus Aussicht auf Erfolg."*
- *„Beim Sport geht es ja nicht nur um Körperschulung und den Aufbau sozialer Kompetenz, sondern auch darum, die eigenen Kräfte kennen zu lernen und einschätzen zu können."*

Die **Anforderungen an das Kind sind hoch**: es soll wissbegierig sein, es soll sich auf ein lebenslanges ergebnis- und leistungsorientiertes Lernen einstellen und es soll in Bereichen, in denen es eine besondere Begabung aufweist, diese ausbauen und der oder die Beste werden – sei es im Fußballverein oder in der Schule. Was zählt, ist, sich durch diese „Besonderheit" **von der Masse abzuheben**.

- *„Wir finden ein Talent bei ihm und bauen das dann auch aus."*
- *„Da achten wir schon stark darauf, dass sich unser Kind ziemlich von den anderen abhebt, da gehen wir schon in diese Richtung."*

Moderne Performer unterscheiden sich durch diese individualistische, wenig gesamtgesellschaftliche Sicht z. B. deutlich von Postmateriellen. Erziehung wird hier nur im Horizont des eigenen Kindes reflektiert. Gleichzeitig zeigt sich eine **bewusste Distanz** gegenüber **benachteiligten Familien der Unterschicht** und möglicherweise leistungsschwächeren Kindern, welche das **eigene Kind** im Zweifelsfall **in seiner Entwicklung ausbremsen könnten**. Das eigene Kind vor Kindern sozial schwächer gestellter Milieus zu „warnen" und zu schützen ist daher elementar.

- *„Mein Mann will auch mal hier in so eine ganz schlimme Ecke mit ihm fahren und dort mal solche Neubaugegenden zeigen, wo die Häuser beschmiert sind und die Aufgänge beschmiert sind, dass er mal sieht, wo die Leute wohnen, die eben in der Schule nicht aufpassen. Ihm wirklich mal zeigen, es gibt Leute, die haben nichts, und es liegt viel an einem selbst. Das wollen wir ihm schon auf jeden Fall mitgeben."*

Nur selten plagt Moderne Performer die Sorge, dass sie ihr Kind mit ihrem Ehrgeiz und Anspruch an Leistung überfordern könnten. Der Gedanke, das eigene Kind könne Defizite aufweisen und die ihm gesteckten Ziele nicht erreichen, kommt in ihrem *Mindset* schlichtweg nicht vor. Stattdessen betonen sie, dass ihnen für die Entwicklung des Kindes Leistungskriterien weniger wichtig sind und sie vor allem Wert auf die emotionale und soziale Entwicklung des Kindes legen. Hier zeigen sie allerdings nur *subjektiv* eine weitgehend Postmaterielle Einstellung.

Selbstverständliche, kontrollierte Mediennutzung

Moderne Performer haben eine **hohe Affinität zu Neuen Medien**: Online-Recherche, Blogging, E-Shopping, z. T. auch das Testen oder eigenständige Entwickeln neuer Programme werden von ihnen mit Interesse und Leidenschaft praktiziert. In Bezug auf ihr Kind versuchen sie, einen **dosierten, aber selbstverständlichen Umgang** mit technischen Medien zu ermöglichen, indem sie diese bereitwillig in den Alltag integrieren, gleichzeitig aber bewusst deren Konsum kontrollieren. Das Kind soll frühzeitig an technische, meist elektronische Geräte (z. B. Handy, MP3-

Player, PC, Digitalkamera) herangeführt werden, damit es mit der **schnellen medialen Entwicklung** mithalten kann. Unterhaltungsmedien werden zudem auch bewusst eingesetzt, um das Kind kurzzeitig zu beschäftigen und dadurch z. B. liegen gebliebene Arbeiten im Haushalt erledigen zu können.

> • *„Wenn mein Mann z. B. am Wochenende mal Büro macht, dann sitzt der Kleine schon mal eine halbe Stunde mit dabei und macht ein Autorennfahrer-Spiel."*

Konsum als (Selbst-)Belohnung

Dank ihres i.d.R. hohen Einkommensniveaus sind Moderne Performer in der Lage, sich auch **exklusivere Wünsche** zu erfüllen. Konsum wird als faszinierendes Erlebnis betrachtet, das man gerne nutzt, um sich vom Alltag abzulenken. Um sich **selbst etwas Gutes zu tun**, belohnt man sich gerne auch mal selbst: Wer im Beruf hart arbeitet, hat es verdient, sich dann und wann etwas „Besonderes" zu leisten.

> • *„Um mich vom Job zu entspannen, gehe ich gerne in die Stadt shoppen, dann vergesse ich den stressigen Alltag um mich herum."*

Auch wenn sich Moderne Performer im Gespräch bei dieser Thematik zunächst bedeckt geben, lässt sich vermuten, dass Kinder aus diesem Milieu deutlich mehr bekommen, als Eltern im Gespräch zu erzählen bereit sind[33]. Deutlich wird, dass der **Belohnungs-„Driver"** auch in Bezug auf das Kind angewandt wird, indem auf gewünschtes Verhalten mittels – zumeist materieller – Belohnung reagiert wird.

> • *„Wenn sie sich lieb verhält, bekommt sie auch schon mal etwas Schönes gekauft."*
> • *„Wenn sie im Diktat null Fehler hat, dann hat sie einen Wunsch frei. Z. B. einen Besuch im Holiday Park."*

Gleichzeitig soll das Kind aber auch lernen, dass Geld erarbeitet werden muss und einen relativen Wert darstellt.

> • *„Man kann nur konsumieren, wenn man auch etwas geleistet hat."*
> • *„Wir haben auf dem Flohmarkt Spielzeug und Babykram verkauft. Das Geld durfte er dann behalten, damit er auch schon ein bisschen die Richtung weiß, was wie viel wert ist."*

---

[33] Die Eltern lachten an dieser Stelle im Gespräch vielsagend.

- *„Beim Einkaufen darf sie manchmal bezahlen, damit sie weiß, was man für 1 Euro bekommt, und einen Bezug zum Geld bekommt."*

Gesellschaftspolitischer Stellenwert von Kindern: Internationales Benchmarking offenbart Defizite – Forderung nach umsetzungsorientierten Lösungen

Ähnlich wie Eltern aus dem Etablierten und Postmateriellen Milieu bemängeln auch Moderne Performer eine wahrgenommene **mangelnde Akzeptanz von Elternschaft und Erziehungsleistung** seitens Staat und Gesellschaft. Auch wenn erste positive Veränderungen (finanzielle Unterstützung, Kinderbetreuung) mit Wohlwollen aufgenommen werden, so sind Moderne Performer der Ansicht, dass es **weiterer konkreter politischer Lösungen bedarf**. Hier zeigt sich erneut ihr **funktionales, lösungszentriertes Verständnis**: Wenn das Problem (doch seit langem) erkannt ist, warum werden dann nicht (zeitnah) Lösungsstrategien gesucht und diese kontinuierlich umgesetzt?

- *„Der Staat ist mit seiner Familienpolitik ja prinzipiell auf dem richtigen Weg, das sieht man ja an dem jetzt eingeführten Elterngeld. Trotzdem würde ich mir konkretere Umsetzungen wünschen, zum Beispiel eine Hausaufgabenbetreuung nach der Schule."*

Ein weiterer – milieutypischer – Aspekt wird angeführt: Moderne Performer sehen sich als Teil einer globalisierten Welt. Auslandsreisen, beruflich oder privat und oftmals auch zu weiter entfernten Zielen, sind in diesem Milieu üblich, interkulturelle Vergleiche selbstverständlich. In puncto Kinderfreundlichkeit erleben Moderne Performer **Deutschland als „Entwicklungsland"**. Dies zeigt sich auf unterschiedlichen Ebenen:

- Auf **persönlich-sozialer Ebene** reagieren Menschen bestenfalls mit **Desinteresse** auf Kinder, oftmals jedoch mit Ungeduld und offenem Unmut (im Gegensatz etwa zu Menschen in südeuropäischen oder asiatischen Ländern). Zwar gibt es im Milieu der Modernen Performer nur wenige Haushalte mit zwei Kindern, doch selbst in der Projektion fühlt man sich in einem solchen Fall bereits als asozial abgestempelt.

- Auf **arbeitsmarktpolitischer Ebene** werden **Mütter** noch immer als potentielles **Problem** betrachtet (z. B. Fehlzeiten, wenn das Kind krank ist).

- Auf **gesellschaftspolitischer Ebene** sind die Deutschen ihrer Logik nach noch immer in altem Geschlechterrollendenken verhaftet: **Berufstätige Mütter** gelten auch heute noch als **„Rabenmütter"**. Mangelnde Vereinbarkeit von Familie und Beruf stellt eine massive Ungerechtigkeit (i. d. R. Frauen gegenüber) dar.

- Auf **bildungspolitischer Ebene** wird Deutschland ein ausgeprägter **Nachholbedarf** bescheinigt, insbesondere im Vergleich zu Skandinavien und Frankreich.
- Auf **infrastruktureller Ebene** sind Geschäfte und ÖPNV nicht ausreichend auf Familien vorbereitet, so dass es mit dem Kinderwagen kein Durchkommen gibt etc.

Private Betreuungsarrangements: Basis für hohes berufliches Engagement

Im Vergleich zu Kindern aus traditionellen bürgerlichen Familien wachsen Kinder aus dem Milieu der Modernen Performer nicht die meiste Zeit durch die Mutter versorgt und betreut auf. Da i. d. R. beide Partner berufstätig sind, geht es darum, sein Kind (oft ab dem Alter von 1 bis 1,5 Jahre) **gut betreut** und **untergebracht** zu wissen – nur so kann man als Eltern **beruhigt und motiviert seinen Job ausfüllen**. Gleichzeitig soll das Kind frühzeitig eine optimale Förderung erhalten, insbesondere Selbständigkeit und soziales Verhalten gelten als unabdingbar für den späteren Erfolg.

Modernen Performern zufolge können öffentliche Betreuungsangebote dem wenig gerecht werden: Trotz langfristiger Planung und zahlreicher Bewerbungen **mangelt es an Plätzen** und insbesondere an **flexiblen Betreuungszeiten**, welche in Anbetracht der z.T. **unkonventionellen Arbeitszeiten** der Eltern aber – häufig auch kurzfristig – vonnöten sind (z. B. Übernachtungsmöglichkeiten). Häufig stresst nicht die Arbeit an sich, sondern die Tatsache, dass man **zwischen Job und Organisation der Kinderbetreuung zerrissen** ist. Dies ist für Moderne Performer sowohl aus persönlicher Sicht als auch aus unternehmerisch-wirtschaftlicher Perspektive aufgrund der *Vergeudung von Energie und geistigem und fachlichem Potential* unsinnig. Hinzu kommt der Anspruch der Eltern auf möglichst individuelle Förderung ihres Kindes, welche sie in öffentlichen Kindergärten („Verwahranstalten") nicht gegeben sehen.

- *„Wenn das Meeting länger dauert, soll ich dann etwa einfach aufspringen, nur weil die Kita schließt? Das kann ich mir in meinem Job nicht leisten."*
- *„Man ist immer in Hetze und nichts darf schiefgehen. Wenn ich weiß, mein Kind ist gut versorgt, und zwar zu jeder Zeit, zu der ich es brauche, dann bin ich happy."*

So wird für das Kind ein Platz bei einer **Tagesmutter,** in einer **privaten Kinder-krippe** oder **sonstigen Privateinrichtungen der Wahl** (individuelle Perspektive der Freiheit und Wahlmöglichkeit) *organisiert,* wobei höhere Kosten (welche aufgrund von zwei Gehältern i.d.R. kein Problem darstellen) und Fahrzeiten (welche aufgrund ausgeprägter Organisationskompetenz als *machbar* erlebt werden) in Kauf genommen werden. Privateinrichtungen (z. B. Waldorfkindergärten) sind dabei insbesondere aufgrund ihres Angebots, der Regeln und der Atmosphäre attraktiv, weniger auf-grund eines dahinterstehenden weltanschaulichen oder ideologischen Konzepts. Auch hier zeigt sich der benefitorientierte, pragmatische Ansatz Moderner Perfor-mer: Sie erachten solche Angebote schlichtweg als *professionell.*

- *„Ich wünsche mir eine private Nanny und eine Haushaltshilfe. Den Rest kann man organisie-ren, man wird zum Organisationstalent."*
- *„Diese Rudolf-Steiner-Einrichtungen sagen mir eigentlich nicht so zu, aber der Ablauf ist dort sehr strukturiert, mit Morgenkreis etc., das tut unserem Kind gut."*

Hingegen kommt den Großeltern in diesem Milieu bezüglich der Betreuung der En-kel – anders als bei Etablierten und der Bürgerlichen Mitte – kaum Relevanz zu: Aufgrund der hohen beruflichen Mobilität leben Großeltern und Eltern meist in größerer räumlicher Distanz zueinander.

Bildung als Medium zur Elitenförderung

Frühkindliche Förderung, der Ausbau von Talenten (z. B. Sprachen, Sport) und um-fangreiche Bildung spielen in diesem Milieu eine zentrale Rolle. Je höher der Bil-dungsabschluss (Abitur plus Studium), so die Logik, desto höher sind die Chancen, sich in einer multioptionalen Gesellschaft erfolgreich zu *etablieren.*

Auf dem Weg dorthin gilt es zu verhindern, dass das Kind durch potentiell Leis-tungsschwächere „ausgebremst" wird. Insofern favorisieren Eltern aus dem Milieu der Modernen Performer eine frühe Selektion im Schulsystem und für das eigene Kind den Besuch privater Schulen. Eher vordergründig scheint die Argumentation von Chancengerechtigkeit: Zwar fordern Moderne Performer, dass das Individuum unabhängig von sozialer Herkunft und finanziellen Mitteln Zugang zu höheren Bil-dungsabschlüssen haben sollte – für das eigene Kind aber strebt man in Eigeninitia-tive die *höchsten* Chancen an.

- *„Es ist o.k., dass die Schulen auch schon ein bisschen aussortieren und die Kinder und Klassen teilen nach schlauen und nicht so schlauen Kindern."*
- *„Ich finde das vollkommen in Ordnung, dass es ein abgestuftes System gibt."*

Insgesamt lässt sich für dieses Milieu ein stark funktionales Verständnis von Erziehung und Bildung feststellen: Input in Form von Förderung, Hilfestellung und Vorgaben führt idealerweise zu Output in Form eines leistungsfähigen Kindes, das sich von anderen Kindern abhebt.

Mainstream-Milieus

3.4   SINUS B2: „Bürgerliche Mitte"

Kurzportrait

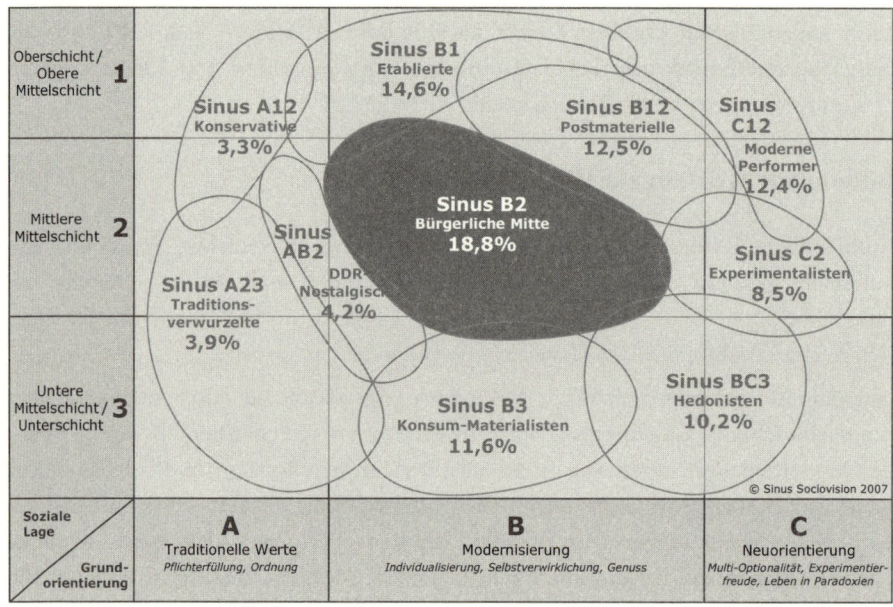

Anteil*: Gesamt 18,8 %, West-D. 18,3 %, Ost-D. 21,5 %
*Eltern mit Kindern unter 18 Jahren im Haushalt
Basis: TdWI 2007/08; n = 4.760 Fälle

- Einen angemessenen Status in der Gesellschaft (in der wohl situierten Mitte) erreichen und aufrechterhalten: durch Leistung, Zielstrebigkeit und Vorsorge; trotz latenter Ängste vor sozialem Abstieg häufig demonstrative Anhänger neoliberaler Ideen und Forderungen
- Zur Erfüllung im Leben gehören beruflicher Erfolg (eine gesicherte Position) und privates Glück (Geborgenheit in der Familie und im sozialen Umfeld)
- Beachtung sozialer Normen und Konventionen, Anpassungsbereitschaft und Sicherheitsstreben; Tendenz zur Abgrenzung nach unten sowie gegenüber den sozialen Rändern
- Sehnsucht nach Schönheit und Harmonie im Privaten und Ausgleich in der Gesellschaft (geordnete Verhältnisse, Rücksicht, Fairness); Clanning und Cocooning in Familie und Freundeskreis
- Das Leben so angenehm wie möglich gestalten, sich leisten können, was einem gefällt – aber flexibel, realistisch und bodenständig bleiben (den Wert des Geldes weiß man zu schätzen)

Demografische Schwerpunkte im Gesamtmilieu

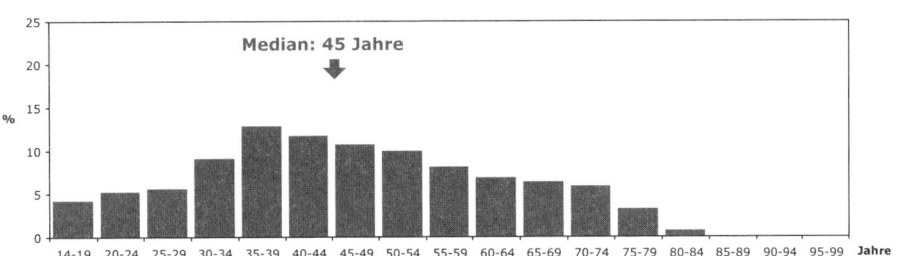

Alter	• Breites Altersspektrum von 20 bis 74 Jahre
	• Altersschwerpunkt: 30 bis 50 Jahre
Lebenssituation	• Überwiegend verheiratet
	• 3-und-mehr-Personen-Haushalte, kinderfreundliches Milieu
Bildung	• Qualifizierte mittlere Bildungsabschlüsse (Hauptschule bzw. mittlere Reife mit anschließender Berufsausbildung)

Beruf
- Einfache/mittlere Angestellte und Beamte sowie Facharbeiter; überdurchschnittlicher Anteil von Teilzeitbeschäftigten und Hausfrauen
- Vergleichsweise hoher Anteil von Beschäftigten im öffentlichen Dienst

Einkommen
- Mittlere Einkommensklassen (Schwerpunkt: bis 2.500 Euro monatliches Haushaltsnettoeinkommen)
- 27 % gehören zu den Besserverdienenden (monatliches Haushaltsnettoeinkommen über 2.500 Euro)

Familienstand und Lebensstil

Familienstand von Eltern mit Kindern unter 18 Jahren	Anteil	Index
Verheiratet	82,3 %	98
Ledig, ohne Partner im Haushalt	2,6 %	90
Ledig, mit Partner im Haushalt	5,8 %	100
Verheiratet gewesen (geschieden, getrennt lebend, verwitwet), mit Partner im Haushalt	4,0 %	129
Verheiratet gewesen (geschieden, getrennt lebend, verwitwet), ohne Partner im Haushalt	5,3 %	133

Lebensstil

- Vernunftbetontes Streben nach einer Balance von Arbeit und Freizeit, von persönlichen Interessen und familiären Ansprüchen
- Wunsch nach Lebensqualität, Komfort und Genuss; ausgeprägte Convenience-Ansprüche, Selbstbewusstsein als Verbraucher, Smart-Shopper-Einstellung
- Bevorzugung konventionell-moderner Ästhetik – von freundlich-gediegen bis repräsentativ; Schwäche für modische Design-Produkte einerseits, für rustikal-natürliche Ästhetik und Retro-Trends andererseits
- Konsumpriorität haben ein gut ausgestattetes, gemütliches Heim und gepflegtes Outfit; aber auch für Auto, Urlaub, Freizeit und nicht zuletzt für die Kinder wird – sofern man nicht zum Sparen gezwungen ist – gerne Geld ausgegeben

Alltagsästhetik

- Auf die Wohnkultur legt man in diesem Milieu großen Wert – stilprägend ist ein gehobener moderner Konventionalismus mit dem Leitbild einer repräsentativen Gemütlichkeit
- Eine große Rolle spielt dabei die Darstellung und Vermittlung von Gefühlswerten: Modern-behagliche, freundlich-gediegene, harmonische sowie lebendige Inszenierungen – gleichzeitig schätzt man das Praktische und Pflegeleichte
- Vorliebe für helle Farben in ruhigen Tönen (Gelb, Blau, Apricot), für sanfte Formen und Materialien (z. B. Weichholz, Korb)
- Idyllisierender Hang zum Ausschmücken: Trockenblumen-Arrangements, bäuerliche Terrakotta-Figuren, viele Kerzen, Grünpflanzen, modernes Schmiedeeisen – Kunst häufig als Dekorationsobjekt (Ton in Ton)
- Häufig Bemühen um eine stimmige und repräsentative Gesamtwirkung; aktuelle Wohntrends werden gern aufgegriffen – zurzeit sehr populär: modern-rustikale Inszenierungen (bäuerlich, skandinavisch, mediterran); Landhausstil

Lebenswelt: Wie geht es Eltern?

Statusorientierter Mainstream, familiäre Geborgenheit und gesicherte, harmonische Verhältnisse

Für das Milieu der Bürgerlichen Mitte sind **langfristige Sicherheit, Beständigkeit, familiärer Rückhalt**, Ehrgeiz und Leistungsbereitschaft zentrale Werte. Materielle Ansprüche orientieren sich an klassischen bürgerlichen Maßstäben. Dazu gehören u.a. das (eigene) Häuschen im Grünen, eine moderne, präsentable und gleichzeitig gemütliche Einrichtung, ein komfortables Fahrzeug sowie ein gepflegtes Erscheinungsbild.

Die Gründung einer Familie ist im Milieu der Bürgerlichen Mitte **fester Baustein der Lebensplanung** und sinngebender und **identitätsstiftender Faktor**. So sind es auch zumeist die Bedürfnisse der Familie, die als zentraler Antrieb und Motivation für eine langfristige Planung (z. B. in Bezug auf Beruf und eigenes Haus) fungieren.

- *„Für mich war immer klar, dass ich Familie möchte."*
- *„Das Kind steht bei mir absolut im Mittelpunkt – dafür lebt man schließlich."*
- *„Das Wichtigste ist, dass meine Familie glücklich ist."*

Für die Kinder strebt man insbesondere die Schaffung aller notwendigen Voraussetzungen für eine **glückliche und erfolgreiche Entwicklung** an. Vor allem in Bezug auf Bildungs- und Freizeitangebote (z. B. Musik, Kunst, Sport) zeigt sich i. d. R. eine hohe Ausgabebereitschaft.

Dem hohen Stellenwert der Familie entsprechend beziehen sich die Zukunftswünsche der Bürgerlichen Mitte v.a. auf ein **idyllisches, harmonisches Familienleben in geordneten, sicheren Verhältnissen.** Wohnquartiere werden häufig bereits mit Blick auf die gewünschten Rahmenbedingungen für Kinder ausgewählt. Auffallend häufig äußern Personen aus der Bürgerlichen Mitte den Wunsch, der Hektik des Stadtlebens zu entfliehen, sofern man nicht bereits in geschlossenen Wohngebieten in städtischen Randlagen (oftmals Neubausiedlungen) oder in einer ländlichen Umgebung mit beschränktem Verkehrsaufkommen lebt. Die Vorteile des ländlichen Raums werden v. a. mit einer intakten Gemeinde und einem gewissen Gefühl der **sozialen Wärme und Sicherheit** in Verbindung gebracht. Teilweise lässt sich aber auch das **Bestreben nach sozialer Distinktion und Abgrenzung** gegenüber der unteren Mittelschicht und Unterschicht wahrnehmen.

Als idealtypisches Szenario lässt sich ein umgebauter Bauernhof am Stadtrand nennen: Die Kinder können hier die **Natur erleben**, während man die Stadt als Ort vielfacher Gefahren und negativer Einflüsse sieht, vor welchen es die **Kinder konsequent** zu **schützen** gilt. Gleichzeitig sind es die Eltern selbst, die sich nach einer Rückzugsmöglichkeit in eine beschauliche, ruhige Umgebung sehnen (Cocooning). Sie fühlen sich im Alltag auf allen Feldern Leistungsdenken und Wettbewerb ausgesetzt, bedroht und unter Druck gesetzt – das eigene Heim im Grünen wird so zum **Rückzugsort** vor den Ansprüchen der Leistungsgesellschaft.

> - *„Mir war ganz wichtig, dass die Kinder Platz zum Spielen haben und auch andere Kinder in der Nähe sind. Und das hier ist eine typische Familiengegend. Hier sind fast nur Familien mit Kindern."*
> - *„Wenn ich abends noch eine Runde mit dem Hund über die Felder spazieren kann, dann gibt mir das unglaublich viel. Da tanke ich Kraft für den Alltag."*
> - *„Ich möchte auch nicht, dass mein Kind mit allen möglichen anderen Kindern spielt."*

Geordnetes, intensives, kindzentriertes Familienleben

In der Bürgerlichen Mitte ist der Alltag i. d. R. **gewissenhaft durchstrukturiert** und folgt einem planmäßigen Verlauf: Zentrale Elemente sind das gemeinsame Frühstück, eine zumeist klar vorgegebene Arbeitszeit der Eltern, die Zeiten von Kindergarten und Schule der Kinder sowie das gemeinsame Abendessen, im Rahmen dessen man den Tag Revue passieren lässt und erfährt, wie es den Familienmitgliedern im Laufe des Tages ergangen ist.

- *„Morgens stehe ich um 6.00 Uhr auf, wecke die Kinder und mache Frühstück. Dann bringe ich den Kleinen in den Kindergarten und den Großen in die Schule. Ich erledige den Einkauf und andere Besorgungen, und dann muss ich sie auch schon bald wieder abholen. Dann folgt das Nachmittagsprogramm mit Spielen usw., und dann kommt der Papa.“*
- *„Ganz wichtig ist, dass wir abends gemeinsam zu Abend essen. Das ist die beste Zeit für persönliche Gespräche.“*

Gemeinsame Unternehmungen haben ihren festen Platz und einen hohen Stellenwert: Eltern stellen diese ins Zentrum und **planen den Familienalltag so weit als möglich um die Kinder herum**. Spiele, Radtouren, Wanderungen, Ausflüge in den Zoo, ins Schwimmbad oder in Freizeitparks sind beliebte Freizeitprogrammpunkte.

- *„Wir versuchen, so oft es geht etwas gemeinsam zu machen. So viel Zeit lässt mir mein Beruf ja nicht. Für mich ist diese Zeit mit der Familie aber das Wichtigste.“*

Sind die Kinder noch klein, finden häufig der Besuch eines nahe gelegenen Spielplatzes oder Treffen mit Freunden und Bekannten mit Kindern ähnlichen Alters statt. Ebenso nimmt die Bürgerliche Mitte gerne Angebote im Wohnort wie z. B. Baby- oder Kinderschwimmen, Gymnastik und Turnen wahr. Unterschiedliche Motive spielen hierbei eine Rolle:

- Zum einen werden **frühkindliche Fördermaßnahmen** als unabdingbar für eine positive Entwicklung des Kindes und als **wichtiger Wettbewerbsvorteil** in einer zunehmend an Leistung orientierten Gesellschaft angesehen.[34]
- Zum anderen sind diese Treffen willkommene Gelegenheit zum Austausch mit anderen Müttern, z. T. entstehen auch neue Freundschaften. Die Pflege enger Freundschaften (Einladungen zum Essen, Grillen, Spiel-Abende, Austausch von Rat und Tipps) sowie die **Akzeptanz und Integration im Kreis Gleichgesinnter** spielen in diesem Milieu eine zentrale Rolle.

---

[34] Dies wird an späterer Stelle detaillierter dargestellt.

> • *„Die Veranstaltungen [Krabbelgruppe] sind natürlich vor allem Treffpunkt für die Muttis. Klar ist es auch sehr gut für das Kind, aber wichtiger ist eigentlich der Austausch zwischen den Müttern. "*

Mit zunehmendem Alter der Kinder, häufig mit Beginn der Schulzeit, bekommen weitere sportliche Aktivitäten einen höheren Stellenwert, insbesondere Vereinssportarten wie Fußball, Schwimmen, Turnen, Tanzen. Verstärkt kommen aber auch **„besondere" Sportarten** wie Ballett, Taekwondo, Hockey, Golf oder Schach in Frage. Ebenso wird das Kind frühzeitig an die Bereiche **Kunst und Musik** herangeführt. Saxofon, Violine und Klavier sind beliebte Instrumente, die es dem Kind ermöglichen sollen, einen gewissen **Vorsprung im Vergleich zu anderen** zu erzielen.

Bei all diesen Freizeitaktivitäten werden die Kinder zumeist von den Müttern begleitet (gefahren und beaufsichtigt). Der Wunsch, den Kindern einen behüteten, schützenden Rahmen zu bieten, sowie die generelle **Sorge um ihre Sicherheit** sind stark ausgeprägt. Die Kinder „einfach draußen spielen zu lassen" gilt in vielen Fällen als undenkbar.

> • *„Man muss schon ganz schön aufpassen, wenn man liest, was Kindern alles passieren kann. "*
> • *„Ich habe ein schlechtes Gewissen, wenn ich mein Kind unbeaufsichtigt auf den Spielplatz lasse. "*

Aufgrund der großen Relevanz gemeinsamer Aktivitäten mit der Familie bleibt für die eigenen Hobbys der Eltern selten genügend Raum und Zeit – aber auch Geld. Dementsprechend zeigen sich z. T. **familienbedingte Eskapismus-Wünsche** und der Versuch, sich zumindest kleine Oasen der persönlichen Freizeitgestaltung zu erhalten. Bei Müttern ist dies oftmals der Wunsch, in Ruhe ein Buch zu lesen, die Freundin zu treffen, gemeinsame Frauenabende auf Geburtstagsfeiern oder im Kino zu verbringen oder beispielsweise Haus und Garten zu verschönern. Bei Vätern sind es eher Vereinsaktivitäten oder Männerabende (Kartenspiele bei einem gemeinsamen Bier in einer Bar oder im Sportverein). Aus dem Gefühl des persönlichen Freiraums wird wieder **Kraft für den vollen Einsatz für die Familie** geschöpft.

> • *„Ich brauche auch mal Zeit für mich, da treffe ich mich mit meinen Freundinnen und klöne mit denen. Mein Mann unternimmt dann etwas mit den Kindern. Das haben wir so abgesprochen. "*

Sicherung des Status quo statt intensiver beruflicher Aufstiegsambitionen

Menschen aus der Bürgerlichen Mitte sind häufig in einem **klassischen Angestelltenverhältnis** tätig. Die Arbeitszeiten sind meist exakt vorgegeben, wobei es sich bei **Männern** i. d. R. um **Vollzeitstellen** mit bis zu 40 Stunden und Kernarbeitszeiten von 9.00–17.00 Uhr und bei **Frauen** oftmals um eine **Halbtagsstelle** am Vormittag handelt – dies ist die sozial und persönlich akzeptierte „Grenze" der Erwerbstätigkeit.

Ziel der beruflichen Anstrengungen ist es, **ein angenehmes, abgesichertes Leben** ohne erhebliche materielle oder zeitliche Einschränkungen führen zu können. Berufliches Engagement ist notwendig, moderate Aufstiegsbestrebungen werden häufig als gesellschaftliche Pflicht verstanden, um mit dem Tempo der wirtschaftlichen Entwicklung in einer globalisierten Welt mithalten zu können. Allerdings geht es der Bürgerlichen Mitte weniger um ein höheres Auskommen, Karriere und steilen Aufstieg als vielmehr um die **langfristige Sicherung des Status quo.** Die Übernahme von Führungspositionen, Stellen, die mit aufwendigen Auslandsreisen oder häufiger Arbeit in den Abendstunden oder am Wochenende einhergehen, findet man in diesem Milieu (insbesondere bei Frauen) vergleichsweise selten.

Im Alltag stellt das Berufsleben und die **Vereinbarkeit von Familie und Beruf** Mütter und Väter aus der Bürgerlichen Mitte vor unterschiedliche Herausforderungen:

- *Väter* werden durch die Geburt des Kindes beruflich nur bedingt betroffen, da i. d. R. die Frau nach der Geburt zu Hause bleibt und sich um die Erziehung der Kinder und den Haushalt kümmert. Die Tatsache, nach der Arbeit noch Energie für das Kind aufbringen zu müssen, gilt in den meisten Fällen nicht als Belastung, sondern als Bereicherung.

- *„Das Schönste ist, wenn ich abends von der Arbeit komme und die Kinder warten auf einen. Das Gefühl kann man mit nichts auf der Welt vergleichen."*

- Zum Teil kommt dem Kind bzw. der Familie eine regelrechte **Ablenkungs- und Verarbeitungsfunktion** gegenüber einem als anstrengend erlebten Berufsalltag zu: **Familie** fungiert als **Oase und Zufluchtsort** vor stetig steigenden Ansprüchen der Leistungsgesellschaft. Väter erleben in diesem Kontext oftmals die Ambivalenz diametral entgegenliegender Anforderungen: Während sie im Beruf klassisch männliche Eigenschaften wie Durchsetzungsvermögen und Zielgerichtetheit an den Tag legen sowie eine gewisse Mobilität und Flexibilität beweisen müssen, sind sie im Privaten als fürsorglicher Familienvater gefragt, der sich aktiv in die Erziehung einbringen möchte – dies führt z. T. zu **inneren Konflikten**.

- *Mütter* aus der Bürgerlichen Mitte sehen sich jedoch *noch stärkeren* inneren Konflikten ausgesetzt: Sie bewerten es als positiv, dass Frauen heute aufgrund neuer Rollenmuster mehr und mehr die Möglichkeit haben, neue berufliche Wege einzuschlagen. Gleichzeitig erleben sie den Beruf der **„Nur-Hausfrau und Mutter"** als zunehmend **gesellschaftlich diskreditiert** und stellen diesen auch für sich persönlich immer mehr in Frage (Berufszugehörigkeit als Teil der persönlichen Identität) – die **Adaption gesellschaftlicher Trends** ist ein für dieses Milieu typisches Phänomen. So ist bei Frauen, die sich ausschließlich um die Familienarbeit kümmern, häufig von einem Gefühl des Stresses, der Überforderung, der mangelnden sozialen Akzeptanz und Wertschätzung die Rede.

- *„Ich brauche eine Arbeit. Dann fühle ich mich auch mehr wert. Wenn ich unzufrieden bin, dann schlägt das auf meine Tochter um."*

- Im eigenen Berufsleben – zumeist in Teilzeit bis maximal 20 Stunden oder auf 400-Euro-Basis – sehen sie dahingegen die Möglichkeit, „rauszukommen", **sozialen Kontakt und soziales Ansehen** zu genießen sowie (eine gewisse) persönliche Ausgeglichenheit, Selbständigkeit und Unabhängigkeit zu erlangen. Teilweise ist die Ausübung des Berufs auch **Belohnung für jahrelanges Lernen** und ein bestimmtes Aufstiegsstreben unter oftmals erschwerten Bedingungen. Eine solchermaßen langfristig erarbeitete berufliche Position möchte man nicht einfach leichtfertig aufgeben.

- *„Ich habe eigentlich immer ganz gerne gearbeitet. Irgendetwas getan. Auch vorher, also vor der Geburt, vor der zweiten Geburt, habe ich noch mit zehn Stunden gearbeitet. Ich bringe nicht viel Geld mit nach Hause, aber darum geht es auch gar nicht. Sondern es ist einfach für mich befriedigend, sage ich jetzt mal."*

> • *„Ich habe so viel dafür getan, die Ausbildung war anstrengend und ich habe hart gekämpft. Das möchte ich jetzt nicht einfach alles ad acta legen."*

Oftmals ist das Motiv für die eigene Berufstätigkeit aber auch schlichtweg die **Notwendigkeit eines zweiten Gehalts**, das für den gemeinsamen Lebensunterhalt benötigt wird: Das Gehalt des Mannes gewährleistet zwar eine generelle Grundversorgung und gewisse langfristige Sicherheit, das der Frau bietet aber das gewisse **„Mehr"**: den „Luxus", den Kindern Markenkleidung zu kaufen, ihnen den Klavierunterricht, die Reitstunden oder den zweiwöchigen Auslands-Sprachaufenthalt in den Ferien zu ermöglichen. Für Mütter dieses Milieus hat die eigene Berufstätigkeit in diesem Fall also weniger die Funktion, sich selbst etwas Gutes zu tun, sondern dient vielmehr dazu, den **Anschluss** zu **sichern**.

> • *„Es ist nun mal so, dass die Ansprüche auch nicht kleiner werden. Wenn man sich an einen Lebensstandard gewöhnt hat, möchte man das nicht aufgeben. Deswegen muss ich auch wieder anfangen zu arbeiten."*
> • *„Mit dem Alter werden die Kinder immer teurer, die Kleidung, die Spielsachen und alles, was sonst noch anfällt. Von Dingen wie Schulbüchern und Sportsachen ganz zu schweigen."*
> • *„Erziehungsgeld und Kindergeld fangen zwar einige Kosten noch auf, aber solche Sachen wie PEKIP oder die Babyturngruppe sind ganz schön teuer, und das bezahle ich alles selbst."*

So fühlen sich Mütter der Bürgerlichen Mitte **hin- und hergerissen** bei der Entscheidung, ob, wann und in welchem Umfang die **Rückkehr in den Beruf** erfolgt.

- Einerseits ist es für sie **selbstverständlich**, nach der Geburt des Kindes **für längere Zeit zu Hause zu bleiben:** Sie bekommen schließlich keine Kinder, um sie dann primär von Fremden erziehen und betreuen zu lassen. Mütter, die ihre eigene Berufstätigkeit in den Mittelpunkt der persönlichen Lebensplanung stellen, werden entsprechend kritisch beäugt („Rabenmütter"). Ein im Gespräch gerne betontes Argument ist darüber hinaus die **fehlende Planungssicherheit** durch lange Wartezeiten bei öffentlichen Betreuungseinrichtungen.[35]

- Andererseits erleben sie, dass die Dauer der beruflichen Unterbrechung die **Wiedereingliederung erschwert**, und haben zunehmend Sorge, dass das **Leitbild der berufstätigen Frau** („Karrierefrau") und ein neues Familienmodell (Kinder,

---

[35] Es lässt sich vermuten, dass es sich bei diesem Argument häufig um ein sozial adaptiertes handelt.

die vorwiegend außer Haus betreut werden) künftig an Bedeutung gewinnen. Dies scheint grundsätzlich wenig kompatibel mit ihren persönlichen Vorstellungen von Familie – gleichzeitig möchten sie sich neueren Tendenzen aber auch nicht völlig verschließen.

- Nur in wenigen Berufen, z. B. im **öffentlichen Dienst**, in denen aufgrund **familien- und kinderfreundlicher Strukturen** vergleichsweise günstige Bedingungen für den Wiedereinstieg herrschen (z. B. zurück auf die alte Stelle, Teilzeitregelungen), sehen sich Mütter in der komfortablen Lage, ihren Beruf mit deutlich weniger Hürden wieder aufnehmen zu können. Einige trafen vor dem Hintergrund „Familie" daher auch schon gezielt ihre **Berufswahl** (z. B. Grundschullehrerin).

Traditionelle Rollenteilung im „Team": Natürliche Konsequenz und vernünftige Logik des Arbeitsmarktes

Für Frauen der Bürgerlichen Mitte hat **Familie höchste Priorität**. Partnerschaft in Form einer **Ehe und Elternschaft** sind selbstverständliche, **unhinterfragte Lebensziele**[36], Kindererziehung gilt als naturgemäße Aufgabe und Berufung. Durch Elternschaft findet i. d. R. eine Zementierung der **traditionellen Rollenteilung** statt, allerdings in einem modernen Sinn.

Der Erhalt einer stabilen, intakten Familie hat in diesem Lebensmodell einen höheren Stellenwert als individuelle Bedürfnisse und Entfaltungsmöglichkeiten. Familie wäre in der Logik der Bürgerlichen Mitte in dem persönlich gewünschten Sinn nicht mehr lebbar, hätten beide Partner eine Vollzeitstelle: Man würde den eigenen Ansprüchen und Zielen an Familienarbeit nicht mehr gerecht werden können.

So hat der **Mann** in diesem Lebensmodell zwar die **Rolle des Haupternährers**, von dem die materielle Sicherheit der Familie maßgeblich abhängt. Dass *er* es ist, der mit einer Vollzeitstelle im Erwerbsleben bleibt, ist schlichtweg keine Frage, da die Rollenteilung dem pragmatischen Ansatz einer sinnvollen Zeitplanung und der Logik des Arbeitsmarktes folgt: **Berufstätig bleibt, wer mehr verdient.**

Dennoch wird seine **Rolle nicht überbewertet**, sondern gegenüber der Rolle der Frau relativiert. Betont wird die gemeinsame Leistung, am Erhalt des (finanziellen und sozialen) Status zu arbeiten – beide Partner leisten als „**Team**" elementar Wich-

---

[36] Hier unterscheidet sich die Bürgerliche Mitte z. B. stark von Modernen Performern, für die Elternschaft eine *Option* darstellt.

tiges in ihrem Bereich – sowie ein glückliches, harmonisches und verlässliches **Familienleben** zu leben. Dies ist nur mittels Absprachen und durch **Kompromisse auf beiden Seiten** möglich. Sich gegenseitig stützen und ergänzen, damit jeder Einzelne und die Familie als Ganzes im jeweiligen Lebensbereich möglichst erfolgreich sein kann, ist die Maxime.

> • *„Zu einer guten Partnerschaft gehört gegenseitiger Respekt, Vertrauen, Verständnis füreinander haben und viel miteinander reden. Man kann auch mal streiten – aber ein Streit kann ja auch zu einer Verbesserung führen."*

Partnerschaftlich ist auch die praktische Aufgabenverteilung. Jeder füllt seinen Aufgabenbereich so aus, dass der Partner nicht zusätzlich belastet wird. Vieles spielt sich vor dem Hintergrund von **Fähigkeiten und bevorzugten Tätigkeiten** ein: Typisch ist die Verantwortung des Mannes für handwerkliche und bauliche Tätigkeiten (z. T. auch für das gemeinsame Lernen mit dem Kind in bestimmten, zumeist naturwissenschaftlichen Fächern) und die der Frau für Küche, Wäsche und Haushaltsreinigung. Dabei wird die Zuordnung der Tätigkeiten nicht unter dem Gesichtspunkt von Rollenzuschreibungen bewertet und kritisch hinterfragt (wie etwa bei Postmateriellen), sondern schlichtweg als praktisch angesehen: **Jeder tut das, was er am besten kann.**

> • *„Schwere Arbeiten macht natürlich mein Mann, z. B. Bohren. Das kann ich einfach nicht. Der Haushalt bleibt zwangsläufig an mir hängen, aber er würde es ebenfalls machen. Da ich aber tagsüber frei habe und einfach auch schneller bin, mache ich es unter der Woche."*
> • *„Mein Mann würde im Haushalt viel zu lange brauchen, also ist er für Garten und Auto zuständig."*

Aufopfernde Erziehungsarbeit

Behüten und beschützen, vor allem aber: Nichts unversucht lassen

Eltern aus der Bürgerlichen Mitte **informieren sich umfassend** über Entwicklungsphasen des Kindes, pädagogische Konzepte – gerne auch anhand von Ratgebern – und beteiligen sich äußerst interessiert an Elternkursen. Diesen Informationsangeboten haftet im Zuge zunehmender **Ratgeberkultur** und „How-to-Mentalität" kein Makel (mehr) an, sondern sie werden vielmehr als willkommenes Hilfsmittel für eine **positive Weichenstellung** in eine **erfolgreiche Zukunft** des Kindes betrachtet. So werden gerne Experten zu Rate gezogen und das für gut und wichtig befunden, was diese empfehlen, denn: Man möchte **nichts falsch machen**. Gleichzeitig möchten Eltern aus diesem Milieu aber auch mit der Zeit gehen und das neueste Wissen in Bezug auf Erziehung berücksichtigen können.

- *„Ich lese so ziemlich alles, was ich zum Thema Erziehung und Kinder in die Finger kriege. Vom Arzt sind es Broschüren, dann lese ich diese Babyzeitschrift, die man in der Apotheke kriegt, das ist immer ein bisschen breit gefächert und da steht etwas über Erziehung und Gesundheit drin. Dann lese ich alle möglichen Bücher. Und natürlich tausche ich mich mit Freunden aus, wo man dann halt sagt, wie ist das bei euch, bei uns ist das gerade so und so. Ich finde das schon wichtig, man möchte ja nichts falsch machen und erst hinterher merken, dass man etwas versäumt hat.“*

Es geht darum, **Anschluss zu halten** und **sozialen Abstieg zu vermeiden** – dies sind die charakteristischen Ängste des Milieus der Bürgerlichen Mitte. Zwar war das Milieu schon immer gelegentlich von Abstiegsängsten geplagt, diese sind inzwischen jedoch sehr viel massiver geworden. So haben Eltern der Bürgerlichen Mitte **hohe Statusaspirationen für ihr Kind** und sehen es vor allem als **Investitionsgut**. Dementsprechend lassen sie nichts unversucht, wenn es darum geht, ihr Kind frühzeitig zu fördern. Das **Engagement der Eltern** – insbesondere der Mütter – kennt hierbei nahezu keine Grenzen, sei es zeitlich-organisatorischer, sei es finanzieller Art.

Dem Kind werden frühzeitig (oftmals bereits im Kindergarten- und Vorschulalter) **vielfältige Angebote unterbreitet**: Kunst und Musik, Fremdsprachen (insbesondere Englisch, vereinzelt aber auch Chinesisch), Sport u. v. a. Die wahrgenommene Notwendigkeit dieser Förderung führt allerdings nicht selten zu inneren Konflikten der Mütter:

- Einerseits wollen sie dem Kind **optimale Startchancen und Wettbewerbsvorteile** ermöglichen, sich über die genannten Angebote hinaus umfassend um das Kind kümmern, seine Hausaufgaben betreuen, private Lerngruppen organisieren und leiten, sich in der Schule engagieren.

- Andererseits müssen **entsprechende Angebote finanziert werden,** d. h. ein zweites Einkommen ist i. d. R. notwendig, um dem Kind all dies überhaupt zu ermöglichen. Geht die Mutter allerdings einer Berufstätigkeit nach, kann sie sich nicht im entsprechenden Maße um die schulischen Belange des Kindes kümmern – ein *Circulus vitiosus*. Diese heterogenen Ansprüche evozieren einen Druck, der im Milieu der Bürgerlichen Mitte als besonders stark und ausgeprägt erlebt wird und für welchen noch keine persönlichen Lösungsstrategien gefunden wurden.

Andere Milieus, insbesondere Postmaterielle Eltern, registrieren – teilweise kritisch, teilweise belustigt – das intensive Engagement von Eltern aus der Bürgerlichen Mitte: Den hohen Einsatz an Zeit und Geld für Nachhilfe und Zusatzunterricht bereits im Kindergarten- und Grundschulalter sehen sie insofern als bedenklich, als damit weniger die Veränderung gesamtgesellschaftlicher Strukturen angestrebt wird als vielmehr ein **individueller Wettbewerbsvorteil** des Kindes – eine Tendenz, die sie als bedenklich erleben.

Nachdenklich stimmt Postmaterielle aber auch das wahrgenommene Bestreben nach **sozialer Distinktion:** Eltern der gesellschaftlichen Mitte betonen immer wieder den Aspekt der **Fürsorglichkeit,** insbesondere **Mütter** sehen sich **als allzuständige Beschützerin und Förderin** der Kinder. Zu den potentiell schädlichen Einflüssen gehören in ihrer Logik einerseits gesundheitliche Gefahren oder Verletzungen, andererseits aber auch ein vermeintlich **„schlechter" Umgang,** womit der Kontakt zu Kindern aus sozial schwächeren Milieus gemeint ist. Bei aller – proklamierten – Offenheit und Toleranz bereitet ihnen ein solcher Gedanke echte Sorgen. Postmaterielle reflektieren dies insofern kritisch, als sie als Folge dieser Abgrenzung auch einen **Verlust der Empathie** und des Gespürs für solche Lebenswelten sehen.

Der Vater als „Feierabendpapa"

Partnerschaftlicher Teamgeist ist ein für die Bürgerliche Mitte typischer Aspekt – nur gemeinsam ist man in der Lage, „die Dinge zu schultern". Dies betrifft auch die Erziehungsarbeit. Die Hauptverantwortung und -arbeit liegt zwar bei der Mutter: Sie geht zum Kindergarten- und Elternabend, sie backt den Kuchen für das Schulfest, sie geht mit den Kindern zum Kinderarzt, sie organisiert deren Freizeit und stellt das Lernprogramm auf. Dennoch verstehen sich Eltern der Bürgerlichen Mitte als **gemeinsam zuständig,** da **Erziehungsziele** und etwaige Probleme **von beiden Elternteilen besprochen** werden. Nichtsdestotrotz vertrauen Väter im Alltag gerne dem Vorgehen der Mutter und verlassen sich auf ihre erzieherische Urteilskraft.

- *„Das Gros der Erziehungsarbeit liegt schon bei mir. Aber mein Mann und ich sprechen uns auch ab, was das Beste ist. Er fragt mich immer, wie er was machen muss."*

Dem Vater kommt primär die Rolle des **„Feierabendpapas"** und Spielgefährten zu. Da er im Alltag deutlich weniger Zeit mit dem Kind verbringt, hat er den **Anspruch, diese Stunden möglichst angenehm zu gestalten,** und zeigt sich häufig nachsichtiger und toleranter als die Mutter, die – bedingt durch die alltägliche Familienarbeit – oftmals die Konsequentere ist. Die Rolle des dominanten männlichen Familienoberhaupts ist somit in diesem Milieu kaum noch festzustellen, vielmehr ist ein **ge-sellschaftliches Ideal-Bild des modernen Vaters** angekommen, der seine freie Zeit selbstverständlich und gerne den Kindern widmet.

> - *„Die Kinder sind abends ganz wild darauf, dass ich mit ihnen rumtobe. Die Mama hatten sie ja den ganzen Tag über."*
> - *„Mein Mann lässt den Kindern schon mehr durchgehen. Aber er muss den lieben langen Tag lang ja auch nicht all die kleinen Kämpfe ausfechten."*

Hohe persönliche Ansprüche, hohe Verunsicherung

Verständnis und Geduld sind in der Bürgerlichen Mitte die wichtigsten Prinzipien der Kindererziehung. Die Eltern bemühen sich, die Bedürfnisse und Wünsche des Kindes zu verstehen und darauf so weit als möglich einzugehen. Insbesondere in der frühkindlichen Phase betonen sie die Notwendigkeit der inneren Ruhe und Gelassenheit. Erzieherische Maßnahmen sollen möglichst spielerisch in den Alltag eingebunden, Probleme besonnen gelöst, lautstarke Streitereien vermieden werden.

> - *„Ich lasse zwar viel durchgehen, aber wenn sie es dann zu dolle treiben, dann kommt die Strenge durch. Man muss auch gewisse Grenzen setzen, sonst läuft einem alles aus dem Ruder. Aber man muss auch kooperativ sein; ich versuche also, dass es immer harmonisch abgeschlossen ist. Und wenn ich mal laut war, dann entschuldige ich mich auch."*

Diesem Idealbild an die eigene Erziehungsarbeit werden Eltern – begünstigt durch den überwiegend ruhigen und sicheren Rahmen, in dem sich das Milieu befindet – sicherlich häufig gerecht. Aufgrund der vielfältigen **inneren Ambivalenzen und äußeren Zwänge** können sie ihrem eigenen Anspruch an eine „gute Erziehung" jedoch nicht immer im selbst auferlegten Maß entsprechen (er ist eher Ausdruck des persönlichen Wunschbilds einer „heilen Familie" als Realität). Sie fühlen sich hierdurch **massiv verunsichert,** was sich u.a. in der **verstärkten Konsultation von (Erziehungs-)Ratgebern** manifestiert.

Optimale Startchancen als Vorbereitung auf das Berufsleben

Neben dem langfristigen Erziehungsziel, **optimale Voraussetzungen für das Kind** zu schaffen, damit es im späteren Berufsleben erfolgreich bestehen kann, gelten **tra-ditionelle Werte** wie Ordnung und ein gewisses Maß an Disziplin, die Einhaltung von Regeln sowie die Erfüllung von Pflichten, insbesondere aber Werte wie Respekt, Rücksichtnahme und Höflichkeit als zentrale Erziehungsziele. Dabei zeigt sich erneut die **starke Außenorientierung des Milieus**: Höfliche und freundliche Umgangsformen des Kindes werden nach Ansicht der Bürgerlichen Mitte vom sozialen Umfeld als Erziehungserfolg wahrgenommen und fungieren somit in gewisser Weise als Motor. Gleichzeitig gilt Höflichkeit des Kindes aber auch als (nach innen orientierte) Rückbestätigung für erfolgreiche Erziehungsarbeit.

- *„Man muss lernen, dass man nicht der einzige Mensch auf der Welt ist. Und dass man nicht gleich zuschlägt, wenn man anderer Meinung ist."*
- *„Ich sage immer: ‚Toleranz und Respekt, leben und leben lassen.' Dann ginge es den Menschen auch viel besser."*
- *„Wenn Kinder freundlich grüßen und sich vernünftig verabschieden, dann erkennen auch andere Leute, dass man seine Kinder gut erzogen hat."*

Mediennutzung – Widerspruch zwischen Anspruch und Realität

Eltern aus der Bürgerlichen Mitte zeigen eine **gemäßigt kritische Haltung** zum Thema Medien. Reines Unterhaltungsfernsehen wird nach außen tendenziell abgelehnt, bevorzugt werden vielmehr Sendungen mit pädagogischem Nutzwert. Grundsätzlich haben Eltern des Milieus den Anspruch, sich lieber abends zu unterhalten oder gemeinsam etwas zu unternehmen, als sich vor dem Fernseher berieseln zu lassen. In der Realität des Alltags ist der **tatsächliche Fernsehkonsum allerdings oft nur schwer zu begrenzen**. Fernsehen ist fester Teil des Alltagslebens und hat dabei oftmals eine regenerative und entspannende Funktion – Fernsehen bietet die willkommene Gelegenheit für **temporären Eskapismus**.

- *„Abends will ich mich auch mal einfach nur zurücklehnen und bei einer netten Sendung abschalten."*
- *„Ich bin auch mal froh, wenn wir einfach nur einen gemütlichen Fernsehabend machen."*

Konsum als Medium der Dazugehörigkeit und Abgrenzung

Die **Konsumbereitschaft** der Bürgerlichen Mitte scheint insgesamt auf einem **Tiefpunkt** angelangt zu sein. Vorsichtshalber, in vorbeugender Anpassung an kommende Einschränkungen, reduzieren Eltern dieses Milieus z. T. ihre Ansprüche und verzichten in manchen Bereichen auf Exklusivität oder sogar Qualität. Davon ausgenommen ist jedoch eine generell **hohe Ausgabebereitschaft für das Fortkommen der Kinder**.

Eltern der Bürgerlichen Mitte setzen sich mit dem eigenen Konsumverhalten durchaus selbstkritisch auseinander: In ihrer Eigenperspektive erleben sie sich als zu nachgiebig und zu spendabel. Auch wenn es aus der eigenen erzieherischen Sicht wenig sinnvoll scheint: Den Wünschen des Kindes wird oftmals **schnell nachgegeben** und vermeintlich feste Regeln werden häufig aufgeweicht. Dies beruht auf unterschiedlichen Ursachen, und diesbezüglich eine Lösung zu finden, fällt Eltern des Milieus schwer.

- Zum einen dient ein derartiges Vorgehen (zumindest kurzfristig) der **Sicherung des familiären Friedens** (Harmonie als zentraler Wunsch).

- Zum anderen fühlen sich Eltern einem hohen **Konsumdruck** ausgesetzt, der von den Kindern nach Hause getragen wird: Sei es die Spielkonsole, das tragbare Videospiel, im späteren Alter das Handy oder die Markenkleidung. In vielen Fällen sehen sich die Eltern in der **Pflicht**, dem Kind in diesen Bereichen nachzugeben und seine Wünsche zu erfüllen, denn: Man möchte, dass das Kind **dazugehört**, man möchte gleichzeitig, dass es sich von anderen Kindern (aus schwächer gestellten Milieus) **abgrenzt** (z. B. indem es Marken wie etwa Esprit oder Jack Wolfskin trägt[37]), man möchte es auf jegliche Weise fördern und ihm daher möglichst **keine Möglichkeiten verwehren**.

Gesellschaftspolitischer Stellenwert von Kindern: Mangelnde Anerkennung und Unterstützung bei gleichzeitig demonstrativ selbstbewusster Außendarstellung

Eltern der Bürgerlichen Mitte betonen stark die gesellschaftliche Bedeutung von Kindern. Sie sehen hierin sowohl die zukünftige Entwicklung der Gesellschaft (basierend auf erfolgreicher Erziehung und guter Bildung) als auch die wirtschaftliche Absicherung der jetzigen Generation im Alter.

Allerdings kritisieren sie, dass Kinder gesellschaftspolitisch immer noch nicht adäquat gewürdigt werden. Leistungsangebote des Staates und tatsächlicher (insbesondere künftiger) Stellenwert von Kindern stehen ihrer Ansicht nach keineswegs miteinander in Einklang.

Auch wenn die Bürgerliche Mitte hinsichtlich staatlicher Transferleistungen gerne ein ausgeprägtes **Selbstbewusstsein demonstriert**, „es aus eigener Kraft schaffen" zu wollen, so muss dies vor dem Hintergrund der tatsächlichen Situation als **nach außen getragenes Selbstbild** verstanden werden. Die *genauere* Betrachtung zeigt, dass Eltern des Milieus der Ansicht sind, in der heutigen Zeit werde an allen Enden ge-

---

[37] Diese Marken bieten den Vorteil, dass man das Label an der Kleidung weithin sichtbar erkennen kann.

spart, wodurch insbesondere Eltern mit ihren Kindern betroffen sind. Das Gefühl der materiellen Verschlechterung betrifft dabei einerseits die Verteilung staatlicher Mittel und Förderungen sowie Mehrbelastungen durch Steuern und Abgaben, anderseits aber auch die gefühlte Entwicklung der Einkommen, welche nicht entsprechend der allgemeinen Preisentwicklung gestiegen sind. Die **wirtschaftlichen Voraussetzungen für Elternschaft** werden somit als **zunehmend schwieriger** empfunden (Eltern dieses Milieus „leisten" sich oft auch nur noch ein Kind).

Dies betrifft in besonderem Maße **sozial schwächer gestellte Bevölkerungsschichten,** für welche die Bürgerliche Mitte **höhere Zuwendungen** sowie einen deutlichen Ausbau der Fürsorge als **unabdingbar** betrachtet: Es darf in ihren Augen nicht sein, dass gesellschaftliche Härten und materielle Notlagen den Kinderwunsch von Eltern grundsätzlich unrealisierbar machen.

Ebenso erachten Eltern aus der Bürgerlichen Mitte die **mangelnde Akzeptanz von kinderreichen Familien** als problematisch – auch wenn sie selbst davon i.d.R. nicht persönlich betroffen sind. Mehr als zwei Kinder zu haben gilt, das ist ihre Kritik, heute nahezu als asozial.

- *„Für mich war immer klar, dass ich Kinder haben möchte, aber ich kann auch verstehen, wenn es anderen Frauen nicht so geht. Wenn einem das Geld und die Unterstützung fehlt, dann überlegt man sich das schon ganz genau."*

Generell unterstellen Eltern aus der Bürgerlichen Mitte politischen Entscheidungsträgern die Überzeugung, der **Kindermangel** deutscher Eltern liege eher am **individuellen Reproduktionsunwillen** als an gesellschaftlichen Rahmenbedingungen – eine Annahme, die sie selbst für grundlegend falsch halten.

- *„Natürlich sind Kinder superwichtig, sie sind die Zukunft. Aber wenn man sich die Politik mal anschaut: Die reagieren erst, wenn das Kind schon in den Brunnen gefallen ist."*
- *„Die Politiker denken wahrscheinlich immer noch, dass Kinder wie früher einfach in entsprechender Zahl von alleine kommen werden."*

Eigenbetreuung bis zum Alter von drei Jahren: Selbstverständliches „Normalmodell"

Außerhäusliche Betreuung wird als effektive und die kindliche Entwicklung fördernde Maßnahme bewertet – nicht zuletzt aufgrund des sensiblen Gespürs für gesellschaftliche Entwicklungen (Außenorientierung) ist dies die Einschätzung der Bürgerlichen Mitte. Allerdings kommt es auf das „richtige Maß" an. Zu frühe und quantitativ zu umfangreiche außerhäusliche Betreuung (welche die Eigenbetreuung überschreitet), auch **„das Kind einfach abzugeben", kommt für sie nicht in Frage.**

Eltern der Bürgerlichen Mitte sind vielmehr der Ansicht, dass das **Kind in den ersten** (meist drei) **Lebensjahren am allerbesten bei der Mutter** selbst **aufgehoben** ist. Auch wenn biologische Erklärungsmodelle wie „nur eine Mutter kann ihr Kind richtig erziehen" mittlerweile als veraltet und sozial nicht (mehr) erwünscht gelten, so unterstellt man einer „richtigen und guten Mutter" doch implizit, dass sie die Erziehungsarbeit wichtiger nehmen sollte als die Erwerbsarbeit.

- *„Ich frage mich schon, warum manche Frauen Kinder bekommen, wenn sie nach ein paar Monaten gleich wieder voll arbeiten gehen."*

Neben dem Konflikt zwischen Wiederaufnahme der Berufstätigkeit und Betreuung der Kinder[38] sehen Eltern der Bürgerlichen Mitte weitere **Stolpersteine** bezüglich der Betreuungsfrage: So wird auch in diesem Milieu das **Angebot an Betreuungsmöglichkeiten** keinesfalls als ausreichend bezeichnet, wodurch in vielen Fällen ein reibungsloser Wiedereinstieg in den Beruf verhindert wird. Milieuspezifisch ist darüber hinaus die **geringe Bereitschaft**, das **Geld**, das man selbst verdient hat, **an eine außerhäusliche Betreuung weiterzugeben**, ohne dass viel übrig bliebe (Nullsummenspiel).

- *„Es geht ja schon los bei den Betreuungsplätzen, die sind total rar gesät. Und wenn, dann sind sie meist zu teuer. Betreuungsplätze für jeden, das wäre notwendig – dass jeder Anspruch darauf hat."*

Die Betreuung durch eine (kostenintensive) Tagesmutter ist für viele nur die zweite Wahl und fungiert eher als Übergangslösung, wenn z. B. in der Kita kein Platz mehr verfügbar war. Von vergleichsweise hoher Relevanz hingegen ist die **Einbindung der Großeltern** – neben der räumlichen Nähe (aufgrund der geringen beruflichen Mobilität des Milieus) spielt hierbei das zumeist intensive Vertrauensverhältnis eine zentrale Rolle.

---

[38]   Dieser Konflikt wurde weiter oben detailliert beschrieben.

- *„Ich habe die drei Jahre in Anspruch genommen, die Erziehungszeit. Und dadurch, dass es bei meiner alten Firma nicht ging auf Teilzeit, habe ich mich dann beim Arbeitsamt gemeldet. Und dann habe ich eben das Angebot auf 400-Euro-Basis bekommen. Und ich bin dann im Januar eingestiegen und der Kindergartenplatz war dann erst ab April. Aber das ging dann schon irgendwie, also mit Hilfe des Schwiegervaters und meiner Eltern."*

Bildung als Vehikel zur Distinktion

Eltern der Bürgerlichen Mitte verfügen überwiegend über mittlere Bildungsabschlüsse. Relativ häufig sind Realschulabschlüsse, teilweise auch Abitur, mit anschließender kaufmännischer Ausbildung. Vor diesem Hintergrund sind die **Ansprüche** der Eltern **an den Schulabschluss ihrer Kinder** vergleichsweise **ambitioniert**.

Zwar wird nach außen die Einstellung vertreten, dass Kinder nicht mit zu hohen Leistungsanforderungen unter Druck gesetzt werden sollten, dennoch gilt in unsicheren Zeiten mit zunehmenden Leistungsanforderungen in Wirtschaft und Gesellschaft das **Erreichen** des **Abiturs als Pflicht und Notwendigkeit, um den Anschluss nicht zu verlieren**.[39] Die Furcht vor sozialen Fahrstuhleffekten wurde durch PISA begünstigt: Waren früher Realschule und eine sich anschließende Ausbildung ausreichend, so ist der Besuch einer Realschule heute schon fast eine „Notlösung" und der Besuch einer Hauptschule völlig diskreditiert.

- *„Es ist wichtig, dass meine Tochter Abitur macht, da sie später ganz andere Möglichkeiten hat, wenn sie vor der Berufswahl steht. Sie muss ja vielleicht nicht unbedingt studieren, aber es hilft eine ganze Menge, wenn man bestimmte Kenntnisse hat, die man auf dem Gymnasium bekommt."*
- *„Mit der mittleren Reife bekommt man doch schon heute keinen Ausbildungsplatz mehr, und das wird in Zukunft immer ärger werden. Unser Kind soll später schon etwas Besonderes machen können."*

---

[39] Eine „Inflation" der formalen Bildungsabschlüsse, die alleine immer weniger ausreichen, um eine vorteilhafte berufliche Stellung zu erreichen, diskutierten bereits Bourdieu, P., und Passeron, J. C. in „Die Illusion der Chancengleichheit", Stuttgart 1971.

Diese Logik begünstigt unterschiedliche gegensätzliche Entwicklungen:

- Zum einen – dies ist die *gesellschaftliche* Perspektive – zeigt die Bürgerliche Mitte **Sympathie für das Modell der Chancengleichheit** und kritisiert in vielen Fällen die frühe Aufteilung des Bildungssystems in Haupt-, Realschule und Gymnasium – insbesondere dann, wenn das eigene Kind bereits im frühen Alter „nur" eine Haupt- oder Realschulempfehlung ausgesprochen bekommt.

- Zum anderen – dies ist die *individuelle* Perspektive – hat die Bürgerliche Mitte realisiert, dass sie nicht mehr in einer Aufstiegsgesellschaft lebt, in der vormals jeder, der Engagement zeigte, es nach oben schaffen konnte – selbst mit mittlerem Bildungsabschluss und anschließender Lehre oder Ausbildung. Stattdessen sind die **Pfade nach oben** heute **kaum noch durchlässig** und es gilt, jede sich bietende Chance (und diese möglichst frühzeitig) zu ergreifen.

- Insofern nehmen die Bestrebungen der Eltern hinsichtlich frühkindlicher Förderung ein immer größeres Ausmaß an und es zeigt sich – da das staatliche Schulsystem[40] den tatsächlichen gesellschaftlichen Anforderungen an die Qualifikation der Arbeitnehmer von morgen immer weniger gerecht werden kann – eine deutliche **Präferenz für konfessionelle und günstige private Schulen**. Schließlich geht es um die Zukunft des eigenen Kindes und um Investitionen in die Zukunft. **Bildung und Wissen** werden somit auch zum **Vehikel der Distinktion** gegenüber sozial schwächeren Milieus.

- *„Unser Sohn geht auf eine private Schule. 800 Euro Schulgeld sind natürlich eine Menge, aber es ist gut investiertes Geld, und bisher hält er sich auch ganz gut. Und es ist toll, der Unterricht ist dort zweisprachig, das verschafft ihm einen immensen Vorteil später."*

---

[40] Bezüglich staatlicher Schulen konstatieren Eltern der Bürgerlichen Mitte u. a. große Klassenverbände, mit denen Lehrer häufig überfordert sind, so dass kein individuelles Eingehen auf die Schüler möglich ist.

3.5   SINUS B3: „Konsum-Materialisten"

Kurzportrait

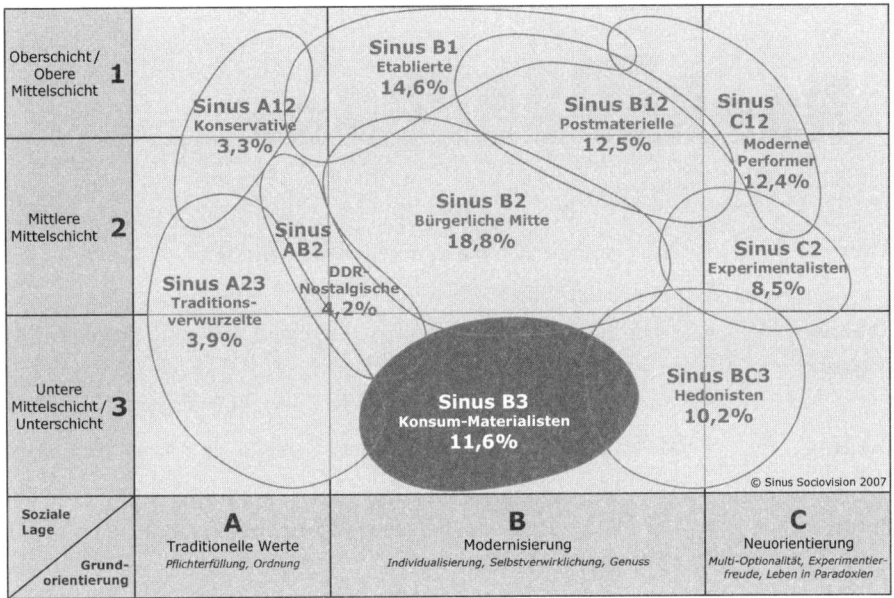

Anteil*: Gesamt 11,6 %, West-D. 11,8 %, Ost-D. 10,3 %
*Eltern mit Kindern unter 18 Jahren im Haushalt
Basis: TdWI 2007/08; n = 4.760 Fälle

- Ausgeprägter Konsum-Materialismus: Sich etwas leisten können, Anschluss halten an die Standards der breiten Mittelschicht (DVD-Player, Handy, Auto, Urlaub, Kosmetik, Modeschmuck)

- Man möchte anerkannt sein, als „normaler Durchschnittsbürger" dazugehören (vor allem im Osten), hat aber häufig das Gefühl von Benachteiligung und Ausgeschlossensein – und ist entsprechend häufig frustriert und unzufrieden

- Träume vom „besonderen Leben" (Geld, Luxus, Prestige), von plötzlich auftauchenden großen Chancen – als Reaktion auf die häufig prekäre finanzielle Lage

- Die eingeschränkten eigenen Möglichkeiten führen oft auch zu Abgrenzungsbemühungen gegenüber Randgruppen und Ausländern („die noch tiefer stehen")

Demografische Schwerpunkte im Gesamtmilieu

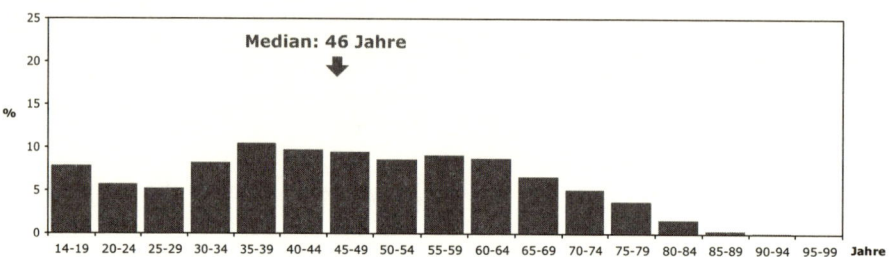

| Alter | • Altersaufbau fast wie in der Grundgesamtheit |
| | • 30- bis 60-Jährige sind leicht überrepräsentiert |

Alter
- Altersaufbau fast wie in der Grundgesamtheit
- 30- bis 60-Jährige sind leicht überrepräsentiert

Lebens-situation
- Überdurchschnittlicher Anteil Geschiedener und getrennt Lebender
- Auch Single-Haushalte sind leicht überrepräsentiert

Bildung
- Meist Haupt-/Volksschulabschluss, mit oder ohne Berufsausbildung

Beruf
- Die Hälfte der Berufstätigen sind Arbeiter/Facharbeiter
- Hohe Arbeitslosenrate

Einkommen
- Untere bis mittlere Einkommensklassen (Schwerpunkt: unter 2.500 Euro monatliches Haushaltsnettoeinkommen)
- Häufung sozialer Benachteiligungen (Arbeitslosigkeit, Krankheit, unvollständige Familien)

Familienstand und Lebensstil

Familienstand von Eltern mit Kindern unter 18 Jahren	Anteil	Index
• Verheiratet	79,8 %	95
• Ledig, ohne Partner im Haushalt	4,5 %	157
• Ledig, mit Partner im Haushalt	8,5 %	147
• Verheiratet gewesen (geschieden, getrennt lebend, verwitwet), mit Partner im Haushalt	2,7 %	87
• Verheiratet gewesen (geschieden, getrennt lebend, verwitwet), ohne Partner im Haushalt	4,5 %	111

Lebensstil

- Starke Gegenwartsorientierung, Konzentration auf das Hier und Heute (etwas vom Leben haben, ein „Stück vom Kuchen" abbekommen)

- Häufig ungenügende Daseinsvorsorge aufgrund mangelnden Problembewusstseins und beschränkter finanzieller Möglichkeiten; viele leben über ihre Verhältnisse, um zu beweisen, dass sie mithalten können

- Spontaner, prestigeorientierter Konsumstil, rasches Aufgreifen neuer Moden und Trends; große Bedeutung von Äußerlichkeitswerten, insbesondere bei Männern starkes Geltungsbedürfnis (z. B. Bodykult); Protagonisten der Trashkultur

- Spaß- und freizeitorientierter Lebensstil, ausgeprägtes Bedürfnis nach Ablenkung und Unterhaltung, intensiver Medien- und wachsender Genussmittelkonsum (Zigaretten, Alkohol, Süßigkeiten, Snacks)

- Flucht in Traum- und Entspannungswelten (Action und Gewalt im Fernsehen, aber auch Natur und Alleinsein) als Reaktion auf zunehmende Verelendungstendenzen

Alltagsästhetik

- Trotz häufig eingeschränkter finanzieller Mittel möchte man mithalten, auch bei der Wohnungseinrichtung – Wunschbild: die repräsentative Gemütlichkeit der Bürgerlichen Mitte

- Wunsch nach Üppigkeit, Buntheit und Prestigewert der Dinge, mit denen man sich umgibt (z. B. U-Elektronik wird gern ausgestellt)

- Präferenz für das Modische, das Modernistisch-Populäre (Anschluss halten) – auch wenn es nicht mehr immer topaktuell ist

- Die Sehnsucht nach der heilen Welt manifestiert sich im Hang zum Dekorieren und Ausschmücken (beliebt sind Souvenirs, Plüschtiere, Puppen, Kirmes-Nippes) – was häufig zu einem Sammelsurium unterschiedlichster Objekte führt

- Profilierung durch stilistische Übertreibungen: Aufgrund beschränkter Möglichkeiten und Stilunsicherheit trägt man gerne besonders „dick" auf

Lebenswelt: Wie geht es Eltern?

Haben-Materialismus, Wunsch nach Zugehörigkeit

Menschen aus dem Milieu der Konsum-Materialisten, einem Teil der modernen Unterschicht, haben i. d. R. **eng begrenzte finanzielle Ressourcen** und verfügen über **wenig Bildungskapital.** In Reaktion auf die häufig prekäre finanzielle Lage träumen sie von einem materiell gesicherten Leben, insbesondere einem sicheren Arbeitsplatz. Der Anteil Langzeitarbeitsloser und Hartz-IV-Empfänger ist in diesem Milieu vergleichsweise hoch, der tatsächliche Druck (etwa im Vergleich zur Bürgerlichen Mitte, wo er nur eine *Bedrohung* darstellt) durch eigene Betroffenheit oder die guter Freunde bereits *manifest*.

Neben einem **sicheren Arbeitsplatz** stellen für Konsum-Materialisten Reisen in sonnige Länder (Süden, Sonne, Palmen, Meer, z. B. Mallorca) und ein Eigenheim mit Garten zentrale Wünsche dar. Sich etwas leisten zu können, Anschluss an die Standards der breiten Mittelschicht zu halten (z. B. Auto, DVD-Player, Urlaub, wofür man sich teilweise erheblich verschuldet) und **als „normaler Durchschnittsbürger" dazuzugehören,** ist Menschen dieses Milieus wichtig. Gleichzeitig sind Träume von plötzlich auftauchenden großen Chancen (z. B. durch einen Lottogewinn) charakteristisch, welche für die meisten jedoch unerfüllte Sehnsucht bleiben, so dass sich nach und nach eine gewisse Nüchternheit breitmacht.

- *„Wir wünschen uns, mal eine Kreuzfahrt zu machen. Die ganze Familie. Irgendwo in ein warmes Land. Karibik vielleicht. Und ich wünsche mir eine Scheckkarte, die unendlich wäre."*
- *„Es muss ja nicht jedes Jahr ein Sommerurlaub sein, aber wir waren noch nie im Urlaub, Sonne und Meer, das wäre schon toll."*
- *„Ich habe immer auf den Jackpot gehofft, aber mittlerweile bin ich froh, wenn wir irgendwie über die Runden kommen. Klar wäre ich gerne mal in Urlaub gefahren dieses Jahr, weil das so das erste Jahr ist, wo wir schuldenfrei sind."*

Ein in diesem Milieu hoch relevantes Thema ist **soziale Ausgrenzung**: Oftmals fühlen sich Konsum-Materialisten **sozial benachteiligt** und zeigen sich bisweilen neidisch, dass es anderen besser geht. Beschuldigt werden hierbei Politik, Wirtschaft und Behörden, denen man sich **hilflos ausgeliefert** sieht (Ohnmachtshaltung). Das Gefühl, keine politische Lobby zu haben und von politischen Parteien und sozialen Bewegungen alleingelassen zu werden, führt häufig zu **Frustration.** Dennoch hadern

Konsum-Materialisten insgesamt wenig mit ihrem Schicksal – die Dinge werden als gegeben hingenommen, und man versucht in bescheidenem Rahmen, eben das Beste daraus zu machen. Das Leben ist nun einmal stark von **Zufall und Glück** bestimmt und man muss sehen, wie man sich damit arrangiert.

- *„Ich empfinde da schon eine Ungerechtigkeit und Rücksichtslosigkeit gegenüber Schwächeren.“*
- *„Gegen die da oben kann man doch eh nichts machen.“*
- *„Man muss halt schauen, dass man das Beste daraus macht.“*
- *„Wenn ich den Kopf in den Sand stecke, hilft's mir auch nichts. Und irgendwie geht's ja doch immer weiter.“*

Aufgrund der eigenen eingeschränkten Möglichkeiten zeigen sich häufig deutliche **Abgrenzungsbemühungen gegenüber Randgruppen und Ausländern**, Personen, „die noch tiefer stehen" und in der Eigenwahrnehmung z. B. das Gesundheits- und Sozialsystem in Deutschland schwächen (so dass man selbst in der Konsequenz weniger davon profitieren kann).

- *„Und dann kommen da die ganzen Afrikaner und lassen sich hier die Zähne machen, das finde ich nicht o.k.“*
- *„Die Krankenkassenbeiträge werden höher und das Arbeitslosengeld niedriger, je mehr Ausländer hier leben.“*

Was eigene Vorstellungen vom Leben, den persönlichen Lebensverlauf angeht, so bietet die **bürgerliche Normalbiografie** starke **Orientierung** und dient als **Vorbild**: Einen festen Freund haben, bis zum 25. Lebensjahr verheiratet sein, Kinder bekommen und etwas aufbauen, das sind die erklärten Ziele. Es stellt sich nicht die Frage: „Kinder: ja oder nein?", Kinder zu haben – gerne auch drei Kinder und mehr – gehört zur **Normalität**, „gehört zum Leben", und **Elternschaft auch bereits in jungen Jahren** (und nicht immer geplant), teilweise noch während der Ausbildungszeit und mit entsprechend knappen finanziellen Mitteln, ist nicht ungewöhnlich. Umso mehr erhofft man sich für die Kinder eine bessere Zukunft: Erreichen die Kinder später einen höheren Lebensstandard, dann ist dies Lohn für all die Anstrengungen und Beweis einer erfolgreichen Erziehung.

- *„Ich glaub, ich bin ganz froh, Kinder zu haben, das ist doch normal.“*
- *„Ich habe mit 18 meine Tochter bekommen. Da war kein Geld da. Wir haben dann teilweise nichts zu essen gehabt.“*

- *„Es kostet halt heutzutage alles mörderisch viel Geld, deshalb kann man den Kindern nicht alles ermöglichen, was sie haben wollen. Aber wenn sie es später mal im Leben schaffen, dann hat es sich doch gelohnt."*

Familienleben im Spannungsfeld zwischen Alltagsmühle und mentaler Flucht

Der **Anteil Alleinerziehender** (alleinerziehend ledig, verheiratet getrennt lebend, geschieden) ist im Milieu der Konsum-Materialisten, ähnlich wie bei Hedonisten, **vergleichsweise hoch**. Familie besteht häufig aus einem Elternteil (i. d. R. der Mutter) plus Kind, z. T. werden auch **Patchwork-Konstellationen** gelebt.

Unabhängig von der Lebensform ist der **Alltag** in diesem Milieu **eher wenig durchstrukturiert**. Mahlzeiten werden häufig zu unterschiedlichen Zeiten, je nach den Erfordernissen des Alltags (z. B. Schichtarbeit), eingenommen und sind ernährungsphysiologisch nicht immer ausgewogen (häufig Verwendung von Fertiggerichten). Allerdings gilt das gemeinsame Frühstück[41], zumindest von Mutter und Kindern, als wichtig, um allen Beteiligten – nicht nur den Kindern – Routinen und somit Sicherheit und Vertrauen zu geben.

Die Väter (bzw. neuen Lebenspartner) gehen häufig einer Arbeit im Schichtbetrieb nach, was zumeist einen **unregelmäßigen Tages- bzw. Wochenablauf** impliziert. Mütter üben z. T. Halbtags- oder Gelegenheitsjobs aus, sind in der Mehrheit jedoch als **Hausfrauen** tätig und daher zu Hause, wenn die Kinder aus der Schule kommen. Auch wenn Konsum-Materialistische Mütter „Alltagsmühlen" insgesamt wenig schätzen, so sehen sie es als ihre **selbstverständliche Aufgabe,** diese zu unterhalten (z. B. regelmäßige Mahlzeiten) und selbst Teil davon zu sein.

Gleichzeitig suchen sie nach Bereichen der Entpflichtung und zeigen eine **ausgeprägte Alltagsflucht**. Sorgen und Problemen des Alltags entgeht man temporär, indem man in der Freizeit (zumeist im Verein) Sport treibt, sich um Haustiere kümmert, das Zuhause durch Basteleien verschönert, Zeitschriften liest (v.a. die **Regenbogenpresse**, welche Glamour und Luxus der Schönen und Reichen ins heimische Wohnzimmer transportiert; gerne auch Horoskope und Liebesromane), insbesondere aber einfach genüsslich auf dem Sofa faulenzt und **Unterhaltungsmedien** (TV, DVD, Video, Internet, Computerspiele etc.) konsumiert.

---

[41] Auch das Frühstück ist nicht unbedingt ein „gesundes Frühstück", da das Bewusstsein hierfür oft nicht vorhanden ist.

Insbesondere bei Konsum-Materialistischen **Vätern** zeigt sich, oft bedingt durch frühe Elternschaft und die damit einhergehende Umstellung des Lebensalltags (weniger Spontaneität, weniger Partys, weniger Touren zusammen mit den Kumpels), ein starker – in regelmäßigen Abständen auch konsequent ausgelebter – **Wunsch nach Eskapismus.** Familie und deren Bedürfnisse (finanziell, zeitlich, emotional etc.) stehen nicht immer zwangsläufig an erster Stelle.

- *„Alle paar Wochen bekomme ich einen Rappel. Dann muss ich mit meinen Jungs losziehen und komme erst am nächsten Morgen heim, das brauche ich dann einfach."*

Demgegenüber berichten Mütter, dass sie ihre Bedürfnisse denen der Kinder unterordnen, aber auch bei ihnen kommt es bisweilen zum temporären Eskapismus und zur Vernachlässigung der Aufsichtspflicht.

- *„Wenn ich den ganzen Tag zu Hause bin, fällt einem die Decke auf den Kopf. Dann muss ich mal raus, Freunde sehen, auch wenn mein Sohn dann mal alleine ist. Und wenn ich erst früh um 4 nach Hause komme, ist es auch egal."*

Da man häufig über ein entsprechend großes Zeitbudget verfügt, finden **Freizeitaktivitäten mit den Kindern** sowohl unter der Woche als auch am Wochenende statt. Unter der Woche sind dies häufig Spielplatzbesuche und Treffen mit Freunden am Nachmittag (z. B. zum Kaffeetrinken) oder gemeinsames Fernsehen am Abend. Am Wochenende unternimmt man auch einmal einen Ausflug in den Zoo oder ins Schwimmbad. Generell dienen Freizeitaktivitäten in diesem Milieu eher der **Beschäftigung und Ablenkung** und weniger der pädagogisch motivierten Anregung. (Aktive) **Freizeitgestaltung** wird oftmals als **Pflichtprogramm** erlebt, das man absolviert, da die Kinder darum bitten.

Ähnlich wie bei Modernen Performern, allerdings auf anderem Niveau, haben bestimmte Freizeitaktivitäten auch **Belohnungscharakter.** Da größere Ausflüge (z. B. Freizeitparks) in diesem Milieu finanziell meist nicht möglich sind, bieten Besuche von **Schnellrestaurants** eine beliebte Alternative, die Kinder zu erfreuen und ihnen etwas „Besonderes" zu bieten.

- *„Manchmal am Wochenende lade ich die Kinder zu McDonald's ein, also das ist echt immer ein Highlight."*

Geringe berufliche Ambitionen – Fokus: Geldverdienen

Konsum-Materialisten sind i.d.R. **beruflich wenig ambitioniert**, Karrierestreben wird eher negativ bewertet. Einen **sicheren Arbeitsplatz** zu haben, um damit den Alltag finanziell bestreiten zu können, ist schon eine ganze Menge. Im Gegensatz etwa zu Postmateriellen oder Experimentalisten ist der Job hier nicht Medium zur Selbstverwirklichung, sondern **Mittel zum „Geldverdienen".** Dementsprechend strikt werden Arbeit und Freizeit getrennt, mit Beginn des Feierabends „fällt der Hammer".

- *„Ich möchte nur so viel arbeiten, dass ich mir das Leben und die Freizeit schön gestalten kann."*

Häufig existieren keine konkreten Jobwünsche. Aufgrund niedriger Bildungsabschlüsse und geringer Qualifikationen handelt es sich zumeist um eher **einfache Tätigkeiten und Gelegenheitsjobs** (z. B. als Koch, Reinigungsfachkraft, Sprechstundenhilfe, Kassiererin, Bauarbeiter). Die **Erwerbsbiografie** ist **oft lückenhaft** und angefüllt mit wechselnden Arbeitgebern; eine kontinuierliche Anstellung über mehrere Jahre ist die Ausnahme und wird als „Glücksfall" bezeichnet. Ebenso ist es keine Selbstverständlichkeit, Geld für die Altersvorsorge auf die Seite legen zu können, was insbesondere für Mütter ohne eigene Berufstätigkeit Grund zur Sorge ist (Minimalrente). Vor dem Hintergrund von oftmals vorhandenen Schulden bedeutet all dies **massiven Druck** für Menschen dieses Milieus, **welcher durch Elternschaft verstärkt wird.**

- *„Ohne Arbeit ist es immer Mist. Aber mit Kind und ohne Arbeit ist es noch größerer Mist."*

Mütter aus dem Milieu der Konsum-Materialisten sind i. d. R. nicht berufstätig. Dies ist das allgemeine Lebensmodell in diesem Milieu, das jedoch zuweilen aufgrund äußeren Drucks nicht realisiert werden kann. Dies ist primär bei Alleinerziehenden der Fall, die eigenständig für das Haushaltseinkommen sorgen müssen: Dann ist der Beruf keine Frage des *Wollens*, sondern eine finanzielle Entscheidung. Bei **manchen berufstätigen Müttern**, die in einer (oftmals hierarchischen) Partnerschaft leben, ist der **Beruf z. T. auch willkommenes Mittel zur Erlangung von Distanz** zu Haushalt und Kindern. Der Beruf gibt ihnen Selbstbestätigung und das Gefühl, geschätzt zu werden, wobei sie bemüht sind, dass berufliche Verpflichtungen nicht zu Lasten des Haushalts gehen.

Traditionelle Rollenteilung qua Natur, Pragmatismus in der Partnerschaft

Konsum-Materialisten leben eine **Verbindung von traditioneller Rollenteilung und modernem Lifestyle**[42]. Für Frauen ist es ein nicht zur Diskussion stehendes **Normalmodell, Mutter und Hausfrau zu sein.** Wird eine Frau schwanger, steht sie *nicht* vor der Entscheidung zwischen Beruf und Kind, sondern bleibt selbstverständlich (für die nächsten Jahre) bei den Kindern. Dies zum einen, weil die **Rollenteilung** in diesem Milieu **grundsätzlich unhinterfragt** bleibt, und zum anderen, weil **junge Mütter beruflich** oftmals **schlecht ausgebildet** sind und damit weniger verdienen als ihr Partner. Konflikte hinsichtlich der Umsetzung dieses Lebensmodells entstehen allerdings dann, wenn der Mann arbeitslos wird oder die Frau bei finanziellen Engpässen etwas dazuverdienen muss. Auch Alleinerziehende haben dieses Rollenmodell internalisiert, sind aber schlichtweg gezwungen, ihren Lebensunterhalt selbst zu bestreiten. Insbesondere sie leben dann im **permanenten Spagat** zwischen der Notwendigkeit, Geld zu verdienen, und ihrem Anspruch, sich auf ihre „normale" Rolle als Mutter und Hausfrau zu konzentrieren.

Somit ist im Rollenverständnis von Konsum-Materialisten üblicherweise der Mann das **Familienoberhaupt, der Versorger und Beschützer** der Familie (male breadwinner model), und er ist es auch, der sich explizit eine Partnerin wünscht, welche mit Selbstverständlichkeit die Pflichten des Haushalts übernimmt. In diesem **einvernehmlichen Arrangement funktionaler Arbeitsteilung** kennt jeder seinen angestammten Platz und macht das, was er **qua Natur** am besten kann, ohne dem jeweils anderen in seinen Aufgabenbereich hineinzureden. Vereinzelt zeigt sich auch, dass Mütter es sich gerne „bequem" in ihrer Rolle machen und ausgesprochen froh sind, ein eigenständiges Aufgabenfeld zu haben. Das **Kind** wird somit zum **sinnstiftenden Faktor für das Dasein im Haushalt (Mütter) bzw. im Job (Väter)**. Offen bleibt, welche Implikationen es für Frauen dieses Milieus hat, wenn das Kind eines Tages (im Vergleich zur Bürgerlichen Mitte i.d.R. eher in jüngeren Jahren) auszieht.

- *„Mir ist ganz wichtig, mich um die Kinder und den Haushalt zu kümmern, das sind Dinge, für die ich verantwortlich bin."*
- *„Ich hab ja keine Ausbildung und nix, insofern ist das schon gut so."*

---

[42] Dieser wird z. B. durch die persönliche Relevanz von moderner Unterhaltungselektronik, Modeschmuck, Bodykult etc. sowie einen freizeitorientierten Lebensstil mit Wunsch nach Ablenkung deutlich.

Durch die **Elternschaft** wird das **Paarverständnis** in diesem Milieu grundsätzlich **nicht irritiert** oder umgestellt. In (besonders) hierarchischen Partnerschaften mit starkem Ungleichgewicht der Partner nimmt sich der Vater die ihm „zustehenden" Freiheiten und Freiräume (z. B. abendliches Weggehen) mit Selbstverständlichkeit und erwartet von seiner Frau umgekehrt, dass sie ihre Bedürfnisse zurückstellt. Hier zeigt sich häufig lediglich eine **Fortsetzung** und Verfestigung **der Verweigerungshaltung des Mannes für Haushalts- und Erziehungsaufgaben**: Er muss explizit um Mithilfe gebeten werden und kommt entsprechenden Bitten auch dann oft nur mit Widerwillen nach. Da es betroffenen Frauen oftmals „zu viel Act ist", den Partner mehrfach um etwas zu bitten, was dann doch nicht im gewünschten Sinne erledigt wird, tendieren sie dazu, die Dinge von vornherein gleich selbst zu erledigen. Demzufolge bringen Mütter dieses Milieus häufig zum Ausdruck, dass sie sich auf die Rolle des **Funktionierenmüssens** (nicht nur in der Rolle der Mutter, sondern auch der der Partnerin) reduziert und alleingelassen fühlen. Z.T. leidet ihr Selbstwertgefühl massiv, und sie befinden sich in einer **chronisch defensiven Rolle und Haltung**.

- *„Eine typische Mutter ist das Dienstmädchen. Sie hält alles im Haus sauber und kümmert sich um alles."*
- *„Eine gute Mutter muss eine 24-Stunden-Frau sein, und keiner dankt es ihr."*

Um sich etwas „Eigenes" zu bewahren, schaffen sich Mütter in diesem Fall zwischen den alltäglichen Pflichten von Haushalt und Kindern z. T. **kleine Inseln für sich selbst** (Tür schließen und den Partner ignorieren bzw. das Kind mal schreien lassen), reduzieren partiell aber auch ihr Engagement und ihre innere Anteilnahme in Situationen, in denen Partner oder Kinder selbst anwesend sind. Oberflächenpflege bei gleichzeitig innerer, emotionaler Distanz wird dann als unbewusste Technik angewandt, um sich eine gewisse Eigenständigkeit zu bewahren.

- *„Manchmal könnte ich platzen, nur noch rumschreien und aus der Wohnung rausrennen."*
- *„Ich muss dann auch mal alleine sein, ich brauche dann Ruhe, sonst raste ich aus."*
- *„Ich versuche dann, mir nicht anmerken zu lassen, dass ich gerade ganz woanders bin."*
- *„Innerlich bin ich manchmal schon fast aus Eis, das kriegen die anderen aber nicht mit."*

Hinsichtlich **Partnerschaft** zeigt sich vor diesem Hintergrund ein **Minimalanspruch**: Sie ist gelungen, „wenn man sich nicht jeden Tag streitet" und „sich gegenseitig stützt". Partnerschaft muss nicht spannend und aufregend bleiben, sondern

funktionieren und Sicherheit bieten. Euphorie, große Gefühle oder individuelle Ambitionen sind vergleichsweise selten, und frühere Erwartungen kehren sich nach einigen Jahren des gemeinsamen Alltags und z. T. von Trennungen in Pragmatismus um.

- *„Gute Partnerschaft ist, dass so wenig wie möglich Streit im Raum steht. Ab und zu mal Streit ist o.k. Das kommt in den besten Verhältnissen vor."*
- *„Was mir zu ‚Vätern' und ‚Partnerschaft' einfällt? Oh Gott. Unterhalt, manchmal auch Streit, Stress, Beziehung, mehr nicht."*

Lebt man nicht mehr mit dem Vater oder der Mutter des (ersten) Kindes zusammen und hat eine neue Partnerschaft, besteht auf Frauenseite oftmals der Wunsch, mit dem neuen Partner ebenfalls Kinder zu bekommen. **Ein Kind** gilt dann **als Liebesbeweis gegenüber dem neuen Partner.** Mit zunehmenden Partnerschaften stellt sich allerdings für Mütter das Problem, dass der jeweilige neue Partner die Kinder aus vorhergehenden Beziehungen ggf. nicht akzeptiert und man früher oder später doch wieder alleine dasteht.

- *„Es ist ja nie die Garantie, dass man den Partner für immer hat. Dann steht man da mit ein, zwei, drei Kindern. Alleine bleiben will man ja auch nicht ein Leben lang. Dann sucht man sich einen neuen. Dann ist es schwer mit einer ganzen Horde Kinder. Dann trifft man einen Mann, der selber noch Kinder haben möchte, dann hat man vier, fünf vielleicht. Und wenn der dann auch noch verschwindet ... Man ist ja keine Fließbandmaschine, man muss sich schon gut überlegen, mit wem man das macht."*

Trotz finanzieller und zeitlicher Belastungen durch Kinder sprechen Konsum-Materialisten in vielen Fällen davon, mindestens zwei bis drei oder auch mehr Kinder gewollt zu haben. Hier zeigt sich eine für das Milieu typische **monetäre Ambivalenz: Kinder kosten** zwar **Geld,** gleichzeitig tragen sie aufgrund **staatlicher Transferleistungen** aber auch zum Haushaltseinkommen bei.

Außenorientierte Erziehungsarbeit

Erziehen ist Bestrafung – permissiv-vernachlässigender Erziehungsstil und hohe Relevanz von TV-Erziehungsshows

Ähnlich wie beim Thema Partnerschaft zeigt sich im Milieu der Konsum-Materialisten auch in Bezug auf Erziehung ein **Minimalanspruch.** Das selbst gesetzte Aufgabenfeld ist eng begrenzt, oftmals ohne eigene Ziele, auf wenige Aspekte und Mittel reduziert. **Erziehung** ist **keine Aufgabe, über die bzw. deren Verantwortung man sich explizit Gedanken macht**.

- *„Erziehung ist halt einen Grundstein legen für vernünftiges Verhalten."*
- *„Wenn er seinen Platz im Leben findet, dann bin ich froh, dann war die Erziehung o.k."*
- *„Ich orientiere mich halt an meiner eigenen Erziehung."*

Erziehungsliteratur wird kaum zu Rate gezogen, es sei denn in Form von Zeitschriften, wenn es sich um Kleinkinder handelt. Allerdings empfinden Mütter aus dem Milieu der Konsum-Materialisten **kostenlose Informationsbroschüren**, z. B. von Ärzten und Krankenkassen, als hilfreich. Auch der **Austausch mit Freunden und Bekannten** wird gepflegt, wobei es hier meist nicht (primär) darum geht, sich konkrete Anregungen, Tipps oder Ratschläge zu holen, sondern im Gespräch die **Bestätigung und Rückversicherung** zu erhalten, dass auch in anderen Familien mit Blick auf die Kinder nicht alles problemlos verläuft.

- *„Wir reden mit unseren Freunden über Erziehung, die haben fast alle Kinder in dem Alter, wir machen uns untereinander nichts vor und können auch mal zugeben, dass man mit den Blagen grad nicht klarkommt."*

Einen hohen Stellenwert nehmen indes **TV-Erziehungsshows** ein. Im Gespräch werden sie zunächst vordergründig abwertend kommentiert („zu reißerisch und exhibitionistisch"), bei genauerer Auseinandersetzung zeigt sich jedoch, dass auch sie ein wichtiges **Mittel zur eigenen Beruhigung** bzw. „Lehrmaterial" für die Kinder darstellen. Oftmals sind die dort vorgestellten Fälle im gleichen Milieu angesiedelt und bieten daher **persönliches Identifikationspotential**.

- *„Man sieht dann, dass die eigene Erziehung doch ganz gut klappt."*
- *„Ich guck mir das mit der Super Nanny an, wie die Kinder ausrasten, das interessiert mich schon, wie es da so zugeht bei manchen. Da habe ich extra mein Kind dabei und sage: ‚Guck mal, so nicht'."*

Da die Erziehungsverantwortung mehrheitlich bei der Mutter als **„Versorgungs-Mutti"** liegt (sie ist diejenige, die das Kind mit Nahrung und Kleidung versorgt, sich um Arztbesuche und die Hausaufgaben kümmert), gibt es in der Partnerschaft diesbezüglich **kaum Meinungsverschiedenheiten**. Vom **Vater,** der als **Geldverdiener** und **Chef** fungiert, wird regelrecht erwartet, dass er sich aus dem Erziehungsalltag heraushält – sein autoritäres Machtwort als letzte Instanz ausgeschlossen –, so dass die Mutter ihr häusliches Terrain für sich behält.

Allerdings sind **Mütter** dieses Milieus durch Haushalt, Erziehung, eine nicht selten unglückliche Partnerschaft (z. T. harren Mütter dieses Milieus wegen der Kinder beim Mann aus) und finanzielle Sorgen (z. T. auch eigene Berufstätigkeit) **häufig überfordert** und eher selten in der Lage, sich mit Kraft und Ruhe intensiv mit den Kindern zu beschäftigen, Werte zu vermitteln, Regeln gemeinsam aufzustellen und zu begründen. **Erziehung** ist hier oftmals **Reaktion auf ein (unerwünschtes) Verhalten** und weniger vorausschauendes Aufzeigen von Werten; **Erziehung ist Bestrafung** – und dies im doppelten Sinne.

- Beschäftigung mit den Kindern bedeutet zum einen eher Belastung, Schicksal und **Selbstbestrafung** statt Bereicherung, wie insbesondere durch das erste der nachfolgenden Zitate in drastischer Form deutlich wird.

- *„Vor kurzem war mein Kind ein paar Tage im Krankenhaus, da war ich allein zu Hause. Es war so ungewohnt, alles so ruhig und man hat keine Nervensäge an der Backe.“*[43]
- *„Wenn ich den beiden Stubenarrest gebe, dann bestrafe ich mich selbst, weil die mir so den ganzen Tag auf die Nerven gehen.“*

- Zum anderen ist **Bestrafung des Kindes** oft auch das einzige bewusst eingesetzte Erziehungsmittel: In der Eigenwahrnehmung wird Erziehungsarbeit häufig als Auseinandersetzung mit ständig fordernden und kaum zu bändigenden Kindern erlebt, so dass Strenge und Bestrafung als probates Mittel erscheinen, auch wenn Eltern in den Gesprächen ostentativ betonen, dass Verbote mit dem Kind diskutiert und besprochen werden.

- *„Das ist ein ständiger Kampf.“*
- *„Ein Klaps oder Anschreien kann schon mal vorkommen.“*
- *„Mein Sohn hat eine Playstation 2, einen Kassettenrekorder mit CD, einen Fernseher, einen PC, eine Kamera, ein Handy. Das ist ein bisschen frustrierend für ihn, wenn ich als Strafe dann alles aus seinem Zimmer rausräume. Außer dem Fernseher natürlich.“*

---

[43] Bemerkenswert ist, dass im Gespräch kein Hinweis darauf stattfand, was dem Kind gesundheitlich fehlte oder wie es ihm mittlerweile geht.

Hier gibt es Grund zur Annahme, dass Eltern nur von solchen Strafen und Erziehungsmaßnahmen berichten, die sie als sozial anerkannt betrachten (und welche z. B. auch die „Super Nanny" vorschlägt).

Fehlende Erziehungsziele, Fokus: Selbständigkeit

Der mangelnden Reflexion Konsum-Materialistischer Eltern über eigene Erziehungspraktiken entspricht eine **gewisse Leere hinsichtlich ihrer Erziehungsziele.** I. d. R. handelt es sich hierbei primär um die **Erfüllung von Vorgaben** aus dem außerhäuslichen Umfeld (z. B. Kindergarten, Schule), während abstrakte Ziele und Konzepte weitestgehend persönlich wenig relevant sind.

Im Gespräch werden **vermutete Ziele der gesellschaftlichen Mitte** aufgezählt, von denen man meint, dass sie sozial erwünscht sind: Ehrlichkeit, Fleiß, Sauberkeit, Ordnung, Höflichkeit, Zuverlässigkeit, Anpassungsvermögen etc., d.h. adaptierte Werte einer traditionellen Moral, die z. T. ohne Bezug zur eigenen Praxis übernommen werden. Grundsätzlich zeigt sich (auch hier) eine Vermeidungsstrategie: **Erziehung ist dann erfolgreich, wenn etwas *nicht* eintritt.**

- *„Mir ist wichtig, dass sie ‚bitte' und ‚danke' sagen, Höflichkeit eben."*
- *„Dass die Lehrerin nicht anruft, weil die Hausaufgaben nicht gemacht sind, da achte ich schon drauf."*
- *„Nicht durch die Schule fallen und dann einen Arbeitsplatz finden."*
- *„In der Gesellschaft angepasst leben, also nicht kriminell werden."*

Gleichzeitig zeigt sich eine **Differenzierung hinsichtlich der Erziehungsziele je nach Geschlecht:** Mädchen werden stärker an die Aufgaben im Haushalt herangeführt und erleben eine stärkere Kontrolle („Mädchen muss man mehr behüten"), während es bei Jungen darum geht, sie zu Männlichkeit und Durchsetzungsfähigkeit zu erziehen – auch werden hier Regelverletzungen deutlich häufiger toleriert. Dies ist insofern bemerkenswert, als die Erziehungsleistung primär von der Mutter erbracht wird, traditionelle Rollenbilder also nicht nur beim Mann, sondern auch bei der Frau stark verankert sind.

Insgesamt werden Kinder in diesem Milieu früh zur **Selbständigkeit** erzogen. Sie erhalten die materielle Grundversorgung und eine gewisse soziale Aufmerksamkeit, müssen ansonsten aber **häufig alleine klarkommen.**

- *„Ich kümmere mich drum, dass sie morgens pünktlich in die Schule kommen und solche Sachen, aber spielen können sie auch alleine."*

- *„Die Kinder erziehen sich teilweise selber. Sie machen ihre Hausaufgaben selber, und wenn sie Hunger haben, dann können sie sich selber versorgen. Ich habe mich nie darum gekümmert, jemanden für meine Kinder zu organisieren, wenn ich arbeiten war."*
- *„Man muss sie ja auch nicht zu sehr in Watte packen, sie sollen auch ihre eigenen Erfahrungen machen."*

Trotz (oder gerade aufgrund) des Wunsches der Eltern, von der Erziehung weitgehend entlastet zu sein, und einer Beschränkung der Erziehungsarbeit primär auf die Erledigung sichtbarer und sozial erwarteter Tätigkeiten zeigt sich eine **demonstrative Fürsorge und Kinderliebe** – insbesondere der Mütter – **nach außen**. Durch die Kommunikation der eigenen Opferbereitschaft, der Sorge und des in der Eigenwahrnehmung umfassenden Engagements, durch unverhoffte „Kuschelattacken" (**„Kuschelmutti"**), „Fresspakete mit süßen Sachen" (in die Schule und auf Klassenfahrten) sowie insbesondere mittels der Befriedigung medialer Bedürfnisse **beweist man** sowohl **sich selbst** als auch **dem sozialen Umfeld**, eine **gute Mutter** zu sein.

- *„Mein größtes Hobby sind die Kinder, für sie mache ich alles."*

Inwieweit die Selbstwahrnehmung der Mütter allerdings im Einklang mit ihrem tatsächlichen Verhalten und ihrer tiefenpsychologischen Motivationsstruktur steht, lässt sich hier nur vermuten.

Unkontrollierte, wenig reflektierte Mediennutzung

Medienkonsum spielt eine bedeutende Rolle im Leben von Konsum-Materialisten. Sowohl Eltern als auch Kinder sehen meist viel fern; die Abendgestaltung der Familie findet i. d. R. um den Fernseher herum statt. Auch wenn Eltern *im Gespräch* Bedenken äußern, dass zu viel Fernsehen, PC-Spiele und Internet den Kindern unerwünschte Werte vermitteln könnten, so kann von einer Kontrolle und **Einschränkung des Medienkonsums keine Rede** sein: Bereits im Grundschulalter besitzen Kinder dieses Milieus z. T. ein eigenes TV-Gerät, DVD-Gerät, eine Spielkonsole oder einen PC und haben somit die Möglichkeit, sich nach Lust und Laune **rund um die Uhr** damit zu beschäftigen.

- *„Ich denk mal, ohne Fernsehen wäre mein Kind aufgeschmissen."*
- *„Fernsehen kann jeder in seinem Zimmer, wir haben sogar in der Küche einen Fernseher."*
- *„Nach der Schule schaut sie immer so zwei, drei Stunden Fernsehen, bevor sie die Hausaufgaben macht."* [Das Kind ist sieben Jahre alt.]

Die Befriedigung medialer Bedürfnisse wird allerdings gerne als **„Medienkompetenz"** *deklariert.* Häufig genannt werden dann „Lernprogramme".

- *„Er hat einen PC, aber er nutzt den nur für die Schule. Computerspiele und so macht er nicht."*

Konsum *ist* Fürsorge

Das Konsumverhalten in diesem Milieu kann als überbordend bezeichnet werden. Für Konsum-Materialistische Mütter *ist* **Konsum –** neben der Zubereitung von Essen – **persönliche Zuwendung** und eine besondere Form der Liebe; eine Form, die Zuneigung sichtbar vor sich selbst, dem Kind und dem sozialen Umfeld zu demonstrieren. Bei alleinerziehenden Müttern hat Konsum zudem häufig **Kompensationsfunktion**: Wenn das Kind schon ohne Vater aufwächst, soll es ihm wenigstens ansonsten an nichts mangeln.

Demnach erfüllen Eltern (insbesondere Mütter) dieses Milieus ihren Kindern gerne jeglichen **Wunsch nach Markenkleidung, Unterhaltungselektronik und Spielzeug** – soweit es die finanziellen Mittel zulassen (z. T. lebt man allerdings auch erheblich über die eigenen finanziellen Möglichkeiten). Als Inspirationsquelle bei der Auswahl dienen meist Auslagen der Geschäfte sowie Werbung im Fernsehen oder in Beilagen.

Vergleichsweise häufig treten **Konflikte** auf, da die Kinder kaum lernen, sich in ihrer Freizeit mit Dingen zu beschäftigen, die nichts mit Konsum zu tun haben, und Belohnungen i. d. R. materieller Art sind.

- *„Konsum ist sehr verlockend, ja, auch für mich irgendwo, und es ist schwierig, da die Grenzen zu finden."*
- *„Bei großen Sachen versuche ich zu erklären, dass das jetzt nicht geht. Bei kleinen Sachen kaufe ich schon auch oft zwischendurch mal was."*
- *„Sie sind es auch irgendwo gewohnt, und wenn ich dann mal nichts mitbringe, ist das Geschrei groß."*

Der hohe Stellenwert von Konsum wird auch durch die Relevanz eines möglichen **Entzugs** verdeutlicht. Dieser – z. T. auch schon die alleinige Androhung – stellt eine häufig angewandte **Strafe** dar, um ein Fehlverhalten des Kindes zu reglementieren. Dies betrifft sowohl den Umgang mit Medien als auch Süßigkeiten oder Kinderzeitschriften.

- *„Ja, dann nehme ich ihr schon auch mal die Barbie-Zeitschrift weg oder es gibt keine Süßigkeiten.“*

Gesellschaftspolitischer Stellenwert von Kindern: *Erlebte* Diskriminierung von Mehrkindfamilien, mangelnde finanzielle Unterstützung

Konsum-Materialisten bezeichnen Kinder als überlebenswichtig für die Zukunft Deutschlands. Umso unverständlicher sind ihnen die **wahrgenommene mangelnde Anerkennung von Erziehungsleistung und die erlebte Kinderfeindlichkeit** in ihrem Heimatland. Sei es bei Behörden, im Supermarkt oder im Restaurant, sei es bei der Wohnungs- oder der Arbeitsplatzsuche: Familien mit Kindern, insbesondere mit mehr als drei Kindern, haben es schwerer als kinderlose Ehepaare bzw. Familien mit weniger Kindern. Vor allem **alleinerziehende berufstätige Frauen** machen die Erfahrung, dass Kinder arbeitgeberseitig (z. B. aufgrund potentieller Fehltage durch Krankheit des Kindes) als **Einstellungshindernis** betrachtet werden.

- *„Man zieht vier Kinder groß, die künftigen Steuerzahler, und hat null Anerkennung.“*
- *„Was im Moment noch die Wirklichkeit ist: Wenn man als Frau schwanger wird, ist man ja der Volldepp sozusagen.“*
- *„Du wirst angeschaut wie ein Aussätziger, weil du drei Kinder hast.“*
- *„Man hat vielleicht endlich ein Vorstellungsgespräch, und dann kommt die Frage nach den Kindern. Und Tschüss.“*

Auch hinsichtlich **staatlicher Transferleistungen** fühlen sich Eltern dieses Milieus, ganz besonders jedoch Alleinerziehende (die z. T. keinen Unterhalt vom Vater des Kindes bekommen) **benachteiligt**. Alleinerziehende sehen sich in manchen Fällen kurz davor, in die **Armut** abzurutschen.

- *„Da tut man der Gesellschaft einen Dienst, indem man Kinder bekommt, und wird dafür finanziell bestraft.“*
- *„Gerade Familien mit vielen Kindern, die müsste man doch belohnen, weil Deutschland will ja mehr Kinder. Man müsste sagen: ‚Klasse, dass ihr Kinder kriegt.‘“*
- *„Ja super, und was habe ich von diesem neuen Elterngeld? Ohne Job? Das ist doch nur was für die, die sowieso genug Geld haben.“*
- *„Mit Hartz IV ist das nicht zu schaffen. Kinder kosten ja auch immer mehr. Und Kindergeld bekommen wir nicht.“*

> • *„Wenn die mir als Alleinerziehender jetzt auch noch das Wohngeld streichen, weiß ich nicht, wie ich überleben soll. Und die Kinder leiden ja auch darunter, wenn wir in eine winzige Wohnung umziehen müssen."*

Eigenbetreuung: Persönliche Legitimation, auch: sich nicht „in die Karten schauen lassen"

Eltern aus dem Milieu der Konsum-Materialisten setzen sich insgesamt eher wenig mit den Bedürfnissen, Talenten und Schwächen ihrer Kinder auseinander. Hinsichtlich Förder- und Betreuungsangeboten sind sie **weitgehend konzeptlos**. Frühförderung (u.a. auch der Besuch von Kinderkrippen) wird als übertriebener – und v.a. kostenintensiver – Ehrgeiz von Eltern betrachtet. Abgesehen von Kindergarten und Schule werden **wenig Angebote wahrgenommen**.

Grundsätzlich kommt eine **außerhäusliche Betreuung** der Kinder **häufig nur bei berufstätigen (insbesondere alleinerziehenden) Müttern** in Frage. Da der Lebensmittelpunkt der Frau in diesem Milieu zumeist in Familie und Haushalt zu finden ist, ist es in der Logik des Milieus geradezu unsinnig, die Kinder in den Kindergarten zu schicken, wo die Mutter „doch sowieso zu Hause ist" und die Kinder *beschäftigen* kann. Zugleich kann sich die Mutter so ihr **„eigenes Kompetenzfeld"** erhalten. Darüber hinaus wird ein **ausgeprägtes Misstrauen** gegenüber Erzieherinnen und Tagesmüttern deutlich, was möglicherweise auf der Sorge basiert, die eigene Auffassung einer „guten Kindererziehung" könne hinterfragt werden.

> • *„Die Erziehung und Betreuung übernehme ich selbst, ich versuche, das alleine zu regeln."*

- Geht das Kind in den Kindergarten, so wird **einerseits starke Kritik an den Kosten** geübt. Auch lange Wartelisten aufgrund stark limitierter Plätze werden in diesem Kontext genannt: Konsum-Materialisten äußern hier z.T. den Verdacht, dass Familien, in denen beide Eltern einer Erwerbstätigkeit nachgehen, bei der Platzvergabe bevorzugt werden. Andererseits kommt in diesem Milieu eine individuelle Betreuung der Kinder durch private Anbieter aus finanziellen Gründen nicht in Frage.

- Ein weiteres grundsätzliches **Spannungsfeld** besteht darin, dass die **limitierte Förderung** aufgrund der kognitiven und finanziellen Möglichkeiten, aber auch aufgrund eigener Motivation und Bedürfnisse nicht mit dem **ersehnten Ziel** einhergeht, dem Kind später einen **höheren Lebensstandard** zu ermöglichen. Viele erleben hier eine **Defizit-Perspektive**.

- *„Mit dem wenigen Geld geht das halt nicht, andere können da mehr machen, aber ich kann mich ja auch nicht zerreißen."*

Bildung als Basis für einen Arbeitsplatz

Im Gespräch betonen Eltern aus dem Milieu der Konsum-Materialisten (vor dem Hintergrund eigener Erfahrungen sowie persönlicher Projektionen auf das Kind) demonstrativ die **Wichtigkeit von guten Noten** und einer soliden Allgemeinbildung, um später einen Arbeitsplatz zu bekommen. „Toll" wäre, wenn das eigene Kind Abitur machen würde. **In der Praxis** beschäftigen sie sich allerdings nur wenig mit der Thematik und zeigen **nur geringes Interesse.**

- *„Ach Gott, was soll man schon groß zur Schule sagen ..."*
- *„Ich kenne ihre Schule schon, ja, das ist halt 'ne ganz normale Schule. Ich fahre da morgens auf dem Weg zur Arbeit immer dran vorbei."*

Bildung ist in diesem Milieu **weder eine verfügbare Ressource** qua Herkunft **noch werden Bildungsinteressen kultiviert** oder **kanalisiert**. Bildung wird reduziert auf das, was die Kinder in der Schule lernen müssen und was man in der Berufsausbildung als Hintergrund für die praktische Arbeit lernt. Bildung beinhaltet zumeist ein **schnell abrufbares Faktenwissen**, wobei Wissens-Shows im privaten Fernsehen („Wer wird Millionär?", „Clever – die Show, die Wissen schafft" etc.) signalisieren, dass man mit Bildung reich werden kann – ein Traum, den viele nur zu gerne träumen.

Der **Schulalltag des Kindes** stellt sich häufig als **permanenter Kampf** dar. Zum einen haben die Kinder bisweilen keine Lust auf Schule, zum anderen sehen die Eltern selbst die Sinnhaftigkeit von Schule nicht immer und üben insbesondere starke Kritik an den Lehrern. Über diese und ihr partiell vorhandenes Angebot der Förderung in zusätzlichen Schulkursen hat man seine ganz eigene Ansicht.

- *„Von der Schule meiner Tochter bekomme ich mit, dass sie gehänselt wird und dass sie Probleme mit den Lehrern hat. Das liegt aber eher an den Lehrern als an ihr."*
- *„Die haben gar nicht gleich erkannt, dass sie mit links schreibt, und haben das total vermasselt."*
- *„Die Lehrerin ist der Ansicht, dass Miriam eine Leseschwäche hat und in den Förderunterricht soll. Ich denke aber, sie wird's schon lernen, sie ist halt ein Spätzünder. Und es ist ganz gut, wenn sie hinterherhinkt, dann wird ihr Ehrgeiz geweckt und sie gehört später zu den Besten. Ansonsten würde sie sich zu wenig anstrengen."*

In diesem Zusammenhang ist zu konstatieren, dass Konsum-Materialisten generell selten auf **Lernschwächen, gesundheitliche Störungen oder Verhaltensauffälligkeiten** ihre Kindes reagieren, sondern diese vielmehr **verdrängen**. Die Kinder sind vielfach von Legasthenie, Dyskalkulie oder ADS betroffen, was von den Eltern zwar i. d. R. registriert, aber lange verharmlost wird: Der **Wunsch nach einem „normalen" Kind** und die Furcht vor einer entsprechenden Diagnose sind zu groß. Insgesamt zeigt sich eine deutliche Abwehrhaltung hinsichtlich pädagogischer Unterstützung. Deutlich wird aber auch eine **erlebte soziale Stigmatisierung.**

- *„Von den Gutbetuchten wird man ja immer gleich in eine Schublade gesteckt, und als Alleinerziehende ist man sowieso asozial. Und die Lehrer attestieren dem Kind gleich mal ADS."*
- *„Ich muss sie immer zur Schule bis ins Klassenzimmer bringen und abholen. Sie hat ziemlich viel Angst und geht nur mit mir aus dem Haus. Und wenn ich mal am Schultor und nicht direkt an der Klassenzimmertüre warte, gibt es ein Drama. Bei der Freundin ist es das Gleiche, da musste ich anfangs mit im Zimmer sitzen, wo sie gespielt haben. Dann bin ich in ein anderes Zimmer gegangen und am Ende sogar ganz aus der Wohnung, es war so ein Stufenplan. Beim Turnen läuft's genauso. Ich warte mittlerweile in der Eingangshalle auf sie. Warum das so ist, weiß ich nicht, wahrscheinlich hat sie mal über die Nachrichten etwas mitbekommen, vielleicht von einem Exhibitionisten oder so. Das legt sich wahrscheinlich von alleine. Wenn es richtig schlimm wäre, würde ich auch zu einer Beratung gehen."* [Das Kind ist sieben Jahre alt.]

Eltern aus diesem Milieu haben vielfach sowohl **ökonomisch, sozial** als auch **psychisch** bedingt **wenig Möglichkeiten**, ihre Kinder über das in der Schule übliche Maß hinaus zu fördern. Nachhilfestunden oder Zusatzunterricht, zusätzliche Lernmaterialien, Ausflüge zu Klassenfahrten, privater Musikunterricht etc. sind zumeist nicht möglich, so dass sich hier eine **intergenerationelle Weitergabe von Benachteiligung** konstatieren lässt.[44] Insbesondere externe Hausaufgabenhilfe wäre nach der Grundschulzeit aber oftmals vonnöten, da die meisten Eltern den Unterrichtsstoff, insbesondere in Bezug auf Fremdsprachen (z. T. aber auch Deutsch und Mathematik), nicht selbst mit dem Kind nachbereiten können (oder wollen). Kinder dieses Milieus landen in der Konsequenz z. T. auf **Schulen, welche weniger Fähigkeiten und schulisches Engagement erfordern** (oftmals Hauptschulen).[45]

---

[44] Auf diesen Umstand verwiesen z. B. bereits Bolte, K.-M., und Hradil, S.: Soziale Ungleichheit in der Bundesrepublik Deutschland, Opladen 1984.

[45] Eine Entwicklung, die wohl dazu führt, dass sich die Bildungsschere in Deutschland weiter öffnen wird.

- *„Mein Chef ist Arzt und kann Latein, und manchmal gibt er meinem Sohn Nachhilfe. Ohne ihn würde das gar nicht gehen. Und ich weiß auch nicht, wie lange das noch geht. Er bräuchte auch in anderen Fächern Nachhilfe, aber die ist ja nicht bezahlbar. Ich bin froh, wenn wir so irgendwie über die Runden kommen. Ich habe ihm schon gesagt, dass er nach der 8. Klasse vielleicht vom Gymnasium runtermuss."*
- *„Kevin geht auf eine Ganztagsschule und will eigentlich mal Tierarzt werden, die Schule liebt er. Die ist auch echt gut, weil die Kinder dort noch eine Hausaufgabenhilfe bekommen. Aber jetzt haben sie die Pauschale für das Mittagessen erhöht, und sein Erzeuger fühlt sich dafür leider nicht zuständig – den sieht er ja auch nur einmal im Jahr."*
- *„Früher habe ich immer gehofft, dass er mal das Abi macht. Aber die weiterführende Schule war schon derb, und vor lauter Hausaufgaben hatte er gar keine Freizeit mehr. Und ein guter Hauptschulabschluss und dann eine Ausbildung ist ja auch o.k."*
- *„Ich verlasse mich da auf die Schule, dass die alles Wichtige beibringen. Was soll ich sonst auch groß machen?"*

HEDONISTISCHE MILIEUS

3.6   SINUS C2: „Experimentalisten"

Kurzportrait

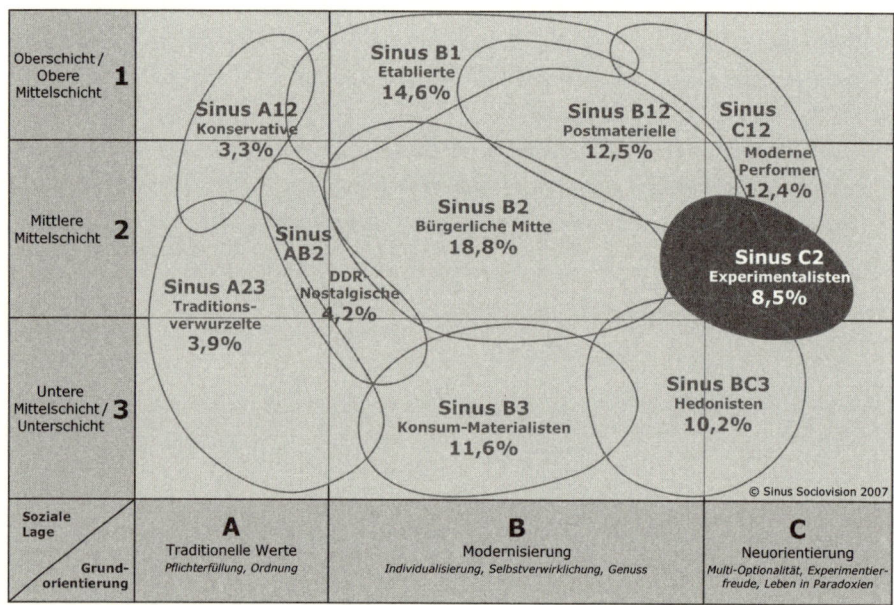

Anteil*: Gesamt 8,5 %, West-D. 8,4 %, Ost-D. 9,1 %

*Eltern mit Kindern unter 18 Jahren im Haushalt

Basis: TdWI 2007/08; n = 4.760 Fälle

- Pragmatisch-lockere Grundhaltung, Veränderungs-, Lebens- und Experimentier-freude; grundsätzliche Neugier und Toleranz gegenüber unterschiedlichen Le-bensformen und Kulturen

- In letzter Zeit (krisenbedingt) häufiger Ernüchterung, Gefühl zunehmender Chancenlosigkeit, Frustration und entsprechend Zunahme resignativer ebenso wie aggressiver Tendenzen

- Suche nach vielfältigen Erfahrungen, um herauszufinden, wer man ist, was man kann und was zu einem passt; Ausleben seiner Gefühle, Begabungen, Sehnsüchte und Fantasien (Eskapismus als Lebensform)

- Geringschätzung von äußeren Zwängen, Rollen, Routinen, von „lebenslanger" Festlegung; häufig unkonventionelle Karriere, Patchwork-Biografie; materieller Erfolg und Status spielen eine untergeordnete Rolle

- Individualismus und ungehinderte Spontaneität als Programm; intensives Leben bis hin zu Grenzerfahrungen (Extremsport, Esoterik, Kunst und Kultur, kreative Hobbys); Lust am Risiko, kein Sicherheitsdenken

Demografische Schwerpunkte im Gesamtmilieu

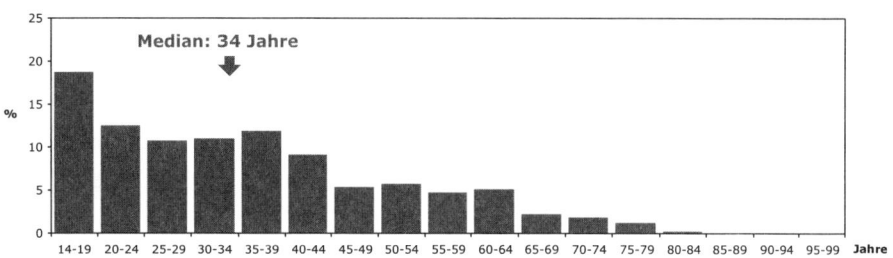

Alter	• Junges Milieu: Altersschwerpunkt unter 30 Jahre
	• Fast zwei Drittel der Milieuangehörigen sind unter 40
Lebenssituation	• Fast die Hälfte ist (noch) ledig, entsprechend auch viele Single-Haushalte
	• Viele Milieuangehörige leben noch im elterlichen Haushalt
	• Höchster Anteil an Alleinerziehenden im Milieuvergleich
Bildung	• Gehobene Bildungsabschlüsse (mittlere Reife, Abitur)
	• Fast ein Viertel der Milieuangehörigen ist noch in Ausbildung (Schüler, Studenten, Azubis)
Beruf	• Unter den Berufstätigen finden sich häufig einfache/mittlere Angestellte und kleinere Selbständige
	• Aber auch Arbeiter sind überrepräsentiert (Jobber)
Einkommen	• 14 % haben (noch) kein eigenes Einkommen; ein Drittel verfügt nur über ein persönliches Nettoeinkommen von weniger als 750 Euro
	• Die Haushaltsnettoeinkommen liegen dagegen im Durchschnitt

Familienstand und Lebensstil

Familienstand von Eltern mit Kindern unter 18 Jahren	Anteil*	Index
• Verheiratet	77,2 %	92
• Ledig, ohne Partner im Haushalt	4,8 %	167
• Ledig, mit Partner im Haushalt	8,8 %	152
• Verheiratet gewesen (geschieden, getrennt lebend, verwitwet), mit Partner im Haushalt	3,9 %	125
• Verheiratet gewesen (geschieden, getrennt lebend, verwitwet), ohne Partner im Haushalt	5,4 %	134

* Aufgrund von Rundungsabweichungen entspricht die Summe der
Anteile in diesem Fall 100,1 %.

Lebensstil

- Ichbezogene Lebensstrategie: Möglichst keine einschränkenden Verpflichtungen, kein Stress; spontaner Konsumstil (Unterhaltungselektronik, Multimedia, Outfit, Outdoor-Aktivitäten, Reisen)

- Widersprüchlichkeit als Lebensform: Mit Lebensstilen und Rollen spielen, in unterschiedlichsten Szenen, Welten und Kulturen leben; Suche nach spannenden Erfahrungen und starken Gefühlen

- Starkes Bedürfnis nach Kommunikation, Unterhaltung, Inspiration und Bewegung (Ausgehen, Veranstaltungen besuchen, Raves/Techno-Events, Rockkonzerte, Disco, Szene-Lokale)

- Selbstverständnis als Lifestyle-Avantgarde (neue Boheme), Vorliebe für stilistische Provokationen, großes Interesse an Musik, Kunst, Kultur; häufig auch gesellschaftliche Protesthaltung (z. B. Kulturpolitik, Tier- und Umweltschutz, Globalisierungskritiker)

Alltagsästhetik

- Spontaneität, Kreativität und Lebendigkeit als alltagsästhetisches Prinzip: Dokumentation von Leben, Veränderung, Stimmung und Befindlichkeit
- Radikal-individualistischer Einrichtungsstil: Ausdruck des momentanen Selbstverständnisses – aber auch narzisstische Selbstdarstellung (die Wohnung als Bühne für einen unverwechselbaren Lebensstil)
- Ablehnung alter und neuer „Spießerästhetik" (Eiche rustikal ebenso wie IKEA); Protest gegen konventionelle Einrichtungsmuster und herkömmliche Ordnungs- und Sauberkeits-Normen
- Vorliebe für bizarre Stilmixturen, schräge Arrangements, inszenierte Stilbrüche (Ästhetik der starken Reize); kreativer Umgang mit vorhandenen Gegenständen und objets trouvés
- Häufig Sammlungen von Möbeln, Design-Gegenständen, auch Werbung vergangener Jahrzehnte – um die nostalgische Anmutung zu konterkarieren gerne kombiniert mit High-Tech

Lebenswelt: Wie geht es Eltern?

Lifestyle-Avantgarde auf der Suche nach dem „inneren Kern"

Experimentalisten, ein im Milieuvergleich sehr junges Milieu, zeichnen sich durch einen sehr entspannten, aufgeschlossenen Umgang mit dem Leben, der eigenen Situation, der Umwelt und den Mitmenschen aus. Zentrale Werte in diesem Milieu sind Individualität, Kreativität, Identität, Freiheit, Offenheit, Toleranz. Experimentalisten begreifen sich als kreative und kulturelle Avantgarde (am Rande) der Gesellschaft und sind immer auf der Suche nach dem eigenen „inneren Kern" mit dem Ziel, gemäß diesem zu leben („entdecke dich selbst").

- *„Mein Lebensmotto ist: ‚Love the life you live and live the life you love.'"*

Selbstentdeckung bedeutet für einige Experimentalisten auch, irgendwann ein Kind zu bekommen. Grundsätzlich sind Familie und Kinder durchaus im eigenen Horizont, aber nicht konkret und festgelegt. Man lässt die Entscheidung und Situation, wenn die Zeit reif ist, eher auf sich zukommen und will weder zu nachdenklich sein noch zu viel planen. Auch passt ein Kinderwunsch oftmals nicht in eine Lebensphase, in der man sich **entfalten und verwirklichen**, das **Leben in all seinen Facet-**

ten genießen möchte. Zudem befinden sich viele noch in Studium oder Ausbildung, also am Beginn ihres beruflichen Werdegangs, und erachten ihre materiellen Verhältnisse als nicht ausreichend, um für ein Kind sorgen zu können. Insgesamt wächst dieses Milieu aber zunehmend in die Familien(gründungs)phase hinein.

Ist ein Kind erst einmal da, dann ist dies auch der **Beginn eines neuen, bewussten Lebensabschnitts**: Eine Phase, in der man sich vom Jugendalter löst und die zu einem ausgeprägten **Entwicklungs-** und **Reifungsprozess** führt: Ein Kind nach seinen persönlichen Vorstellungen bei der Entwicklung zu *begleiten*, wird als spannende und persönlich bereichernde Aufgabe erlebt. Aber auch als Phase, die für das eigene **Selbstwertgefühl** einen Zugewinn darstellt und in der man **Klarheit** über die eigene Identität und Zukunft erlangt.

- *„So eine richtige Reife habe ich erst entwickelt, nachdem meine Tochter da war, und die hat sich auch erst in den letzten Jahren überhaupt richtig durchgesetzt."*
- *„Durch den Kleinen habe ich das Gefühl, dass ich mir alles holen kann, was mir gefehlt hat, und das, was ich nicht erlebt habe. Von daher genieße ich das jetzt sehr. Das ist ein sehr bewusstes Leben und auch ein sehr bewusstes Erfahren der Situation."*

Experimentalisten möchten sich einerseits ihre Kreativität und individuelle Freiheit zu großen Teilen bewahren, sehen sich als Eltern (etwa im Gegensatz zu Hedonisten) aber andererseits deutlich **stärker in der Verantwortung,** längerfristig zu planen und bestimmte Spielregeln der marktwirtschaftlichen Gesellschaft anzuerkennen. So steigt durch Elternschaft ihr **berufliches Engagement** und sie versuchen, ihren Arbeitsplatz zu sichern sowie den finanziellen Status auszubauen. Ziele, die bislang von eher untergeordneter Bedeutung waren, gewinnen nun an Relevanz. Dazu gehört z. B. auch der Wunsch nach mehr Zeit für das gemeinsame **Familienleben** und einem Eigenheim.

- *„Ich war früher einer, der nie geplant hat, heute bin wesentlich nachdenklicher und mache mir viel mehr Gedanken um meine Zukunft und um meinen Job."*
- *„Für das Kind tue ich alles, ich kann es mir jetzt nicht mehr leisten, unpünktlich zu sein. Das könnte ich gegenüber meinem Kind nicht verantworten."*

Durch Elternschaft treten Experimentalisten häufig aus ihrem bisherigen Lebensumfeld heraus. Die veränderte Lebenssituation führt manchmal sogar zu einem **Bruch mit dem bisherigen Freundes- und Bekanntenkreis,** da der Verlust von Spontaneität und freier Zeiteinteilung für das soziale Umfeld i. d. R. nicht (im gleichen Maße) gilt. Oftmals ist dann eine **Neuorientierung** notwendig, die in den meisten Fällen jedoch problemlos gelingt. Trifft man im engeren Umfeld auf Eltern mit ähnlicher Gesinnung (z. B. beim Babyschwimmen oder in der PEKIP-Gruppe), finden häufig Solidarisierungsprozesse statt.

- *„Das Leben verliert unglaublich an Spontaneität. Also ich war einer der spontansten Menschen in unserem Freundeskreis eigentlich. Wenn jemand gesagt hat, heute ist das, dann war ich dabei. Alles ist egal, man ist abends einfach noch irgendwo hingefahren und hat Party gemacht und so. Das geht natürlich nicht mehr. Oder man ist einfach mal spontan am Wochenende in den Urlaub gefahren. Zelte gepackt und weg."*
- *„Anfangs war das schon doof, aber dann hab ich tolle neue Leute kennen gelernt, die sich gegenseitig unterstützen und helfen, wenn es nötig ist."*

Abwechslungsreicher, aktiver Familienalltag

Eltern aus dem Milieu der Experimentalisten leben meist als verheiratetes Paar – oftmals in Patchwork-Konstellationen. Aber auch der Anteil von Alleinerziehenden und getrennt Lebenden ist stark überdurchschnittlich. Typisch für dieses Milieu ist ein enges und intensives Netzwerk von Freunden und Nachbarn. Da die Mobilität in diesem Milieu sehr hoch ist[46] und die eigenen Eltern meist an einem anderen Ort wohnen, kommt derartigen Netzwerken große Bedeutung zu.

Das Leben von Experimentalisten ist – ob mit oder ohne Kind – durch **Abwechslung** und **hohe Aktivität** geprägt. Sie vermeiden es, viel Zeit zu Hause zu verbringen, sondern sind gerne unterwegs und **unter Menschen.** Zwar verändern sich durch Elternschaft ihr Freizeit*verhalten* und interessanterweise gleichzeitig auch ihre *Bedürfnisse* in Bezug auf freie Zeit. Sie haben es sich aber zum Programm gemacht, diesen neuen Lebensabschnitt positiv zu sehen und aktiv zu gestalten. Im Gegensatz zu Hedonisten beklagen sie nicht den Verlust von Freiheit und persönlicher Identität, sondern sehen **Kind und Familie nun im Vordergrund**, während sie selbst stets dieselben bleiben.

- *„Früher war mir alles irgendwie egal. Party machen, sich die Nächte um die Ohren hauen. Jetzt will ich ein guter Vater sein und für mein Kind da sein."*
- *„Ich bin immer noch ich, nur dass ich mich jetzt halt um meine Familie kümmere."*

---

46 Experimentalisten haben meist die Bereitschaft, den Wohnort z. B. wegen eines Studien- oder Arbeitsplatzes zu wechseln, dabei bevorzugen sie v.a. urbane Zentren.

Kinder experimentalistischer Eltern erleben von Geburt an **viele unterschiedliche Welten.** Wärme und Geborgenheit werden dem Kind (anders etwa als in der Bürgerlichen Mitte) nicht durch Abschottung, sondern durch das genaue Gegenteil, durch **Integration in unterschiedliche soziale Kreise**, gegeben. Dass das Kind als elementarer Teil des Lebens häufig **bei allen möglichen Aktivitäten dabei** ist, ist für Experimentalisten schlichtweg selbstverständlich. Ob bei Besuchen von Kleinkunstbühnen, Lesungen oder in Cafés, auf Geburtstagspartys bei Freunden oder einem Konzert, das Kind wird eingebunden und man versucht spontan, kreativ und unvergrübelt, ihm die jeweilige Situation so zu gestalten, dass es sich wohlfühlt. Die eigene Lebensmaxime, im Alltag Anregung und Spaß zu haben, wird auch auf das Kind übertragen. Zentral ist das **gemeinsame *Erleben*** und das **gemeinsame *Entdecken* von Neuem.**

Dies kann u. a. bei **Ausflügen** mit dem Fahrrad **in die Natur**, z. B. an den Badesee oder in den Park, beim Treffen von Freunden der Kinder oder bei sportlichen Aktivitäten der Fall sein. Darüber hinaus versuchen experimentalistische Eltern, die sich selbst stark für Kunst und Musik begeistern und häufig an **künstlerischen Projekten** arbeiten, dieses Interesse auch beim Kind zu wecken, indem sie es zu **kreativer Tätigkeit** animieren (z. B. Malen, Zeichnen, Musik, Tanz). Allerdings erleben sie entsprechende Angebote (z. B. Kurse zur musikalischen Früherziehung) oftmals als teuer und nicht immer finanzierbar.

- *„Wir versuchen, so viel wie möglich draußen zu sein, möglichst in der Natur, wo die Kinder noch völlig frei spielen und die Welt entdecken können."*
- *„Gut ist alles, wo das Kind viel an die Luft kommt und etwas von der Welt sieht. Aber auch einfach mal in die Stadt fahren und durch die Straßen bummeln, das ist auch schön."*
- *„Ich bin selbst viel im Atelier und da kriegt sie natürlich einiges mit, und das finde ich auch ganz schön."*
- *„Die Kinderkunstschule oder Musikschule würde Ronja bestimmt auch Spaß machen. Aber ich denke dann auch, da ist wieder der Monatsbeitrag und alles, was du mit deinen Kindern machen möchtest oder machen kannst, es kostet alles eine Stange Geld."*

Wunsch nach kreativen Jobs als Medium zur Selbstverwirklichung

Für Experimentalisten ist der Beruf, ähnlich wie bei Postmateriellen, idealerweise **Mittel zur Selbstverwirklichung.** Häufig wird bereits der Ausbildungsweg (ein Großteil befindet sich noch in Ausbildung oder Studium) ausschließlich auf Basis der eigenen **Interessen** und **Neigungen** und weniger mit Rücksicht auf die Chancen auf dem Arbeitsmarkt gewählt. Die Fixierung auf beruflichen Erfolg, Geld und Karriere spielt in diesem Milieu eine untergeordnete Rolle.

Dem steht das eigene Leitmotiv entgegen: **Entdecken der vielfältigen Aspekte des Lebens, Entfalten der eigenen Talente und Möglichkeiten.** Experimentalisten haben nicht das Ziel, irgendwo anzukommen und dort zu verharren, sondern wollen immer in Bewegung bleiben.[47]

- *„Natürlich brauchen wir Kleidung, Nahrung und Geld, damit wir unsere Familie versorgen können, aber wir brauchen kein Haus, keinen Swimmingpool oder ein teures Auto."*
- *„Ich möchte schon Erfolg in meinem Leben haben, aber das hat nichts mit Geld zu tun, sondern dass man sich am Ende des Tages sagen kann: ‚Ich habe etwas vollbracht, es war ein toller Tag und ich freue mich, morgen wieder aufzustehen.'"*

Diese Einstellung verändert sich allerdings im Zuge der Elternschaft: Ein **gewisses Mindesteinkommen** zur Absicherung des Familienunterhalts gilt dann als **Grundvoraussetzung.** Zwar sind der Wunsch nach einer Tätigkeit in kreativen Berufsfeldern (z. B. Werbebranche, Webdesign, Grafik) und die Ausübung von Tätigkeiten, in denen man etwas gestalten und etwas bewegen kann, nach wie vor sehr ausgeprägt, allerdings rücken experimentalistische Eltern nun, wenn es sein muss, auch etwas von ihren Idealvorstellungen ab, sofern es sich um Jobs handelt, die lukrativer sind. Teilweise nehmen sie dann **Tätigkeiten an, die deutlich unter ihrem persönlichen Qualifikationsniveau liegen,** aber mehr Geld einbringen.[48] Dies führt häufig zu Frustration.

- *„Ich bin momentan sehr unzufrieden: Ich habe mein Studium gut abgeschlossen und mache nun etwas völlig anderes."*

Modernes Partnerschaftsverständnis und flexibles Rollenverhalten

Partnerschaften sind in diesem Milieu häufig weniger verbindlich. Im Verständnis von Experimentalisten muss eine Partnerschaft nicht auf Dauer angelegt sein, sondern ist auch ein **Feld des Ausprobierens** und der **Entdeckung neuer Welten des**

---

[47] Sie unterscheiden sich hier z. B. deutlich von Modernen Performern: In Bewegung bleiben heißt nicht zwangsläufig, beruflich aufzusteigen, d.h. Status und Karriere anzustreben, sondern in Bewegung bleiben heißt, das Gefühl zu haben, zu „leben".

[48] Beispielhaft lässt sich hier ein Architekt nennen, der nun Scribbles für Logos entwickelt.

Erlebens. Sich Mitte zwanzig auf eine Person festzulegen, womöglich zu heiraten, ist insbesondere für jüngere Experimentalisten keine Wunschvorstellung, sondern eher eine Bedrohung. Dies verändert sich allerdings häufig **zwischen 30 und 40**, wenn die erste Phase des Experimentierens vorbei ist und Paare zunehmend (auch im Freundeskreis) zusammenziehen und eine Familie gründen (dann jedoch nicht zwangsläufig heiraten).

- *„Es ist nun mal Realität, dass viele Beziehungen auseinandergehen, das muss man ganz abgeklärt sehen."*

Eine Partnerschaft soll für Experimentalisten lebendig, spannend und intensiv, soll Quelle von Freude, gemeinsamem Wachstum und **persönlicher Weiterentwicklung** sein. Sie wollen in einer Partnerschaft auf Augenhöhe leben, einer Partnerschaft, die von **gegenseitiger Offenheit und gegenseitigem Respekt** geprägt ist, in der man über alles sprechen und seine Wünsche äußern kann. Der Erhalt **persönlicher Freiräume** und individueller Freundschaften gilt dabei als sehr wichtig: Nicht alle Aktivitäten müssen unbedingt im „Zweierpack" stattfinden, vielmehr ist es für eine Partnerschaft oft zuträglicher, wenn jeder dann und wann auch mal alleine oder mit den eigenen Freunden loszieht. **Gleichberechtigung und Selbständigkeit** (auch finanziell), eine Ausgewogenheit im Geben und Nehmen sind weitere zentrale Vorstellungen von Partnerschaft.

- *„Wenn dann auch noch die Situation in der Beziehung etwas schwieriger ist, wie z. B. mit dem Jobverlust meiner Freundin, dieses plötzliche Rund-um-die-Uhr-Aufeinanderhocken, das man vorher gar nicht so kannte, von dem man einfach Abstand hatte. Das macht auch ganz schnell wieder Konflikte. Das Beste ist, wenn man sich gegenseitig auch mal in Ruhe lässt und jeder mal für sich sein kann."*
- *„Ich will keine Partnerin, die nur zu Hause ist. Sie soll auch ihr eigenes Ding machen und schon auch selbständig sein."*

In bestimmten Lebensphasen, z. B. **durch Elternschaft, kann und darf** in einer Partnerschaft allerdings auch ein **Ungleichgewicht entstehen.** Ein Partner übernimmt dann, stärker als sonst, Aufgaben im Haushalt, putzt, wäscht, kauft ein oder kümmert sich allein um das Kind, während der andere Partner für das finanzielle Auskommen sorgt.

Experimentalisten zeigen hier **keine verkrampfte Auseinandersetzung mit traditionellen oder modernen Rollenbildern,**[49] sondern entscheiden aufgrund individueller Bedürfnisse und Aushandlungen. Sie gehen flexibel und spielerisch mit Rollenmustern und Rollenverhalten um.

- *„Jeder macht natürlich alles, das gehört dazu, wenn man zusammenlebt."*
- *„Kochen macht mir mehr Spaß als meiner Frau, also bin ich für das Essen zuständig."*
- *„Manchmal fährt sie mit dem Auto in die Werkstatt, manchmal ich, je nachdem, wer gerade kann. Genauso ist es mit anderen handwerklichen Sachen."*
- *„Wenn ich mich mit Freunden unterhalte, kristallisiert sich heraus, dass die Sabine von ihrer Art her, von ihrer Denkensweise, von ihrem Tun und Handeln her, eher der männliche Part ist. Sie denkt mehr so in Mathematik, Chemie, sie ist sehr logisch und kategorisiert, sachlich. Ich bin eher so der emotionale Part."*

Im Alltag wird *äußerlich* durchaus häufig eine **traditionelle Rollenteilung** praktiziert, d.h. der Vater bleibt im Beruf und die Mutter zu Hause beim Kind. Sich selbst erleben Experimentalisten aber *weit entfernt* von einer traditionellen Rollenteilung und verstehen dies auch **nicht als Angriff auf die eigene Identität.** Die Frau ordnet sich in ihrem Selbstverständnis nicht unter, sondern entscheidet (häufig aufgrund emotionaler, aber auch alltagspraktischer Erwägungen), dass sie ihr Leben – *für diese Phase* – so gestalten möchte.

Da berufliche Biografien in diesem Milieu selten zielgerichtet und kontinuierlich verfolgt werden und Abwechslung ein zentrales Element ist, empfinden Frauen dieses Milieus es durchaus auch als angenehme Vorstellung, eine gewisse Zeit lang zu Hause zu bleiben und sich um das Kind zu kümmern – **die begeisterte Mutter entdeckt sich selbst.** Auch werden **Beruf und Kind nicht** grundsätzlich **als konkurrierende Sphären** erlebt – häufig sind Frauen in Jobs tätig, bei denen (weiterhin) von zu Hause aus gearbeitet werden kann. Sie sehen diese *temporäre* Entscheidung daher eher entspannt.

„Unvergrübelte" Erziehungsarbeit

Maxime der Gleichstellung in der Erziehung

Trotz der vergleichsweise ausgeglichenen Rollenbilder liegt die **Erziehungsverantwortung** auch in diesem Milieu – zumindest in den ersten Lebensmonaten – **häufig**

---

[49]   Sie geben sich hier weitaus gelassener als z. B. Postmaterielle, die in ständiger Sorge sind, in traditionelle Rollenmuster zurückzufallen.

bei der Mutter. Diese Entscheidung beruht meist auf der pragmatischen Erwägung, wer im Beruf mehr verdient – i. d. R. ist dies der Mann. Es ist daher schlichtweg praktisch, dass er im Job bleibt.

Allerdings sind Väter bemüht, so intensiv wie möglich an der Erziehung des Kindes **teilzuhaben**, und zeigen dabei großes Engagement. Sie wollen selbstverständlich in Erziehungsfragen einbezogen werden sowie eigene Ideen einbringen. Experimentalistische Eltern sind der Ansicht, dass **beide Elternteile für die Erziehung notwendig** sind und ein Kind sowohl männliche als auch weibliche Einflüsse braucht, damit es sein volles Potential entwickeln kann und sich zu einem **reifen, lebenstüchtigen Menschen** entwickelt. Das Kind nur von einem Partner (egal ob Mutter oder Vater) erziehen zu lassen, erscheint ihnen **eindimensional** und lässt bestimmte Seiten im Kind verkümmern.

Grundsätzlich gibt es für Experimentalisten **nicht *die eine* pauschale Lösung,** wie Erziehungs- und Erwerbsarbeit aufgeteilt werden kann. So gibt es auch Modelle, in denen der Vater eine Zeit lang zu Hause bleibt oder beide Partner von zu Hause aus arbeiten und sich Haushaltsaufgaben und Kindererziehung so weit als möglich teilen. Dies ist für sie wichtiger Teil des Konzepts dessen, was sowohl Kind als auch Eltern gut tut: Sich ausschließlich – und ohne persönliche Auszeiten – auf das Kind zu konzentrieren, erscheint experimentalistischen Eltern nicht „gesund". Daher ermöglichen sie sich gegenseitig regelmäßig **Freiräume**, in denen sich der Partner, der üblicherweise zu großen Teilen auf das Kind aufpasst, Zeit für sich selbst nimmt.[50]

- *„Ich brauche auch mal Entlastung. Wenn ich von morgens bis abends, Tag für Tag nur mit meinem Kind zusammen bin, stoße ich psychisch an meine Grenzen."*
- *„24 Stunden auf sein Kind aufzupassen ist fast ein Ding der Unmöglichkeit, ohne da auf Dauer nervlich dran kaputtzugehen."*

Die Ansicht, dass **beide Elternteile wichtig für die Entwicklung des Kindes** sind, ist in diesem Milieu so stark ausgeprägt, dass Eltern z. T. schon hypothetisch klären, wie sie mit der gemeinsamen Erziehungsverantwortung bei einer etwaigen Trennung umgehen würden.

---

[50] Eine Mutter fährt z. B. jeden Sonntagvormittag mit ihren Freundinnen für einige Stunden Rennrad, während der Vater sich um die Söhne kümmert.

- *„Sollte es zu einer Trennung kommen, weiß ich, dass ich alles dafür tun werde, dass die Kleine uns beide sehen darf, egal wie die Situation zwischen uns beiden ist. Das haben wir auch bereits geklärt. Einfach, weil wir beide wichtige Bezugspersonen für das Kind sind und weil wir beide wissen, was es heißt, ohne Vater aufzuwachsen, oder zumindest ohne den leiblichen Vater.“*

Vertrauen in die eigene Erziehungskompetenz: Intuition und Authentizität

Das **Vertrauen** experimentalistischer Eltern **in die eigenen Erziehungsaufgaben** ist groß. Elternschaft ist ein Projekt, bei dem es zwar grundlegende Ziele gibt, bei dem man aber **auch Fehler machen darf**. Experimentalisten unterscheiden sich hier deutlich von der Bürgerlichen Mitte, die den unbedingten Anspruch hat, alles „richtig“ zu machen und nichts zu verpassen. Für Experimentalisten gehören Fehler zum Leben, und auch Kindererziehung wird immer wieder an die Situation, an das Lebensalter des Kindes oder auch an die Bedürfnisse der Eltern angepasst. Eltern dieses Milieus zeigen sich hier sehr optimistisch und selbstbewusst.

Unabhängig vom Vertrauen in die eigene Kompetenz sind Experimentalisten bezüglich der Thematik „Kinder“ gut informiert. Sowohl in Bezug auf Erziehungsfragen und **innovative pädagogische Ansätze** (man möchte bei der Erziehung des Kindes eine gewisse Kreativität zeigen und alternative Wege gehen) als auch in Bezug auf die **Beantragung von Leistungen** oder **Förderungsmöglichkeiten** beschaffen sich experimentalistische Eltern (primär via Internet, aber auch über klassische Literatur) vielfältige Informationen. In bestimmten Fällen, z. B. wenn Zweifel in Bezug auf die kindliche Entwicklung (Wachstum, Lernfähigkeit, Sprachkompetenz) existieren, werden zudem **pädagogische Beratungsstellen** aufgesucht. Letzten Endes ist es aber immer die **eigene Intuition**, die als wichtigste Orientierungshilfe gilt. Vieles, was man in Büchern liest, erscheint in der Umsetzung dann doch häufig wenig praktikabel.

Freie und individuelle Entfaltungsmöglichkeiten

Experimentalisten sehen sich eher als **Begleiter ihres Kindes und der kindlichen Entwicklung** denn als Lenker. Ihre Aufgabe ist es, das Kind dabei zu *unterstützen*, zu einem lebendigen, individuellen und kreativen Menschen zu werden. Sie gestalten daher Erziehung wenig hierarchisch und reglementieren möglichst wenig, denn Kinder benötigen in ihrem Verständnis **Freiheit und Freiraum**, um sich entwickeln zu können. Der unkonventionellen, noch nicht durchformten **Gedankenwelt des Kindes** soll möglichst viel Raum gegeben werden. Insbesondere **Väter** betonen, dass das Kind **ermutigt werden soll,** *seine* **Sicht der Dinge** mitzuteilen. Für die Eltern selbst ist dieses als **Entdecker fremder Welten** oftmals eine echte Bereicherung und Erweiterung der eigenen Perspektive („vom Kind und seiner Wahrnehmung lernen").

- *„Meine Tochter hat eine Digicam bekommen, mit der sie witzige Fotos macht. Sie entdeckt so ihre eigene Welt und für mich ist es total spannend, wie sie die Sachen so sieht, auch auf welcher Augenhöhe. Da bekomme ich auch einen ganz anderen Blick auf manches."*

Im Zuge der Erziehung zur Offenheit werden strenge Vorgaben und Richtlinien zwar abgelehnt, allerdings ist experimentalistischen Eltern durchaus bewusst, dass ein Kind **Grenzen und gewisse Regeln** braucht, damit die Welt für das Kind überschaubar bleibt. Sie versuchen daher, vielfältige Rituale in den Alltag zu integrieren, an die sich das Kind gewöhnen *kann.* Diese sowie vorgelebte Maßstäbe sollen ihm einen gewissen **Orientierungsrahmen** bieten, ohne es jedoch zu sehr einzuengen. Die Herausforderung ist, im Alltag die jeweils individuelle **Balance von Loslassen und Führung** zu erreichen.

- *„Ich versuche meiner Tochter vieles zu erlauben und ihr vieles beizubringen und sie in allem zu unterstützen."*
- *„Ich weiß nicht, wo ich klare Grenzen setze, weil ich vieles aus Selbstverständlichkeit mache. Ich setze bestimmt irgendwo Grenzen, aber mir fallen jetzt keine ein."*
- *„Ich gebe meinem Kind Normen, Werte und Regeln mit auf den Weg und hoffe, dass es diese anwenden wird oder dadurch seine eigenen Schlüsse zieht und seine eigenen Wege gehen kann."*

Experimentalistischen Eltern ist es wichtig, ihrem Kind einen geschützten Raum zu bieten, in dem es sich individuell entfalten kann. **Verlässlichkeit** und dem Kind als **Partner** in allen Lebenslagen zur Verfügung zu stehen, ist dabei ein zentraler Aspekt.

- *„Für mich heißt ein guter Vater zu sein, sich sehr mit seinem Kind auseinanderzusetzen. Sehr viel für das Kind da zu sein, dem Kind zu zeigen, dass ich immer da bin, dass das Kind sich auf mich verlassen kann."*

Keine sozialen Berührungsängste

Im Gegensatz etwa zu Eltern aus dem Milieu der Bürgerlichen Mitte oder der Modernen Performer sind Experimentalisten nicht bestrebt, ihr Kind vor **potentiell schädlichen Einflüssen** der Gesellschaft so lange wie möglich zu schützen. Stattdessen haben die Kinder relativ früh Kontakt mit Kindern anderer Milieus und Lebenswelten. Das Kind kann in ihren Augen hiervon letztlich nur profitieren, indem es **vielfältige unterschiedliche Erfahrungen** macht und soziale Empathie erlernt.

- *„Für 50 % der Erziehung bin ich zuständig. Aber genauso wichtig sind die Erfahrungen draußen auf der Straße, im Kindergarten, bei meinen Eltern oder auch einfach in der Umwelt generell."*

Selbständigkeit und Selbstbewusstsein, Toleranz und Offenheit als zentrale Erziehungsziele

Ein wichtiges Ziel experimentalistischer Eltern ist die **Erziehung zur Selbständigkeit**. Im Gegensatz zu Hedonistischen Eltern steht dabei aber nicht die persönliche Entlastung und Bequemlichkeit im Vordergrund, sondern der Wunsch, das Kind **„stark und flügge für das Abenteuer Leben"** zu machen. Dies bedeutet für die Eltern allerdings auch, ihren instinktiven Beschützerinstinkt zurückzuhalten, was nicht immer leichtfällt. Im gesicherten Üben mit dem Kind, den nächsten Schritt ins Neue zu wagen, gelingt dies aber meist. Darüber hinaus gehört auch dazu, das Kind seine eigenen (ggf. negativen) Erfahrungen sammeln zu lassen, damit es aus dem eigenen Erleben intensiver lernt.

Eltern dieses Milieus wünschen sich ein **stets neugieriges Kind mit starker Persönlichkeit**. Das Kind wird daher in seinem Selbstbewusstsein gestärkt und dazu animiert, sich nicht zwangsläufig der Meinung der Mehrheit zu beugen, sondern selbstbewusst auf seine **innere Stimme** zu hören, seine Haltung und ggf. individuelle Denkweisen zu verteidigen. Es soll zu einem **kritischen Menschen mit eigenem Kopf** werden. Hierin sehen Experimentalisten einen wichtigen Baustein für ein Voranschreiten der gesellschaftlichen Entwicklung.

Das **soziale Verhalten** des Kindes hat bei Experimentalisten einen hohen Stellenwert: Unabhängig von Herkunft, Schicht, Religion oder Hautfarbe soll das Kind seinen Mitmenschen **Achtung und Respekt** entgegenbringen – manche Eltern sehen hier sogar das Kind selbst als Vorbild. Darüber hinaus zeigen sich Experimentalisten – ähnlich wie auch Postmaterielle Eltern – erfreut, wenn ihr Kind die Bereitschaft hat, **soziale und ökologische Verantwortung** zu übernehmen, und sich für eine von entsprechenden Werten geprägte Lebensweise interessiert.

- *„Toleranz ist ganz wichtig, also ich finde gerade Toleranz anderen Kulturen gegenüber ganz wichtig. Man kann diesbezüglich meiner Meinung nach zum Teil von den Kindern lernen.*

Kinder sind die Toleranz pur. Es ist einfach diese Unbefangenheit, und die versuche ich auch beizubehalten. Ich bin so erzogen und hatte nie Berührungsängste mit anderen Menschen, sei es eine andere Religion oder andere Hautfarbe. "

Kritisch-restriktiver bis offener Medienumgang

Gegenüber einem hohen Medienkonsum zeigen sich Eltern aus dem experimentalistischen Milieu ausgesprochen kritisch. Sie sind bestrebt, ihr Kind vor der **Kommerzialisierung** und den ihrer Ansicht nach durch Werbung propagierten **„falschen Werten"** zu schützen. Wann immer möglich versuchen sie, ihr Kind aktiv und kreativ zu beschäftigen. Statt TV- oder Videospiel-Konsum ist ihnen wichtiger, ihr Kind für **Kunst und Literatur** zu begeistern und somit seine Vorstellungskraft zu wecken.

In der *Praxis* lassen sich TV- und Videospiel-Konsum allerdings nicht immer (im intendierten Maß) einschränken – Eltern dieses Milieus sind hier häufig weniger konsequent als z. B. Postmaterielle – und auch unterschiedliche Vorstellungen der Eltern hinsichtlich eines adäquaten Umfangs führen bisweilen zu **Konflikten**.

- *„Auf die Volksverdummung kann ich gut verzichten, und meinem Kind möchte ich das erst recht nicht zumuten. "*
- *„Na ja, wenn ich ehrlich bin, samstagmorgens schauen die beiden schon mal eine Stunde irgendwelche Kindersendungen an. "*

In Bezug auf Internet, CD-Player, iPod oder Digitalkameras sind Experimentalisten deutlich weniger restriktiv und ermöglichen ihrem Kind hier teilweise einen **frühen Zugang**. Dies liegt daran, dass experimentalistische Eltern selbst Multimedia-Kinder sind und zu den **Early Adoptern** aller kommunikativen Neuerungen gehören.

Abkehr vom Materialismus bei ohnehin limitierten finanziellen Möglichkeiten

Wahre Werte liegen für Experimentalisten im **immateriellen Bereich**. Der zunehmend materialistischen Grundhaltung, die sie in der Gesellschaft feststellen, stehen sie sehr reflektierend gegenüber. Demnach sind sie bestrebt, einer **Konsumneigung des Kindes möglichst entgegenzuwirken** und eine Überfrachtung mit Markenartikeln, Spielzeug und Ähnlichem zu vermeiden. Da die persönlichen finanziellen Mittel häufig eingeschränkt sind und die eigene Preissensibilität gestiegen ist, scheint dies oftmals auch schlichtweg angezeigt.

> - *„Wir haben unserer Tochter schon beigebracht, dass man sich auch über Kleinigkeiten freuen kann. Sei es ein Lolly, sei es einfach mal, einen schönen Tag am Rhein zu verbringen. Das ist für meine Tochter z. B. eine Riesenbelohnung, an den Rhein zu fahren und Steine ins Wasser zu werfen."*
> - *„Also, wir gönnen uns jetzt keine superteuren Luxusartikel. Da lege ich jetzt auch keinen Wert drauf. Also mir ist es egal, ob die Kleider von mir oder den Kindern von dieser Marke sind oder von einer anderen."*

Gesellschaftspolitischer Stellenwert von Kindern: Geringe soziale Sicherheit, keine Vereinbarkeit mit persönlicher Vorstellung von Erziehungsarbeit

> - *„Ich denke, für die Gesellschaft haben Kinder einen hohen Stellenwert und in der Gesellschaft eher einen niedrigen. Um das Wirtschaftswachstum in der Zukunft anzukurbeln und um die Eltern zu unterstützen, braucht man sie; in der Gesellschaft werden sie aber als Belästigung angesehen, weil sie laut Musik hören, spielen usw."*

Auch nach Ansicht von Experimentalisten wird dem gesellschaftspolitischen Stellenwert von Kindern bei weitem **nicht ausreichend Rechnung getragen.** Das Milieu wächst zunehmend in die Familien(gründungs)phase hinein und zeigt ein ausgesprochen **starkes Interesse an familienpolitischen Themen** wie Elterngeld, Kindergeld, Schaffung ausreichender Kindergarten- und Krippenplätze, Unterstützung alleinerziehender Mütter etc., da all dies Themen sind, die es selbst betreffen.

Aktuell werden die Bedingungen allerdings so erlebt, dass es nicht immer leichtfällt, sich für ein Kind zu entscheiden. Dies betrifft insbesondere das Berufsleben, aber auch andere Themenfelder.

Gerade **in den ersten Jahren des Berufslebens** – in denen sich Experimentalisten größtenteils befinden – stellen **Kinder eine Barriere** dar, dies gilt insbesondere für Frauen. Sie haben nicht nur das Gefühl, sondern partiell auch die *Erfahrung* gemacht, dass sich ihre **Chancen auf dem Arbeitsmarkt** mit Kind massiv **verschlechtern,** und sehen dies als Indiz, wie problematisch die gesellschaftliche Grundakzeptanz gegenüber Kindern ist: Viele Arbeitgeber sind noch immer der Ansicht, dass hohes berufliches Engagement und Kind nicht zusammengehen, und bevorzugen im Zweifelsfall einen (männlichen) Mitbewerber ohne Kind.

Trotz hoher Bildungsabschlüsse erzielen Experimentalisten, da sie am Anfang des Berufslebens (in schlechtbezahlten kreativen Berufsfeldern) stehen, **häufig nur ein geringes Einkommen**, welches zur Versorgung eines Kindes nicht immer ausreicht. Obwohl i. d. R. eine starke Identifikation mit dem Beruf besteht und dieser für das Selbstwertgefühl von hoher Bedeutung ist, kann es dennoch vorkommen, dass man feststellt, dass es sich gegenüber der Basisversorgung durch das Arbeitslosengeld **kaum lohnt, überhaupt ins Berufsleben einzusteigen.** Experimentalisten äußern hier den Wunsch nach verbesserten Möglichkeiten, neben der staatlichen Absicherung Geld dazuzuverdienen, um einen **Start in den Beruf** zu **begünstigen.**[51]

- *„Was mich total belastet, ist, dass ich noch nicht mal ein Praktikum machen kann, weil der Gesetzgeber es mir verbietet. Es muss eine versicherungspflichtige Tätigkeit sein. Ansonsten erlaubt das Arbeitsamt mir nicht zu arbeiten. Ich kann nicht zum Theater oder zum Fernsehen. Die erlauben mir nicht, meinen Berufseinstieg vorzubereiten. "*

Ein weiteres Problem sehen insbesondere experimentalistische Väter in den **zeitlichen Rahmenbedingungen** bei höher qualifizierten Berufen sowie in dem **fehlenden Angebot von Jobsharing.** Ein hohes Maß an Flexibilität sowie das Inkaufnehmen von Arbeitszeiten, die weit über den üblichen Tarifverträgen liegen, lassen sich grundsätzlich kaum mit Kind, aber insbesondere nicht mit dem **eigenen Anspruch an Erziehungsaufgaben und Aufgabenverteilung** vereinbaren, so dass in der Praxis häufig eine Entlastung der Mütter verhindert wird.

Daneben konstatieren Experimentalisten eine **mangelnde Anerkennung der Erziehungsleistung seitens des Staates,** insbesondere auf finanzieller Ebene. Ein Gefühl der sozialen Sicherheit ist häufig nicht vorhanden. Die Entscheidung für ein Kind jedoch alleine vom Geld abhängig zu machen, kommt für sie dennoch nicht in Frage.

Im öffentlichen Raum (in dem sie sich gerne und viel bewegen) erleben sie häufig offene Ablehnung, insbesondere dann, wenn die Kinder Lärm machen oder etwas wilder miteinander spielen (was aufgrund des persönlichen Erziehungsverständnisses durchaus vorkommen kann). Aber auch im privaten Umfeld selbst finden sie nicht immer Anerkennung, insbesondere dann, wenn der **Kinderwunsch im Freundes- und Bekanntenkreis auf Unverständnis stößt.**

---

[51] Beispielhaft benannten einige die Tatsache, dass es nicht einmal möglich sei, ein Praktikum zu absolvieren, da man dadurch die soziale Unterstützung verliere. Ein Praktikum stellt allerdings häufig den üblichen Einstieg in kreative Berufe dar, z. B. im Bereich Werbung oder Medien.

- *„Man kann ja heutzutage froh sein, wenn in einem Café Malstifte rumliegen. Häufig wird man aber von den Gästen auch noch blöd angeschaut."*
- *„Meine Freunde haben mich gefragt, ob ich wahnsinnig bin, ein Kind bekommen zu wollen. Die konnten sich gar nicht vorstellen, wie ich das schaffen soll."*

Außerhäusliche Betreuung bei adäquaten Betreuungsangeboten: Willkommene Abwechslung für das Kind

Das Kind in einer **Kindertagesstätte** betreuen zu lassen, gilt im Milieu der Experimentalisten als **selbstverständliche Form der Kinderbetreuung**. Auch wenn die Mutter nach Geburt des Kindes mehrheitlich zunächst zu Hause bleibt und sich um das Kind kümmert, so soll es früher oder später doch den institutionalisierten Zugang zu anderen Kindern bekommen. Als annehmbares Alter für eine außerhäusliche Betreuung gilt etwa das **vollendete erste Lebensjahr**, idealerweise, wenn das Kind bereits laufen kann.

Als großer Vorteil einer Kindertagesstätte wird zum einen der soziale Kontakt zu Gleichaltrigen, aber auch Kindern anderen Alters gesehen, so dass **soziales Verhalten** und **Sprachkompetenz** gefördert werden. Darüber hinaus schätzen Experimentalisten das **umfassende Angebot** an Spiel- und Freizeitmöglichkeiten, das oftmals eine größere Abwechslung bietet als das zu Hause. Da die Betreuung zudem durch gut ausgebildete Fachkräfte erfolgt, deren Leistung man überwiegend positiv beurteilt (insbesondere wenn sie mit neueren Konzepten arbeiten und das Kind an Musik und künstlerische Betätigung heranführen), sehen Eltern dieses Milieus darin eine ideale Lösung, welche für das Kind häufig vorteilhafter als eine ausschließliche Betreuung zu Hause ist.[52] Für die Eltern selbst bedeutet eine außerhäusliche Betreu-

---

[52] Diese Wahrnehmung entspricht der Einschätzung von Prof. Dr. Kirsten Ketscher, Universität Kopenhagen, in ihrem Vortrag „Eigenverantwortung, eheabhängige und solidarische Absicherung von Frauen im dänischen Sozialrecht – Rollenleitbilder in der Sozialversicherung und in beitragsunabhängigen Leistungssystemen", welcher im Rahmen der von BMFSFJ und Max-Planck-Institut für ausländisches und internationales Sozialrecht veranstalteten interdisziplinären Tagung „Eigenverantwortung, private und öffentliche Solidarität – Rollenleitbilder im Familien- und Sozialrecht im europäischen Vergleich" am 6. Oktober 2007 in der Villa Vigoni (Italien) gehalten wurde. Während ihres Vortrags animierte Ketscher die Teilnehmerinnen und Teilnehmer aus Wissenschaft und Politik: „Think about whether you are *really* qualified to take care of children or not, *just because* you are a mother (…). The objective of daycare facilities is to stimulate imagination, creativity and linguistic skills, to offer space for playing and learning as well as for physical exercise, to prepare for shared participation and responsibility, to encourage children to learn cultural values (…). Are *you really* able to fulfill all this?"

ung zudem oftmals eine **Grundvoraussetzung** für die **Ausübung des eigenen Berufs** und bietet darüber hinaus auch Raum für die individuelle Entwicklung („Zeit für sich selbst haben").

- *„In einer Tagesstätte haben die Kinder auch viel mehr Möglichkeiten als zu Hause. Außerdem lernen sie, wie es ist, wenn man nur einer von 25 ist."*
- *„Mit den Erziehern bin ich sehr zufrieden. Die machen sehr viel projektbezogene Arbeit, wo die Kinder nicht immer in der gleichen Gruppe sein müssen, sondern sich selbst etwas aussuchen können. Sie bastelt nämlich unheimlich gerne."*
- *„Die machen sehr viel mit den Kindern. Sie haben eine Erzieherin, die zwei Stunden nur Englisch mit ihnen spricht. Sie denken sich auch ganz viele Sachen aus, wo die Kinder selbst etwas gestalten und machen können."*
- *„Ich kann nicht zu Hause sitzen und mich nur mit dem Kind beschäftigen. Das ist nicht gut für mich und auch nicht gut für das Kind."*

So versuchen Experimentalisten frühzeitig und mit starkem Engagement, einen Kita-Platz zu bekommen, kritisieren aber, dass dies aufgrund mangelnder und v.a. fehlender bezahlbarer Angebote nicht immer möglich ist. Selbst wenn es gelingt, sind die **starren Bring- und Abholzeiten der Kita** zumeist wenig kompatibel mit den eigenen Arbeitszeiten, da die Beschäftigungsverhältnisse i. d. R. eine hohe Flexibilität erfordern. Dies wird weiter durch die Tatsache erschwert, dass häufig keine Familienangehörigen vor Ort sind, die bei der Betreuung (und dem Bringen und Abholen des Kindes) mitwirken könnten.

- *„Ich hätte einen Job haben können direkt nach meinem Studium, aber das ging nicht, weil die Kinderkrippenbetreuung 500 Euro kostet, und das hätte ich niemals mit meinem Einstiegsgehalt bezahlen können."*

Bildung als Medium zur persönlichen Entfaltung

Da bei den im Rahmen dieser Studie befragten Eltern des Milieus bislang nur wenige Kinder im schulpflichtigen Alter sind, bestehen **wenige Erfahrungen** zum Thema Schule und Bildung in Bezug auf das eigene Kind.[53]

---

[53] Die Befragten begaben sich hier eher in eine projektive Situation bzw. erinnerten sich in der Retrospektive an ihre eigene Schulzeit.

Häufig benennen experimentalistische Eltern starre Strukturen und Lehrpläne, welche den Kindern nur **ungenügend Entfaltungsmöglichkeiten** bieten. In ihrem Verständnis sind alle kindlichen Interessen und Neigungen gleichwertig, wobei sie eine deutliche Präferenz für **künstlerische und musische Aspekte** zeigen. Genau diese werden in öffentlichen Schulen aber nur unzureichend berücksichtigt und gefördert.

- *„Man kann Kinder nicht zwingen, Interesse an Mathe oder Physik zu haben. Aber es gibt schließlich auch andere Bereiche, die genauso wichtig sind."*

Zudem wünschen sich Eltern dieses Milieus (ähnlich wie auch Hedonisten) eine **stärkere Ausrichtung des Unterrichts an die Erfordernisse des Berufslebens**. Die Ausstattung der Schulen bewerten sie als veraltet, so dass diese der technologischen und gesellschaftlichen Entwicklung nur ungenügend Rechnung tragen. Insbesondere den Ausbau von Computerlernplätzen erachten sie als wichtig für die Vorbereitung auf das spätere Berufsleben.

Experimentalisten nehmen den Menschen als **wertvolle Persönlichkeit mit kreativem Potential** wahr und distanzieren sich von einem rein funktionalen Verständnis und starkem Druck auf den Menschen, welcher jegliches Gefühl der inneren Freiheit zerstört. Schon Kinder sehen sie einem **Zwang der Leistungserbringung und -steigerung** unterworfen, was sie als problematisch bewerten. Insgesamt erleben Eltern dieses Milieus daher **alternative Schulformen** wie z. B. Waldorfschulen als deutlich interessanter – allerdings fehlen i. d. R. die Mittel, dem eigenen Kind den Besuch einer solchen oder anderer privater Schulen zu ermöglichen.

Für die Zukunft ihres Kindes wünschen sich experimentalistische Eltern weniger einen konkreten Bildungsabschluss als vielmehr, dass ihr Kind einmal einen **Beruf findet, der ihm Spaß macht**. Allerdings unterstützen sie das Kind so weit als möglich, **einen möglichst hohen Bildungsabschluss** (Abitur plus Studium) zu erreichen, damit es seine Fähigkeiten voll ausschöpfen und seinen individuellen Weg gehen kann.

In diesem Zusammenhang kritisieren sie die frühe Segregation des dreigliedrigen Schulsystems, welche sie weder als zeitgemäß noch sozial gerecht bewerten. Stattdessen machen sie sich stark für den **Ausbau von Gesamt- und Ganztagsschulen**. Erstere verhindern, dass die Kinder bildungsferner Schichten bereits im frühen Kindesalter ihre späteren Chancen einbüßen. Kinder sollten ihrer Ansicht nach vielmehr ohne Ansehen ihrer Herkunft den gleichen Bildungszugang und die gleiche Unterstützung erhalten.

> • *„Es ist wirklich traurig, dass man die Kinder in jungen Jahren schon so sehr auf Leistung trimmt. Und wenn manche dann auf die Hauptschule kommen, haben sie später überhaupt keine Chancen mehr, weil die anderen total davonziehen."*

Ganztagsschulen wiederum ermöglichen eine **optimierte Förderung und Vermittlung von Lerninhalten** und vermitteln das **Gefühl von Verlässlichkeit**, was insbesondere für Familien in problematischen sozialen Verhältnissen von Bedeutung ist. Darüber hinaus bieten sie den praktischen Vorteil, dass Wege zum und Kosten für die Betreuung im Hort eingespart werden können.

3.7   SINUS BC3: „Hedonisten"

Kurzportrait

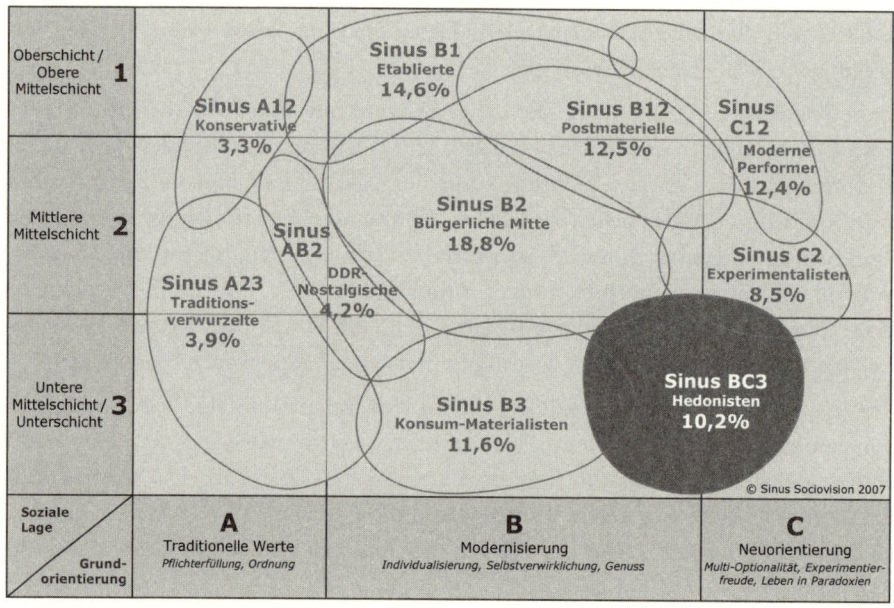

Anteil*: Gesamt 10,2 %, West-D. 10,9 %, Ost-D. 6,8 %
*Eltern mit Kindern unter 18 Jahren im Haushalt
Basis: TdWI 2007/08; n = 4.760 Fälle

• Suche nach Spaß, Unterhaltung, Kommunikation und Bewegung (Fun und Action, On-the-Road-Sein); Ausbrechen aus den Zwängen des Alltags (frei sein, ungebunden sein, anders sein als die „Spießer")

- Gleichzeitig oft Träume von einem heilen, geordneten Leben (intakte Familie, geregeltes Einkommen, schönes Auto/Motorrad) – gespeist durch wachsende soziale Ängste
- Viele führen deshalb ein regelrechtes Doppelleben: Angepasst im Berufsalltag (aber wenig Identifikation mit der beruflichen Tätigkeit) – in der Freizeit Eintauchen in subkulturelle Gegenwelten
- Häufig auch Gefühle von Benachteiligung und Machtlosigkeit; aggressive Abgrenzung nach oben („Bonzen") und nach unten (Ausländer, „Sozialschmarotzer")
- Wachsende Frustration sowie Gefühle der Überforderung und Entfremdung aufgrund der krisenhaften Entwicklung unserer Gesellschaft; wachsende Gewaltbereitschaft

Demografische Schwerpunkte im Gesamtmilieu

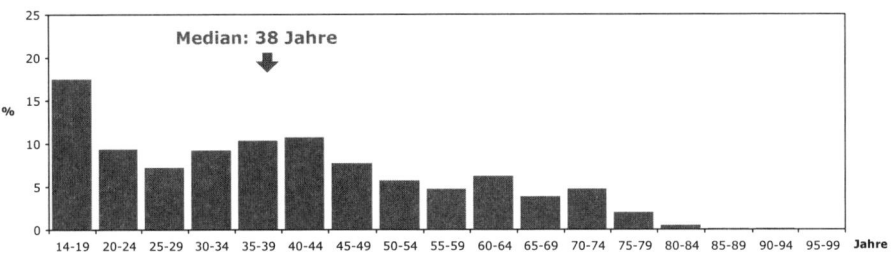

Alter	• Jüngere und mittlere Altersgruppen bis 50 Jahre • Altersschwerpunkt unter 30 Jahre (ein Drittel der Milieuangehörigen ist unter 30 Jahre)
Lebenssituation	• Viele Ledige, Singles und Alleinerziehende • Auch 3- bis 4-Personen-Haushalte sind leicht überrepräsentiert
Bildung	• Kein deutlicher Schwerpunkt im Niveau der Formalbildung • Fast ein Fünftel sind Schüler bzw. Azubis
Beruf	• Überwiegend einfache/mittlere Angestellte und (Fach-)Arbeiter (Handwerker) • Aber auch Freiberufler sind leicht überrepräsentiert
Einkommen	• 27 % der Milieuangehörigen haben kein oder nur ein sehr geringes eigenes Einkommen • Die Haushaltsnettoeinkommen liegen schwerpunktmäßig zwischen 1.500 und 3.000 Euro

Familienstand und Lebensstil

Familienstand von Eltern mit Kindern unter 18 Jahren	Anteil*	Index
• Verheiratet	84,1 %	100
• Ledig, ohne Partner im Haushalt	3,6 %	127
• Ledig, mit Partner im Haushalt	6,6 %	114
• Verheiratet gewesen (geschieden, getrennt lebend, verwitwet), mit Partner im Haushalt	3,0 %	97
• Verheiratet gewesen (geschieden, getrennt lebend, verwitwet), ohne Partner im Haushalt	2,6 %	64

* Aufgrund von Rundungsabweichungen entspricht die Summe
der Anteile in diesem Fall 99,9 %.

Lebensstil

- Leben im Hier und Jetzt, kaum Lebensplanung, sich möglichst wenig Gedanken um die Zukunft machen; sich treiben lassen; sehen, was kommt, was sich einem bietet

- Spontaner Konsumstil, unkontrollierter Umgang mit Geld; hohe Konsumneigung bei U-Elektronik, Musik, Multimedia, Kleidung, Ausgehen, Sport; geringes Umwelt- und Gesundheitsbewusstsein

- Freude am guten Leben, an Luxus, Komfort und Bequemlichkeit; aber häufig die Erfahrung von Beschränkungen und Wettbewerbsdruck (immer seltener Chancen auf schnelle Jobs)

- Spaß an Tabuverletzung und Provokation, Suche nach starken Reizen, demonstrative Unangepasstheit; häufig Identifikation mit antibürgerlichen, „krassen" Szenen und Gruppen (Fankulturen, Hardrockbands, Motorradclubs etc.)

- Jugendlichkeits- und Bodykult sind mächtige Lifestyle-Normen im Milieu – bereiten den (älteren) Milieuangehörigen aber zunehmend Probleme

Alltagsästhetik

- Originalität, Unverwechselbarkeit und Ich-Bezug sind wichtige Stilansprüche: Do-it-yourself-Kunst (expressiv, billig, wandelbar), selbst gebaute bzw. zugerichtete Möbel und Dekorationen (Stilbasteleien)
- Nonchalante Missachtung bürgerlicher Ordnungs- und Sauberkeitsnormen: gewolltes Chaos; Bequemlichkeit ist Trumpf: Alles in Reichweite, alles easy
- Einerseits jugendtypische, kindlich-verspielte Arrangements (auch bei Älteren) – insbesondere „verrückte", ausgefallene, „ausgeflippte" Dekorationen
- Andererseits heftiger Stilprotest und Ästhetik der starken Reize mit demonstrativer Normabweichung und Provokation (prototypisch: Piercings und Tattoos)

Lebenswelt: Wie geht es Eltern?

Abkehr vom Mainstream, Leben im Hier und Jetzt

Das Milieu der Hedonisten ist Teil der modernen Unter- und Mittelschicht. Hedonisten stellen im Milieuvergleich eine eher junge Gruppe dar. Ihr Lebensstil ist durch eine **starke Freiheits- und Freizeitorientierung** geprägt, zentrale Werte sind u. a. **persönliche Unabhängigkeit** (frei und ungebunden von äußeren Konventionen und inneren Zwängen sein), **Selbstverwirklichung,** Fun und Action, **Ausbrechen aus den Zwängen des Alltags,** Authentizität, Toleranz. Entsprechend dem Altersschwerpunkt des Milieus und seiner freiheitsorientierten Lebensführung handelt es sich um ein Milieu mit einem relativ **geringen Elternanteil** – häufig wird in diesem Milieu auch von einer **nicht geplanten Schwangerschaft** gesprochen. Das Alter der Kinder ist zumeist niedrig, in vielen Fällen handelt es sich um Kinder bis zu sechs Jahren.

Elternschaft bedeutet für Hedonisten **tiefgreifende Veränderungen**, welche z.T. als massiver Einbruch, als Verlust von Lebensqualität und manchmal sogar als **Bedrohung der eigenen Identität** erlebt werden. Vormals von der Suche nach Thrill, Action und Zerstreuung getrieben, immer darauf aus, das zu tun, was cool ist und Spaß macht, und das zu vermeiden, „was alle machen", können sie dies als Eltern nicht mehr im gewohnten Maße realisieren.

Aber auch mit Kind behält die **Wahrung der persönlichen Freiheit, Unabhängigkeit und Unverbindlichkeit** einen hohen Stellenwert. Die Suche nach intensiven Erlebnissen sowie nächtliches Ausgehen (z. B. zu Veranstaltungen der Jugendbzw. subkulturellen Szene) bleiben weiterhin wichtig.[54] Auch mit Kind haben Hedonisten i. d. R. keine Lust, ihre spontanen Bedürfnisse zu ignorieren, und fühlen sich hierzu oftmals auch nicht verpflichtet.

> - *„Die ganze Verantwortung und Verpflichtungen und so, das ist eigentlich nicht mein Ding."*
> - *„Also ich wollte eigentlich nie wirklich Kinder. Ich habe Freunde, die dann Kinder bekommen haben. Wenn ich das erlebt habe ... Plötzlich bleiben die alle zu Hause. Plötzlich gehen die nicht mehr weg. ,Nein, ich kann dies nicht ... ', ,Ich kann jetzt nicht telefonieren, weil das Kind schreit.' Da habe ich mir gedacht: ,Nein, das machst du nicht!' Das will ich nicht. Ich will nicht so eingeschränkt leben."*
> - *„Es ist ohne Kind ein ganz anderes Leben. Natürlich nimmt einem ein Kind einen Teil der Freiheit, aber man muss trotzdem versuchen, man selbst zu sein, sei es einfach nur abends mal lauter Musik zu hören oder mit Freunden wegzugehen."*
> - *„Ich bin froh, dass mein Kind so eins geworden ist. Ich möchte aber trotzdem nicht nur Mutter sein, sondern auch Spaß im Leben haben. Natürlich teils mit meinem Sohn und teils auch alleine."*

Der Übergang vom Jugend- ins Erwachsenenleben ist in diesem Milieu ein komplexer und vielschichtiger Prozess. Es gibt keinen klaren Wechsel von einer Ausbildung in ein festes Berufsverhältnis, vom Leben in der Jugendszene zum Familienleben oder von einer losen zu einer festen Partnerschaft bzw. Ehe. Die **Übergänge sind** vielmehr **fließend**, häufig handelt es sich um Mischformen und **weniger um einen klar abgesteckten Lebensabschnitt** oder die klare Identifikation mit einer bestimmten sozialen Gruppe: Eltern aus dem Hedonistischen Milieu sind oftmals noch **auf der Suche nach einer klaren Positionierung** für sich selbst in der Gesellschaft.

Diese Suche bzw. **Orientierungslosigkeit** wird z. T. durch das Gefühl verstärkt, wegen des Kindes aus dem bisherigen Freundeskreis ausgegrenzt zu werden. Anders als etwa bei Personen aus der Bürgerlichen Mitte impliziert der Übergang in eine neue Lebensphase bei Hedonisten gleichzeitig oftmals den **Verlust von Zugehörigkeit** zur bisherigen Gruppe oder Clique: Diese versteht nicht immer, dass durch Elternschaft zu gewissen Anteilen auch Spontaneität und Unverbindlichkeit verloren gehen.

---

[54]   Auch wenn Elternschaft eine massive Verschlechterung der finanziellen Situation bedeutet und man genau überlegen muss, wofür man sein Geld ausgibt.

- *„Ich bin eigentlich immer noch genauso, bloß, dass ich jetzt häuslicher geworden bin, also ruhiger halt auch. Das wissen meine Leute auch und rufen halt auch nicht mehr so oft an."*
- *„Na ja, die meisten verstehen das nicht. Ich hab's ja früher, bevor das Kind da war, auch nicht verstanden."*

Zwar befinden sich Hedonisten zumeist in **unsicheren wirtschaftlichen Verhältnissen**, dennoch versuchen sie, sich eine **entspannte Grundhaltung** zu bewahren („Alles easy"). Eine solche erleichtert ihnen auch die persönliche Vereinbarkeit des (ursprünglichen) Lebensmodells mit der neuen Elternrolle. Insgesamt gilt: Man darf die Dinge nicht so eng sehen, irgendwie wird's schon gehen. Für heute ist alles geregelt und morgen sieht man weiter.

- *„Also, mein Lebensmotto ist eigentlich: Ich lebe heute und jetzt und nicht morgen und übermorgen, und das genieße ich auch."*
- *„Die meisten Leute sind total uncool. Ich mach mir da nicht so 'nen Kopf und denke dauernd an die Zukunft."*

Obwohl Hedonisten im Zuge der Elternschaft weiterhin stark an ihrem bisherigen Lebensmodell festzuhalten versuchen, so zeigt sich auch in diesem Milieu die Tendenz, durch Elternschaft etwas „ruhiger" zu werden. Oberste Maxime ist allerdings, zu vermeiden, angepasst „wie die Spießer" zu werden. Allerdings nehmen Gedanken über längerfristige Ziele, über Zukunftsplanung und Sicherheitsaspekte zu. Das Kind trägt so zu **mehr Struktur und Sinnhaftigkeit** des eigenen Lebens bei. Es gibt den Eltern **neuen Halt und Orientierung,** häufig auch ein **Gefühl der Selbstbestätigung,** dass man das, was man anpackt, auch schafft.

- *„Ich möchte jetzt den Techniker gut und zügig und ohne weitere großartige Komplikationen durchziehen, um danach eben auch wirklich mal ein geregeltes Arbeitsleben zu haben. Es ist mir sehr wichtig, dass ich das irgendwie schaffe, ein vernünftiges Standbein aufzubauen, dass ich eben auch ganz lapidare Dinge wie einen Urlaub, einen Familienurlaub machen kann."*
- *„Es ist vieles, wo man sagt, das war früher mal ganz schön. Aber vielleicht braucht man das jetzt auch gar nicht mehr so wirklich. Und dadurch, dass wir allerhand erlebt haben vor den Kindern, ist es vielleicht jetzt auch okay so. Und ich weiß endlich, wofür ich meine Umschulung zu Ende mache."*
- *„Das gibt mir schon ein gutes Gefühl, dass ich es schaffe, ein Kind großzuziehen."*

Überforderung im Familienalltag

Eher selten entsprechen die familiären Verhältnisse von Hedonisten dem Modell der bürgerlichen Familie, von welchem man sich bewusst distanziert und dem gegenüber man gerne eine demonstrative Unangepasstheit zeigt. Auch als Eltern möchte man beweisen, dass Lebensmodelle lebensfähig sind, die nicht dem Mainstream der Gesellschaft entsprechen. Der Anteil Alleinerziehender, aber auch Patchwork-Familien sind in diesem Milieu stark überrepräsentiert.

Vor diesem Hintergrund haben **soziale Kontakte zu Freunden und Bekannten einen hohen Stellenwert** – u. a. gestützt durch die Erkenntnis, dass sich Cliquenzugehörigkeit durch Elternschaft durchaus verändern kann (und sich Freunde schlimmstenfalls zurückziehen).

Auch die **eigenen Eltern** stellen i. d. R. einen wichtigen Bezugspunkt dar: Zwar ist das Verhältnis zu ihnen (manches Mal bedingt durch problembeladene Biografien und die Verarbeitung der persönlichen Elternbeziehung) z. T. durchaus angespannt und man identifiziert sich wenig mit ihnen. Andererseits ist man aber auf ihre **Unterstützung**, sowohl finanziell als z. T. auch hinsichtlich der Alltagsorganisation (z. B. flexibles Babysitting), notgedrungen **angewiesen**. Aufgrund der ausgeprägten Freizeitorientierung in diesem Milieu kommen die Großeltern deshalb häufig dann zum Einsatz, wenn man das Kind nicht bei Freunden *abgeben* kann. Persönliche Auszeiten sind Hedonisten sehr wichtig, und als wirklich freie Zeit gilt die Zeit, in der man *weder* arbeiten *noch* sich um das Kind kümmern muss. **Freizeit ist der *eigentliche* Lebensraum.**

Daneben sind Hedonisten bemüht, **das Kind** in die eigenen Aktivitäten so weit als möglich einzubinden, es **„mitlaufen" zu lassen,** so dass es keiner extremen Veränderung der persönlichen Ausgehmuster bedarf. Dies können z. B. Ausflüge in den Biergarten, auf Straßenfeste oder zu Fußballübertragungen sein, aber auch gemeinsame Aktivitäten mit Freunden (idealerweise Freunden, die ebenfalls ein Kind haben), zu denen man das Kind mitnimmt.

- *„Um 14 Uhr hole ich meine Tochter von der Kita ab und wir gehen dann den ganzen Nachmittag auf den Spielplatz oder sind mit Freunden unterwegs. Um 19 Uhr geht sie ins Bett und mein Abend beginnt dann wieder mit Jobsuche, wo ich wieder am Computer sitze und Bewerbungen schreibe. Meistens gehe ich um 23 Uhr auch ins Bett. Ab und zu sind auch Freunde da. Oft ist meine Freundin da, die ebenfalls alleinerziehend ist. So sieht mein Alltag aus."*

Neben viel Action (Leben in der „Szene", Partys, Konzerten und Events) „chillen" Hedonisten gerne in ihrer Freizeit. Häufig hören sie dann Musik oder zappen durch die Kanäle. Der insgesamt wenig strukturierte Alltag, wenig feste Rahmenbedingungen und Regeln, an denen man sich orientiert, sowie der permanente **Konflikt zwischen eigenen Bedürfnissen** (die zurückgestellt oder unterdrückt werden müssen) **und Ansprüchen des Kindes** wirken sich oftmals belastend aus. Gefühle von **schlechtem Gewissen, Überforderung und Stress** kommen dann deutlich zum Ausdruck, und man lebt ständig in dem Gefühl, nicht genug zu tun: weder für sich selbst noch für das Kind.

Problematische Jobverhältnisse

Beschäftigungsverhältnisse im Hedonistischen Milieu sind häufig **problematisch**, klassische unbefristete Angestelltenverträge sind die Ausnahme und die finanziellen Verhältnisse sind zumeist sehr begrenzt. Es gibt einen beachtlich hohen Anteil an Jobbern, wobei das Qualifikationsniveau dieser Arbeiten zumeist niedrig ist; oft handelt es sich um handwerkliche Tätigkeiten (z. B. Friseurin, Maler und Lackierer), Aushilfsjobs im Einzelhandel oder in der Gastronomie.

Aufgrund **unregelmäßiger Arbeitszeiten** (z. B. bei der Tätigkeit als Kellnerin, Promoterin oder Telefonistin im Callcenter) wird es für Frauen nach der Geburt des Kindes zumeist schwierig, weiterhin Geld zu verdienen und somit entweder einen Anteil zum Haushaltseinkommen beizutragen oder aber als Alleinerziehende gar das Gesamteinkommen zu erwirtschaften. Jobs mit freier Zeiteinteilung spielen in diesem Milieu eine wichtige Rolle, setzen aber gleichzeitig ein hohes Maß an **Flexibilität hinsichtlich der Betreuungszeiten in öffentlichen Einrichtungen** voraus, welches als nicht gegeben erlebt wird. Gleichzeitig erschweren **Vorbehalte seitens der Arbeitgeber** den beruflichen Wiedereinstieg nach der Geburt.

- *„Auf eine Halbtagsstelle, wie früher bei der Messe, habe ich keine Chance. Es war ja schon früher schwierig, weil die Arbeitgeber denken, dass man ja schwanger werden könnte, aber jetzt ist es aussichtslos."*

Demgegenüber sind Väter (so die Partnerschaft andauert) in Bezug auf das Berufsleben durch den Familienzuwachs wesentlich geringer betroffen. Ihr Einkommen ist üblicherweise höher als das der Frau und rein ökonomisch betrachtet stellt sich hierdurch nicht die Frage, wer im Berufsleben bleibt. Aber selbst das **Gehalt des Mannes reicht häufig nicht aus**, um die zusätzlichen Kosten, die ein Kind mit sich bringt, voll aufzubringen (zumal sonstige Kosten der Freizeitgestaltung (z. B. für Konzerttickets, Partys) weiterhin anfallen). **Ein zweites Einkommen durch die Mutter hat** daher **einen hohen Stellenwert**, selbst wenn man keine großen Sprünge machen möchte.

- *„Mit einem Gehalt kommen wir nicht weit, das kann man knicken."*
- *„Wir kommen schon zurecht, aber es wäre schön, wenn man nicht immer jeden Cent umdrehen muss und auch mal mit der Familie in den Urlaub fahren kann."*

Generell ist in diesem Milieu die Stimmung bezüglich der eigenen Arbeit stark von einem **Gefühl der Unsicherheit** geprägt. Sei es das Gefühl der Überforderung, seien es konkrete Sorgen um den Verlust des Arbeitsplatzes – sie führen manches Mal zu Lethargie und „energetischen Löchern". Dies wird verstärkt durch die generelle Grundhaltung, sich möglichst wenig mit der Arbeit zu identifizieren: Arbeit dient in erster Line dazu, Geld zu verdienen. **Man arbeitet, um zu leben**[55], aber das *wahre Leben* spielt sich außerhalb des Berufs ab.

Teilweise widersetzen sich Hedonisten der „gehetzten", „unfröhlichen" Leistungsgesellschaft ganz bewusst auf ihre eigene Art: In einigen Fällen wird in einem **persönlichen Rechenspiel** sehr pragmatisch abgewogen, inwieweit es günstiger ist, zu arbeiten oder sich voll auf staatliche Unterstützung zu verlassen. Nach eigener Kalkulation erreicht man bisweilen durch Erwerbsarbeit kaum ein höheres Einkommen als das, was man an **Arbeitslosengeld** mit dazugehörigen Leistungen beziehen könnte – teilweise stellt sich also die Frage, *warum* man einer Erwerbsarbeit nachgehen sollte. Hinzu kommt, dass eine starke Diskrepanz zwischen Preis- und Lohnentwicklung wahrgenommen wird, welche einer persönlichen Motivation in diesem Milieu häufig eher wenig zuträglich ist.

Partnerschaft – zwischen Emanzipation und Sicherheit

Partnerschaftskonstellationen sind im Hedonistischen Milieu weit entfernt von bürgerlichen Vorstellungen und oftmals **weniger verbindlich**. Es geht darum, die persönliche Unabhängigkeit auszuleben und sich nicht zu stark zu binden.

---

[55]   Im Hedonistischen Milieu findet eher selten eine Übernahme von Aufgaben statt, die höheres Engagement erfordern würden.

> • *„Wir waren anderthalb Jahre zusammen, als das Kind kam, danach war zwischenzeitlich aber auch fast ein Jahr Trennung zwischen meiner Freundin und mir. Somit auch eine Trennung vom Kind. Die ersten Monate hatte ich die Kleine auch noch bei mir, weil wir auch noch zusammen gewohnt haben, sie aber schon einen neuen Partner hatte und daher die ganze Zeit weg war."*

Argumentativ werden im Gespräch flexible Rollenmodelle und -zuschreibungen betont und von einem modernen Verständnis von Partnerschaft und Rollenteilung *berichtet*. Emanzipation, Selbständigkeit und Unabhängigkeit werden als zentrale Werte genannt; der Anspruch, dass beide Partner ihre persönlichen Freiräume, ihre eigenen Interessen und ggf. Freundeskreise haben und auch behalten, gilt als sehr wichtig.

Als Basis einer funktionierenden Partnerschaft benennen Hedonisten **Toleranz im gegenseitigen Umgang** sowie ein ausgewogenes Geben und Nehmen. Gestützt wird dies durch eine **offene und intensive Kommunikation**, im Rahmen deren man Probleme möglichst direkt anspricht und Konflikte offen und ehrlich austrägt. Meinungsverschiedenheiten und Streitereien sieht man bei einer **Beziehung zweier erlebnisorientierter Individuen** als normal an: Was zählt, ist, dass man sich grundsätzlich auf einer Wellenlänge befindet.

> • *„Manchmal denke ich, das kann doch nicht sein, dass ich immer nur zurückstecke. Aber das sag ich dann auch mal in manchen Momenten laut, und dann ist es auch gut, weil ich find, wenn man was rauslässt und egal, ob man darüber redet oder schreit, dann ist das besser, als wenn man das in sich reinfressen muss."*

Im Gegensatz etwa zu Konsum-Materialisten **erwarten Frauen** dieses Milieus **von einem Mann, dass er sich selbst versorgen**, Wäsche waschen, kochen und putzen sowie sich um das Kind kümmern kann. Sie wünschen sich (auf den ersten Blick) zwar alles andere als einen offensichtlich „häuslichen" („spießigen") Familienvater, sondern spüren vielmehr den Reiz eines starken, attraktiven Mannes mit Persönlichkeit, der „sich selbst treu bleibt"; eine Partizipation des Mannes an Haushaltsaufgaben ist für Frauen dieses Milieus jedoch selbstverständlich: **Weder fühlen sie sich als alleinig für Haushalt und Kind zuständig,** noch wollen sie sich auf die ausschließliche Rolle als Hausfrau und Mutter beschränkt sehen.

> • *„Ich bin nicht geboren nur als Hausfrau und Mutter, sonst verblöde ich ja. Ich muss raus, ich muss arbeiten, ich muss unter die Leute. Und deshalb muss mein Freund auch mal mit ran."*

In der Perspektive der Mütter „bedauerlicherweise", tendieren einige dieser zunächst „modern" erscheinenden Männer durch eine feste Partnerschaft und insbesondere durch Elternschaft allerdings dazu, in ein **traditionelles Rollenverständnis** zurückzufallen: Die (emotionale und alltagspraktische) Aufgabe, die früher die eigene Mutter innehatte, soll nun die Partnerin übernehmen. Die vormals erlebte „Modernität" entpuppt sich partiell als **„erlernte Modernität"** und Verhalten gemäß sozialer Erwünschtheit. Im Zuge dieser **Entzauberung** sind Mütter dann meist nicht bereit, für ein „weiteres Kind" (den Partner) zu sorgen, und ziehen – unabhängig vom Bedürfnis nach materieller Sicherheit – teilweise die Konsequenz, indem sie sich vom Partner trennen.

Bei manchen männlichen Hedonisten hingegen tritt durch Elternschaft die eigene unbedingte Bedürfnisbefriedigung in den Hintergrund. Sie macht einer Beziehung Platz, in der es *tatsächlich* wichtig ist, in einem **partnerschaftlichen Gleichgewicht** zu leben und auch die Bedürfnisse der Partnerin im Blick zu haben. Grundsätzlich hat jedoch, wie in den meisten Milieus, **Elternschaft** auch in diesem Milieu **deutlich stärkere Auswirkungen auf das Leben der Frau** als auf das des Mannes: Er behält sich meist mehr persönliche Freiheiten vor und führt sein Leben unverändert weiter; bei Trennungen lebt das Kind i. d. R. bei der Mutter, während der Kontakt zum Vater häufig nur unregelmäßig stattfindet.

- *„Mein Freund braucht schon seine Freiheit, dass er hin und wieder mal rauskommt, sonst kriegt er 'nen Rappel. Ich bekomme das nicht immer so gut hin bei all den Sachen, um die ich mich kümmere."*

Vor dem Hintergrund oftmals abwechslungsreicher und komplizierter Partnerschaftsbiografien, eines hohen Maßes an Unverbindlichkeit und Unabhängigkeit erklärt sich der – zunächst widersprüchlich scheinende – **Wunsch Hedonistischer Mütter nach einer dauerhaften Partnerschaft,** nach einer heilen und glücklichen Familie. Emotionaler Rückhalt, Wärme und Geborgenheit, Verlässlichkeit, Fürsorge, gemeinsam alt werden sind Familienwunschbilder, die jene (spieß-)bürgerlichen Züge tragen, die ansonsten häufig Negativfolie ihrer subkulturellen Identität sind, im Inneren jedoch eine **tiefe Sehnsucht** darstellen. Während Frauen dies im Verlauf des Gesprächs thematisieren, ist diese Sehnsucht bei Männern allerdings noch nicht einmal latent spürbar.

- *„Partnerschaft ist für mich ganz wichtig. Jemanden zu haben, der einen kennt, der einem vertraut, dem man vertrauen kann, den man liebt von Herzen. Das Gefühl, gebraucht zu werden, denjenigen aber auch zu brauchen."*

Anstrengende Erziehungsarbeit

Erziehung als täglich neu stattfindende Auseinandersetzung

Bereits der *Begriff* „Erziehung" ist bei Hedonisten **negativ belegt**, da mitschwingt, dass man das Kind in eine Richtung *ziehen* oder *drängen* will, und traditionelle Tugenden wie Fleiß und Gehorsam damit einhergehen – Werte, denen in diesem Milieu nur ein sehr geringen Stellenwert zugeschrieben wird. Stattdessen möchte man dem Kind alle Wege offenlassen.

> • „*Erziehung hört sich immer sehr nach mittelalterlichen Methoden an. Ich stelle mir immer einen strengen Lehrer vor mit einem Rohrstock, wie es früher war. Kurz gesagt, hat Erziehung etwas Negatives und Strenges.*"

Ebenso ist es mit der Erziehung *selbst*: Sie ist für Eltern aus dem Hedonistischen Milieu **primär anstrengend**. Ständig muss man neu Anlauf nehmen, ständig müssen immer wieder die gleichen Dinge diskutiert und ausgehandelt werden. Erziehung wird in diesem Verständnis weniger als kontinuierlicher Entwicklungs- und Lernprozess gesehen, sondern als **täglich neu stattfindende Auseinandersetzung**, als Prozess von Trial and Error – und ein solches Vorgehen *ist* anstrengend.

Wenig vorausplanendes Informationsverhalten

Häufig wissen Hedonistische Eltern, die vergleichsweise offen davon sprechen, z. T. ungeplant Eltern geworden zu sein, wenig mehr über den **Entwicklungsprozess von Kindern**, als sie in gängigen Informationsschriften von Ärzten und Pädagogen oder im Gespräch mit den eigenen Eltern (die jedoch selten als Vorbild dienen) erfahren – oftmals haben sie lediglich **diffuse Vorstellungen**. Eine darüber hinausgehende vorausschauende Auseinandersetzung mit entsprechender Fachliteratur findet kaum statt – eine hohe persönliche Relevanz haben hingegen TV-Erziehungsshows. Einen ebenfalls hohen Stellenwert haben **Informationsbroschüren bezüglich Leistungen**, auf die man als Eltern Anspruch hat.[56]

---

[56]   In diesem Kontext wird bemängelt, dass es keinen Leitfaden gibt, der dahingehend Auskunft gibt, *wo* man *welche* Leistungen beantragen kann.

- „*Ich hatte von der Petra mal eine Zeitung – ach Mensch wie hieß die denn? –, das ist aber schon Jahre her. Eltern und Co oder so was, gibt es die? Da habe ich mal ein Exemplar gelesen. Nein, also ich sage mal, ich halte vieles einfach so aus dem Bauch heraus, und das ist dann für mich okay.*“
- „*Viel ist auch einfach, was man so selber aufgeschnappt hat.*“
- „*Wir gucken uns das an [„Super Nanny“], gerade meine Freundin ist sehr an diesen Sendungen interessiert. Ich gucke es auch gerne mit, einmal um erschreckende Beispiele zu sehen, wie es enden kann, wenn es schiefgeht bzw. wenn man es falsch macht. Die geben aber auch sinnvolle Tipps, das ist einfach eine Tatsache.*“

Zwar werden externe Informationen zu Entwicklungs- und Erziehungsfragen kaum vorausschauend oder gar systematisch und kontinuierlich gesucht. Es lässt sich allerdings vermuten, dass der Bedarf – insbesondere an praktischen, schnell umsetzbaren Ratschlägen und „einfachen“ Lösungen – durchaus vorhanden ist: **Soziale Netzwerke** der Mütter, die in anderen Milieus eine wichtige Informationsquelle darstellen, sind im Hedonistischen Milieu **nur schwach ausgeprägt**. Entsprechende **Hilfestellungen**, so sie als *Inspiration* angeboten werden (freie Entscheidung), könnten daher eine **wichtige Orientierungshilfe** sein und Sicherheit vermitteln.

Reduktion auf Alltagsorganisation

Das Interesse am Kind und der Antrieb, etwas mit ihm zu unternehmen, ihm Anregungen zu geben oder es aktiv zu fördern, ist bei Hedonistischen Eltern vergleichsweise wenig stark ausgeprägt. Der Umgang mit dem Kind konzentriert sich oftmals auf **Elemente der Alltagsorganisation** wie Frühstück, Hort oder Kindergarten, Schule etc. Eine intensiv(er)e Beschäftigung mit dem Kind oder die Beobachtung aus einem pädagogischen Blickwinkel (und demzufolge z. B. die Wahl von Freizeitaktivitäten, die primär für das Kind adäquat sind) findet häufig nicht statt.

Konzeptloses „Laissez-faire“ als Zeichen der Überforderung

Stattdessen lassen Hedonisten das Kind gerne „mal machen“, was als Ausdruck der eigenen Grundhaltung, aber auch eines **permissiven** und gleichzeitig **konzeptlosen Erziehungsstils** verstanden werden kann. Konzeptlos, da der pragmatische Ansatz des *Laissez-faire* in diesem Milieu wohl weniger die Umsetzung eines reflektierten Erziehungsverständnisses als vermutlich primär die Folge der eigenen **Bequemlichkeit** ist. Damit einher geht eine gewisse **Beliebigkeit** – so gibt es häufig keine abgesprochenen Regeln und Grundsätze, weder zwischen den beiden Elternteilen noch zwischen ihnen und dem Kind.

- *„Wir sind da nicht immer so konsequent, z. B. wenn es ums Essen geht oder wie er sich anderen Kindern gegenüber verhalten soll. Aber ich hab auch keinen Bock, ständig zu reglementieren."*

Hedonisten betonen im Gespräch vehement, dass Kinder ihre eigenen Erfahrungen machen müssen und man sie nicht zu stark, z. B. durch zu viel **Fürsorglichkeit und Schutz**, einschränken darf. Sie distanzieren sich hier ausdrücklich von den bürgerlichen Mainstream-Vorstellungen von Erziehung. Dabei zeigt sich z. T. ein eher weit gefasstes Verständnis von Fürsorglichkeit:

- *„Sie kam [das Kind ist 13 Jahre alt] das erste Mal total besoffen in die Hütte gestolpert. Ich meine, da sage ich mir, wie sollen die denn ihre Grenzen einschätzen oder einhalten können, wenn sie sie nicht ausprobieren?"*
- *„Ich kann noch so oft sagen, dass sie da nicht hochklettern soll. Solange sie nicht runtergefallen ist, glaubt sie's mir nicht. Also muss sie da durch."*

Kinder lernen so vergleichsweise früh, sich alleine zu beschäftigen, haben **viele Freiheiten,** tragen **viel Verantwortung** für sich selbst (und ggf. Geschwister) und sind insgesamt nur selten Ängsten der Eltern ausgesetzt.

Dieser – (ex post) als Mittel zur Selbständigkeit deklarierte – permissive Stil ist allerdings häufig **Zeichen einer Überforderung, Resignation und Hilflosigkeit.** Bedingt durch unsichere Arbeitsverhältnisse und z. T. problematische partnerschaftliche Beziehungen fühlen sich Befragte dieses Milieus oftmals stark belastet. Dies betrifft insbesondere (alleinerziehende) Mütter, an welchen die Familienarbeit, die Organisation von Haushalt, Hort und Schule nahezu alleine *hängt.* In entsprechenden Situationen kann es dann durchaus zum **Verlust der persönlichen Kontrolle**, z. B. in Form von Wutausbrüchen, kommen.

- *„An mir allein hängt die ganze Last."*
- *„Wenn man Montag, Dienstag mit so einem Kopf nach Hause kommt und die Kinder an dem Tag vielleicht auch nicht so gut drauf sind und dann mal so ein bisschen Alarm ist, dann platze ich auch mal, brülle ich auch mal. Muss ich zugeben."*
- *„Ich sag mal, es gibt so Überdrussphasen, um das mal nett auszudrücken, wo man sich einfach nur zum Kotzen findet, aber ich meine, die ist alt genug, da kann man auch mal sagen, jetzt provoziere mich nicht, wir gehen uns jetzt heute mal aus dem Weg, und dann ist es gut."*

Eltern als Freunde bzw. große Schwester/großer Bruder; grenzenlose Kommunikation

Eine Maxime und Praxis der Erziehung im Hedonistischen Milieu ist es, „offen und ehrlich" mit dem Kind über alles zu sprechen – hierbei gibt es nur wenige Tabuthemen. Im Gespräch betonen Hedonistische Eltern, dass sie dem Kind **vertrauensvoll und auf Augenhöhe** begegnen wollen, und betrachten **Elternschaft** primär als **Freundschaft**: Mütter verstehen sich dabei als **Freundin** oder **große Schwester**, Väter als **großer Bruder, Kumpel, Spiel- und Spaßvater** des Kindes. Das Kind verhilft in diesem Milieu dazu, *auch als Eltern* „trendig" und am Puls der Zeit zu bleiben (gemeinsame Disco-Besuche, Austausch von Klamotten, CDs, gemeinsame Videospiele etc.), es hält jung.

- *„Also, ich kann sagen, wir haben irgendwo einen gleichberechtigten Status. Wir gehen knüppelhart ehrlich miteinander um, das kann manchmal ziemlich hart sein, aber das ist für mich okay, weil das viel mehr ist. Wenn die irgendeine Scheiß-Jungengeschichte laufen hat, redet sie mit mir darüber, das find ich super. Da ist also ein Ehrlichkeitsfaktor, der sehr hoch ist. Den weiß ich auch zu schätzen und den möchte ich nicht verlieren."*
- *„Wir sind eigentlich mehr Freunde, gehen auch mal zusammen shoppen und so."*
- *„Sie fragt mich auch mal um Rat, auch Sachen, die man eine Mutter eigentlich nicht so fragt. Also insofern bin ich mehr die große Schwester."*
- *„Klar spreche ich mit ihr auch über meine Männerprobleme. Ich finde, sie kann daraus nur lernen, und mitbekommen würde sie es ja so oder so."*

Frühe Selbständigkeit und Eigenverantwortung

Häufig zeigen Eltern aus dem Hedonistischen Milieu eher ein geringes Maß an Eigenverantwortung. Eigenverantwortung ist nicht zwingend Bestandteil ihres Verständnisses von Freiheit, sondern bedeutet v. a., dass man Geld verdienen muss, einen Job haben muss, sich an einen geregelten Tagesablauf halten muss – Eigenverantwortung bedeutet in ihrer Wahrnehmung somit ein gewisses Maß an persönlicher Einschränkung.

Umso paradoxer erscheint es, dass Eigenverantwortlichkeit und **Selbständigkeit zentrale Forderungen** an das Kind sind. Es soll möglichst frühzeitig auf das Leben und die **raue Wirklichkeit** vorbereitet werden, soll möglichst schnell lernen, auf eigenen Beinen zu stehen. In vielen Fällen gilt eine frühe Selbständigkeit z. B. dann als Erfolg, wenn das Kind sich bereits in jungen Jahren selbst Frühstück machen kann.[57]

---

[57] Auch wenn Hedonistische Eltern gerne argumentieren, dass dies zum Wohle des Kindes sei, lässt sich kritisch hinterfragen, ob das *tatsächliche* Motiv nicht eher die eigene Bequemlichkeit ist.

- *„Im Leben ist nicht immer alles nett und fair, das sollen die Kinder ruhig auch früh lernen."*
- *„Ich verwöhne mein Kind nicht, es muss auch viel selbst machen."*
- *„Mir ist ganz wichtig, dass es sehr in die Selbständigkeit geht. Dass ich einfach auch mal sagen kann, das ist für mich bequemer. Ich muss einmal irgendetwas zeigen und dann kann die das selber. Auch bei einem kleineren Kind, ich muss nicht ständig alles machen. Und denen steht ja auch eine breitere Erfahrungspalette zur Verfügung, da profitieren die doch alle Male von. Finde ich."*

Neben den propagierten Erziehungszielen Selbständigkeit, Eigenverantwortlichkeit und Unabhängigkeit betonen Hedonistische Eltern Werte wie **Individualität, Offenheit, Toleranz, Kraft, Mut und Ausdauer.** Das Kind soll offen auf andere Menschen zugehen, soll sich selbst viel zutrauen, soll sich nicht einschüchtern lassen – Angst vor schädlichen sozialen Einflüssen zeigen Hedonistische Eltern hierbei selten. Eine unreflektierte Anpassung und strengen Gehorsam des Kindes lehnen sie ab. Das Kind soll lernen – hier sind sich Hedonistische, experimentalistische und Postmaterielle Eltern weitestgehend einig – sich seine **eigene Meinung** zu bilden, die Dinge kritisch zu hinterfragen und dann eine freie Entscheidung zu treffen.

- *„Die Kinder werden älter, entwickeln eine eigene Meinung und eigene Vorstellungen. Sie müssen ihr Leben leben und nicht meines nachleben."*
- *„Mit zunehmendem Alter kann ich ihr nur möglichst viele Wege, Möglichkeiten und Richtungen zeigen, die ich natürlich gut finde, und sie wählt dann mit zunehmendem Alter für sich aus, schaut für sich, was in Frage kommt und was nicht in Frage kommt. Und das muss ich auch akzeptieren."*

Abgesehen von der Forderung nach Selbständigkeit haben Hedonisten i. d. R. **keine hohen Leistungsansprüche** an das Kind. Den gesellschaftlichen Druck, der oftmals durch Lehrer oder sonstige Personen des sozialen Umfelds an einen herangetragen wird, lehnen Hedonisten ostentativ ab, ebenso eine rein materielle Ausrichtung auf die Zukunft und den späteren beruflichen Erfolg des Kindes. Mit der persönlichen Art, das Kind zu erziehen, möchten sie auch ein Statement gegen einen zu verengten Blick auf traditionelle und leistungsorientierte Werte setzen.

Hoher Medienkonsum

Sowohl Eltern als auch Kinder im Hedonistischen Milieu praktizieren einen **hohen Medienkonsum**: Sie schauen viel TV, DVDs oder spielen Computerspiele. Diese Realität wird legitimiert, indem Eltern auf die positiven Aspekte des Fernsehkonsums hinweisen: die Vermittlung von Informationen sowie die Möglichkeit, Neues kennen zu lernen. Bezüglich **Spielkonsolen** sind es z.T. auch die Eltern selbst, die sich angesprochen fühlen, so dass sich kaum eine kritische Haltung gegenüber dieser Art von Freizeitgestaltung wahrnehmen lässt. Nur selten scheinen Hedonisten im Lauf der Zeit (durch Elternschaft) ihre Gewohnheiten hinsichtlich des Medienkonsums zu verändern.

- *„Wenn ich arbeiten bin und morgens, wenn meine Freundin dann so langsam wach wird und ihren Kram so erledigen will, dann weiß die Kleine, jetzt darf sie Fernsehen gucken. Abends gucken wir auch regelmäßig ‚Die Simpsons'. Also, das ist so ein Ritual zwischen Papa und Tochter."*
- *„Ja, also, sie guckt, was bei den Teenies so angesagt ist, so Superstar, Dieter Bohlen, was haben wir denn da noch? Ja, so Vorabendserien. Eine Zeit lang waren es die Gerichts- und Krimiserien, mittlerweile guckt sie sich aber auch schon mal so Dokumentationen an."*
- *„Also, mit dem Nintendo kann man schon spielen und Computer kann man auch spielen. Das ist schon in Ordnung, das mache ich ja auch."*
- *„Eine Zeit lang war es schlimmer, war auch eine gewisse Gewohnheit früher, immer Glotze an den ganzen Tag, als das Kind noch nicht da war oder als sie noch ein Baby war. Als wir aber gemerkt haben, wie sehr sich das Kind auf den Fernseher fixiert, haben wir dann schon angefangen, ein bisschen aufzupassen."*

Leben in engen Grenzen

Die eigene ökonomische Situation setzt Hedonisten häufig relativ enge Grenzen (auch sind ihre Ansprüche z. B. hinsichtlich der eigenen Einrichtung meist nicht sehr hoch). Insbesondere bei der Grundausstattung für ein Kind sind sie oft auf Geschenke und Zuwendungen von Eltern oder Freunden angewiesen. Vor diesem Hintergrund wird versucht, einer zu fordernden, anspruchsvollen Grundhaltung des Kindes entgegenzuwirken: Das Kind soll lernen, dass **die finanziellen Möglichkeiten beschränkt** sind und nicht alle Wünsche erfüllt werden können.

- *„Sie merkt dann auch, wenn sie irgendwo echt über die Stränge geschlagen hat, das heißt ja nicht, dass sie sich alles wünscht und ich alles herbeischaffe, nur dieses unverfrorene Fordern, die orientieren sich natürlich auch an den Kindern, die mehr haben, das ist völlig klar, wir waren ja auch nicht anders."*

Auf der anderen Seite möchte man auch nicht, dass das Kind aufgrund der materiellen Situation zum **Außenseiter** wird: Bestimmte Markenkleidung und technisches

Equipment (z. B. Play Station Portable (PSP), Handy) zu besitzen, gilt als Voraussetzung, um von Gleichaltrigen anerkannt zu werden.

> • *„Wenn ich das sehe, schon Winzlinge, die sind vielleicht gerade mal im ersten Schuljahr und haben schon die Spielkonsole und das Handy und was man da sonst noch alles haben muss, um mithalten zu können."*

Generell ist, ähnlich wie bei Konsum-Materialisten, auch bei Hedonisten eine **Belohnung** häufig **erzieherisches Mittel** zum Zweck. Dabei handelt es sich meist um Süßigkeiten.

Gesellschaftspolitischer Stellenwert von Kindern: Düstere Prognosen für die zukünftige gesellschaftliche Entwicklung

Insgesamt zeigt sich in diesem Milieu ein nur **geringes Interesse an gesellschaftspolitischen Strukturverbesserungen**, stattdessen ist eher ein gewisser Fatalismus spürbar: Für die zukünftige Entwicklung Deutschlands werden aufgrund der demografischen Entwicklung eine **dramatische Lage und weitreichende Folgen für das soziale System und die solidarische Gemeinschaft** prognostiziert. Dies ist vor dem Hintergrund zu verstehen, dass Hedonisten generell Gemeinschaftswerte wie Solidarität und Hilfsbereitschaft als sehr wichtig erachten – insbesondere dann, wenn sie selbst in den Genuss entsprechender Leistungen kommen, was sie für die Zukunft jedoch nicht mehr im gewünschten Umfang gewährleistet sehen.

Unerklärlich für sie ist, warum die politisch Verantwortlichen, welche die Entwicklung wohl zur Kenntnis genommen haben, nicht längst konkret darauf reagiert haben, warum das Problem der mangelnden sozialen Sicherheit und Solidarität, das eng mit dem Thema „Kinder" verknüpft ist, nicht aktiv angegangen wird. Sie selbst fühlen sich als Eltern **bei weitem nicht ausreichend durch den Staat unterstützt**, so dass die Rahmenbedingungen für das Kinderkriegen nach wie vor problematisch sind. Selbst wenn sie für sich selbst eine **prekäre wirtschaftliche Situation** vielleicht noch akzeptieren können, so möchten sie diese dem Kind ersparen.

> • *„Es wird immer noch nicht genug in die Familien investiert. Aber die Kinder brauchen von klein auf einfach mehr Geld, eher zu viel als zu wenig. Egal, was man mit dem Kind machen will, alles kostet."*
> • *„Heutzutage kriegt man als Eltern doch nur Steine in den Weg gelegt. Vom Staat bekommt man doch praktisch null Unterstützung. Alles ist superkompliziert und viel zu bürokratisch."*

Auf persönlicher Ebene erleben Hedonisten im Alltag oft das Gefühl von **Inakzeptanz** gegenüber ihrer Lebensform und ihrem Erziehungsmodell. Zwar erhoffen sie sich durch Elternschaft partiell geradezu den Nebeneffekt, gewissen **Gefühlen des Andersseins** entgegenwirken zu können (Tendenz zur Annäherung an die gesellschaftliche Mitte, sozusagen eine „Stabilität für gesicherte Flexibilität"), was vor dem Hintergrund ihrer Lebenseinstellung völlig widersprüchlich erscheint. Letztlich zeigt dies aber nur die **innere Zerrissenheit dieses Milieus** und eine weitere Ambivalenz, mit der Hedonisten zu kämpfen haben. **Ob mit oder ohne Kind** – sie fühlen sich von ihrer sozialen Umwelt („der Gesellschaft", anderen Eltern, Lehrern etc.) **häufig ausgegrenzt**.

Außerhäusliche Betreuung: Erhalt der persönlichen Unabhängigkeit

Da berufliche Belange für Hedonisten nicht im Vordergrund stehen, ist es für Mütter meist zunächst kein Problem, nach der Geburt des Kindes zumindest anfangs befristet aus der „Tretmühle" Job auszusteigen. Die Verpflichtung „Job" wird mit der neuen Verpflichtung „Kind" getauscht. Für Hedonisten bedeutet ein Kind allerdings eine **hohe Einschränkung der persönlichen Flexibilität** – es bedeutet in gewisser Weise „Fremdbestimmung" (und dies in noch umfangreicherem Ausmaß als im Job).

In ihrer Logik wird es als massiver Eingriff in die eigenen Bedürfnisse verstanden, wenn Frauen sich dem Rhythmus und den Zeiten von Kindern ganz allein anpassen müssen. Das Kind von anderen Personen betreuen zu lassen (Freunden, den eigenen Eltern) bzw. in eine öffentliche Betreuungseinrichtung zu geben, ist daher für sie ein wesentlicher Schritt, die **eigene Unabhängigkeit** – egal ob mit oder ohne Job – zu behalten.

• *„Damit ich zwischendurch mein Ding machen kann, wechsle ich mich auch mal mit meiner Freundin ab, die ist auch Mutter. Das läuft auf einer gegenseitigen Schiene, ist aber nichts Regelmäßiges. Und dann leben zum Glück noch meine Eltern und freuen sich auch immer, wenn ich den Kleinen bei ihnen vorbeibringe."*

Dieser Erhalt der Unabhängigkeit ist allerdings umso relevanter, wenn Mütter wieder in den Job einsteigen wollen oder müssen (Alleinerziehende): Aufgrund der häufig prekären oder instabilen Beschäftigungssituationen ist eine **hohe Flexibilität notwendig, um unterschiedliche Jobangebote wahrnehmen zu können**. Betreuungseinrichtungen haben i.d.R. aber dann geschlossen, wenn Hedonistische Eltern (berufsbedingt) Bedarf an außerhäuslicher Betreuung hätten: am Nachmittag, wenn die Mutter beim Friseur aushilft, am Abend, wenn sie an der Kasse im Supermarkt sitzt. Auch wenn das Kind später in die Schule oder den Hort kommt, wird die Festlegung auf starre Betreuungszeiten als **Einschränkung für die Ausübung des Berufs** empfunden.

Generell scheinen sich Hedonistische Eltern vergleichsweise wenig Sorgen um (die Qualität der) Betreuung zu machen. Im Gegensatz etwa zu Eltern aus dem Milieu der Modernen Performer oder der Bürgerlichen Mitte streben sie eher selten eine frühkindliche Förderung des Kindes an. Im Gegenteil, **Erziehung und Förderung wird auf einen immer späteren Zeitpunkt verschoben** und so weit als möglich **delegiert**. Hedonistische Eltern sprechen diesbezüglich gerne von dem hohen Vertrauen in Betreuungseinrichtungen, das sie haben, und dass es sich dort schließlich um Profis handelt, die wissen, was sie tun. Zudem lernt das Kind im Umgang mit anderen soziales Verhalten, was sie als wichtig und wünschenswert erachten.

Bildung als notwendige Voraussetzung: Minimalansprüche

Hedonistische Eltern haben häufig eher **geringe Anforderungen** bez. des Schulabschlusses ihres Kindes. Sie selbst haben zumeist ebenfalls ein nur geringes Bildungsniveau. Anders als z. B. Konsum-Materialisten (die sich von ihren Bildungsaspirationen jedoch oftmals wieder trennen müssen) streben Hedonisten von vornherein **kein bestimmtes Bildungsziel** an. Nur vereinzelt zeigt sich die Erwartung, dass sich das Kind in der Schule mehr anstrengen soll, um später bessere Chancen auf dem Arbeitsmarkt zu haben als man selbst.

- *„Meine Freundin sieht das mit der Bildung eher locker. Die sagt z. B.: ‚Ich wäre nicht sauer, wenn unsere Tochter nur den Hauptschulabschluss schafft.' Für mich ist da aber Realschule das Minimum. Das muss einfach sein, und da werde ich sie auch hintreten. Da werde ich auch recht hart sein."*

Die meisten Eltern aus dem Hedonistischen Milieu **lehnen Leistungsdruck kategorisch ab**. Da sie sich selbst i. d. R. keinem Leistungsdruck unterwerfen, übertragen sie diesen – in diesem Fall konsequenterweise – auch nicht auf ihr Kind. Das Kind zu etwas zu zwingen, auf das es keine Lust hat, ist in ihren Augen nicht sinnvoll. Alternative Möglichkeiten, d. h. neben Zwang andere, kindgerechtere Wege einzusetzen, das Kind für etwas zu begeistern, und sein gewecktes Interesse entsprechend zu fördern, ziehen Hedonisten meist eher nicht in Betracht.

> • *„Ich lasse sie da ziemlich in Ruhe. Ich war früher ja auch nicht besser. Und wenn ich sie nicht nerve, lässt sie mich auch in Frieden."*

Die **Anforderungen der Schule** werden zumeist als **hoch** und Leistungsdefizite oder schulische Probleme als Situation erlebt, der man mehr oder weniger machtlos gegenübersteht. Unterstützung in Form von Hausaufgabenbetreuung (innerhalb der Familie oder extern) wird in diesem Milieu primär mangels Interesses, daneben aber auch mangels finanzieller Mittel kaum praktiziert.

> • *„Die ist kein Sprachtalent, muss ich zu meinem Bedauern sagen. Wenn man ihr Englisch hört, kommt man da nicht unbedingt drauf, dass es Englisch ist. Gut, ich denke, da hätte die Schule von Grund auf mehr machen müssen. Heute ist denen das wurst. Sie wundert sich teilweise selber, wie sie es geschafft hat, im Erweiterungskurs noch nicht rausgeflogen zu sein, aber ich schätze mal, dass das im Zeugnis stehen wird."*

Trotz eines insgesamt eher **verhaltenen Interesses am Thema Schule** äußern Hedonistische Eltern dennoch einige Wünsche an das Bildungssystem:

Wichtig ist ihnen, dass spezielle Fähigkeiten *in der Schule* (nicht etwa bereits zu Hause) erkannt und gefördert werden. Diametral entgegengesetzt zu Modernen Performern akzeptieren Hedonisten, dass das Kind **Stärken, aber auch Schwächen** hat. Die Förderung der Interessen des Kindes bezeichnen sie als Grundvoraussetzung, später einen Platz in der Gesellschaft zu finden. *Sie selbst* fühlen sich für diese Förderung allerdings weniger zuständig, sondern **delegieren** diese primär an **staatliche Institutionen**.

Schule sollte außerdem einen **größeren Praxisbezug** haben und sich an den realistischen Anforderungen des Lebens orientieren. Spezialisiertes Fachwissen, für das in dieser Form keine praktische Anwendung im späteren Leben gesehen wird, sollte weniger stark betont werden – hier orientieren sich Eltern des Milieus stark an ihren eigenen Berufsfeldern.

> • *„Sie hat jetzt ein Berufspraktikum absolviert, das waren drei Wochen als Papiertechnologin, Fachrichtung Karton, die musste direkt mit zupacken und ich denk, da hat sie gemerkt, das ist ihr Ding. Das ist besser als in der Schule den ganzen Tag nur rumsitzen, und da hat sie also wirklich auch was mitgenommen."*

Schließlich kritisieren Hedonistische Eltern das dreigliedrige Schulsystem, das zu einer frühen Benachteiligung bestimmter Schüler führt. Als Alternative benennen auch sie z. B. integrierte Gesamtschulen. Zudem wünschen sie sich insbesondere den Ausbau von **Ganztagsschulen**. Dies jedoch vermutlich weniger vor dem Hintergrund eines bestimmten pädagogischen Konzepts als vielmehr aufgrund **persönlicher Bequemlichkeit**.

4.   Was brauchen Eltern?

4.1   Grundsätzlich: Keine Spaltung von Eltern

Trotz unterschiedlichster Lebenslagen (von äußerst stabil bis prekär), Grundorientierungen und Wertvorstellungen erachten Eltern *milieuübergreifend* in ihrer subjektiven Perspektive eine Vielzahl von Aspekten als notwendig und optimierungsfähig, um ihre jeweilige Situation verbessert zu sehen. Der **Wunsch nach Stabilisierung und Unterstützung** (oftmals schlichtweg in Form von konkreten praktischen und funktionalen Dingen) hinsichtlich ihrer verantwortungsvollen und nicht selten als herausfordernd – z. T. auch *überfordernd* – erlebten Erziehungsaufgabe erweist sich als zentral. Über viele Milieus hinweg zeigen sich große Gemeinsamkeiten und werden ähnliche Forderungen geäußert, die jedoch hinsichtlich der Intention, des Umfangs, der Schwerpunkte, der konkreten Ausgestaltung und weiterer Details durchaus differieren können.

Daneben zeigen sich einige *milieutypische* **Need-Gaps**, die sich zwar für das jeweilige Milieu als charakteristisch darstellen, sich für Eltern anderer Milieus aber als weniger relevant oder gar irrelevant erweisen.

Grundsätzlich scheint es zentral, Maßnahmen so zu gestalten, dass die Spaltung zwischen Eltern[58] nicht weiter forciert wird.

- *„Eltern sollten gemeinschaftlicher miteinander umgehen und sich gegenseitig mehr unterstützen. Wenn ich aber immer höre, dass die einen ganz toll sind, weil sie sich rund um die Uhr ums Kind kümmern, und die anderen schlechte Eltern sind, weil sie auch noch andere Interessen haben, dann wird das nie was."*
- *„Es wird immer Eltern mit Fulltimejob geben und solche, die zu Hause bleiben. Aber es muss eben Anerkennung für beides geben."*

---

[58]   Dies wird im öffentlichen Diskurs u.a. häufig an der Differenzierung von „Selbstbetreuern" vs. „Fremdbetreuern" festgemacht. Auch die Differenzierung von „engagiert" vs. „unengagiert" (z. B. in Form sozialer Distanz zum Schulsystem) ist nicht unüblich.

4.2 Milieuübergreifende Forderungen, Wünsche und Bedürfnisse

Soziale Wertschätzung von Elternschaft

Allen Milieus gemeinsam ist der erlebte Widerspruch zwischen der Relevanz von Kindern außer für die persönliche auch für die gesellschaftliche und wirtschaftliche Entwicklung Deutschlands und dem *tatsächlichen* Stellenwert von Kindern, welchen diese bzw. Eltern de facto in der Gesellschaft erfahren. Die befragten Eltern üben deutliche Kritik an einer als (bislang) **unzureichend erlebten Unterstützung, Anerkennung und Wertschätzung durch Politik und Gesellschaft**. Sie erwarten ein deutliches Signal dahingehend, dass Familienarbeit als Arbeit und Qualifikation anerkannt wird.[59] Sie wollen in ihrer *Tiefenstruktur* eine Form von Erleichterung, die sich – neben Gelassenheit und Sicherheit – auch in einer Höherbewertung und stärkeren sozialen Wertschätzung von Elternschaft ausdrückt – einer Wertschätzung, die aus ihrer Sicht mehr beinhaltet als moralisches Schulterklopfen.

Kinderfreundliches Klima und Akzeptanz auch kinderreicher Familien

Eltern vermissen im Alltag ein **kinderfreundlich(er)es Umfeld** und **Klima**. Sie wünschen sich eine größere Offenheit und Akzeptanz in der Öffentlichkeit, sei es in Restaurants und Cafés (v. a. Leitmilieus und Experimentalisten), Wartezimmern – etwa beim Arzt – (häufig genannt in der Bürgerlichen Mitte), auf Behörden, Ämtern und Banken sowie in Supermärkten (v. a. Konsum-Materialisten und Hedonisten)[60] oder bei der Wohnungssuche (v. a. Konsum-Materialisten). Insbesondere in Bezug auf **kinderreiche Familien** sprechen alle Milieus von einer (entweder projektiv oder *tatsächlich erlebten* (Konsum-Materialisten)) **Stigmatisierung.**

---

[59] Hier nehmen sie im Gespräch gerne Bezug auf einen TV-Spot, in dessen Story auf die Frage „Und was machen Sie so? Beruflich?" mit der selbstbewussten Antwort gekontert wird: „Ich führe ein sehr erfolgreiches kleines Familienunternehmen." Dies ist sinngemäß die Botschaft und die Sichtweise, die sie sich wünschen.

[60] Solche Einrichtungen stellen häufig aufgesuchte Lebensbereiche dar, in denen das Milieu viel Zeit verbringt. Als Erleichterung würde man hier z. B. schon die Einführung von Spielecken erleben.

Soziale Akzeptanz und Kinderfreundlichkeit im persönlichen Umfeld

Für die Hedonistischen Milieus stellt Elternschaft einen noch größeren Umbruch im bisherigen Leben dar, als dies bei anderen Milieus der Fall zu sein scheint. Häufig geht mit Elternschaft der **Verlust bisheriger sozialer Kontakte** einher, da das private Umfeld i. d. R. wenig Verständnis für die neue Lebenssituation zeigt und z. T. mit **Rückzug** reagiert. Für Experimentalisten und Hedonisten – insbesondere für Frauen, da sie i. d. R. zunächst zu Hause beim Kind bleiben und dadurch weniger Außenkontakte haben – bedeutet dies ein starkes **Gefühl des „Alleingelassenseins"**. Gerade für Mütter dieser Milieus stellt sich die Frage nach sozialer Akzeptanz, Wertschätzung und Kinderfreundlichkeit daher bereits im allernächsten persönlichen Umfeld.

Dies wird noch verstärkt durch die Tatsache, dass sich **Partnerschaftsbiografien** sowohl in diesen beiden Milieus als auch im Milieu der Konsum-Materialisten teilweise **eher kompliziert** gestalten. Häufig handelt es sich um Alleinerziehende. Das **Bedürfnis nach sozialer Gemeinschaft und sozialem „Angenommenwerden"** stellt für Mütter dieser Milieus daher eine tiefe Sehnsucht dar.

Verbesserung der Vereinbarkeit von Familie und Beruf, u. a. durch adäquate gesetzliche Rahmenbedingungen

Ein zentraler Punkt, der in den Gesprächen mit Eltern aller Milieus einen prominenten Platz einnimmt[61], ist das Thema **Arbeitsmarkt und Vereinbarkeit von Familie und Beruf**. Dieser Aspekt erfährt je nach Milieuzugehörigkeit jedoch eine **unterschiedliche Bewertung**.

Während *Etablierte* persönlich eher wenig Vereinbarkeitsprobleme benennen, aber v.a. kritisieren, dass **Flexibilitätspotentiale** arbeitgeberseitig nicht genutzt werden und somit der Wiedereinstieg qualifizierter Fachkräfte erschwert wird (was die *Leistungsideologie* des Milieus verdeutlicht), erwarten *Postmaterielle* ein arbeitsmarktpolitisches Signal dahingehend, dass die **aktive Vaterrolle** nicht nur auf dem Papier, sondern *de facto* realisierbar ist. Sie kritisieren eine generelle strukturelle Rücksichtslosigkeit des Wirtschaftssystems gegenüber familiären Belangen, welche (u. a. aufgrund der mangelnden Akzeptanz von Arbeitgebern gegenüber einem Kinderwunsch) i.d.R. zu *„Entweder-oder-Entscheidungen"* führt, und fordern sowohl eine **Verbesserung rechtlicher Rahmenbedingungen** hinsichtlich der persönlichen Reali-

---

[61] Im Gespräch benannten Eltern zunächst „allgemeine" Aspekte (wie z. B. ein als wenig kinderfreundlich erlebtes Klima), bevor sie sich den für sie persönlich zentralen Aspekten widmeten.

sierung eines Kinderwunsches als auch eine **familiengerechte Personalpolitik**[62] in Unternehmen sowie eine **familiengerechte Zeitpolitik** (u. a. beiderseitige Flexibilität hinsichtlich Arbeitszeiten und Arbeitsorten (z. B. mehr Teilzeit- und Heimarbeitsplätze), eine größere Anzahl bezahlter freigestellter Tage bei Krankheit des Kindes etc.[63]). Für Postmaterielle Eltern ist der Wunsch, dass *beide Elternteile* einen gut qualifizierten Beruf ausüben *und* Familie leben, *elementar*.

Moderne Performer, Experimentalisten und Hedonisten äußern insbesondere in Bezug auf die Zeitpolitik ähnliche Vorstellungen, wobei sie sich v. a. **flexiblere Arbeitszeitmodelle**[64] und – dies betrifft primär Moderne Performerinnen – eine **Verbesserung der Berufswiedereinstiegschancen** für Mütter wünschen, z. B. durch die Bereitstellung entsprechender Teilzeitarbeitsplätze und Jobsharing-Angebote.[65] Bei *männlichen* Experimentalisten hingegen dominiert der **Wunsch nach aktiver Partizipation** am „Abenteuer" Kind und Erziehung.

Die Sorge **vor schlechter beruflicher Wiedereingliederung** bzw. sogar vor **Verlust des Arbeitsplatzes** bei Kinderwunsch ist zentral für Eltern in der *Bürgerlichen Mitte* (sofern sie nicht im öffentlichen Dienst beschäftigt sind). Insbesondere für sie erweist sich zudem der Ausbau von Heimarbeitsplätzen als persönlich hochrelevant.

---

[62] Von einer solchen erhoffen sie sich u.a. auch die Aufweichung starrer Beziehungsmuster, d. h. die Abschwächung bzw. (idealerweise) Vermeidung des Abstiegs in traditionelle Rollenmuster, und ein generelles Wegkommen vom „male breadwinner model". Auch benennen sie hier das Thema Mobbing (z. B. bei Inanspruchnahme des Babyjahres). Dr. Line Olsen-Ring, Universität Leipzig, betonte dahingegen in ihrem Vortrag „Eigenverantwortung und Solidarität unter Ehegatten im dänischen Familienrecht: Rollenleitbilder am Beispiel des Ehegüter- und Scheidungsfolgenrechts", der im Rahmen der von BMFSFJ und Max-Planck-Institut für ausländisches und internationales Sozialrecht veranstalteten interdisziplinären Tagung „Eigenverantwortung, private und öffentliche Solidarität – Rollenleitbilder im Familien- und Sozialrecht im europäischen Vergleich" am 6. Oktober 2007 in der Villa Vigoni (Italien) gehalten wurde, dass in Dänemark vielmehr jene Väter „schräg angeschaut" würden, die *keinen* Eltern- oder Erziehungsurlaub nähmen.

[63] Postmaterielle haben hinsichtlich des Pflegegesetzes konkrete Vorstellungen: zehn weitere freigestellte Arbeitstage bei einer Fortzahlung von 80 % des Gehalts.

[64] Gerade für Hedonisten sind Kinder oftmals mit flexiblen Arbeitsverhältnissen und -zeiten nur schwer zu vereinbaren. Einige Hedonisten schreckt dies vor der Aufnahme eines Arbeitsverhältnisses ab.

[65] Im Gegensatz zu Postmateriellen sprechen Moderne Performerinnen kaum von Vätern und deren zeitlicher Verfügbarkeit für die Familie.

- *„Alles, was ich in der Firma mache, könnte ich auch von zu Hause erledigen und wäre gleichzeitig bei den Kindern. Aber aus irgendwelchen Gründen geht das anscheinend nicht. Mein Arbeitgeber denkt wohl, dass er mich kontrollieren muss."*
- *„Es ist ja gesetzlich geregelt, dass sie dir sagen, sie müssen dir einen Teilzeitarbeitsplatz zur Verfügung stellen. Aber wenn die dir sagen, du darfst gerne nachmittags kommen, dann musst du ja von vornherein sagen, du kannst das nicht, weil dein Kind ja nur vormittags betreut ist oder nur bis mittags um zwei. Es gibt immer noch so diese gewissen Schlupflöcher."*

Aber auch Mütter aus dem Milieu der **Konsum-Materialisten**, insbesondere wenn sie alleinerziehend sind, bemängeln aufgrund ihrer zumeist geringen beruflichen Qualifikation und häufig **wenig kontinuierlichen Beschäftigungsverhältnisse** die Möglichkeiten, wieder in den Job einzusteigen, geschweige denn eine *neue Anstellung* zu finden. **Kinder** werden hier als echtes **Einstellungshindernis** erlebt. Aus ihrer Sicht konsequenterweise fordern sie daher vielfältige, **staatlich geförderte Ausbildungs- und Fortbildungsmöglichkeiten**, um Rückstände kompensieren und somit auf dem Arbeitsmarkt (ein gewisses) Interesse generieren zu können, sowie idealerweise die Einführung einer staatlichen Arbeitsplatzgarantie.

Letztgenannter Aspekt sowie ein **verbesserter Kündigungsschutz** sind auch eine zentrale Forderung von **Hedonisten**.

- *„Klar gibt es Kündigungsschutzgesetze, aber wenn man wirklich will, kann man die auch umgehen."*
- *„Heutzutage muss man Angst haben, seinen Job zu verlieren, wenn man sagt, ich passe jetzt zwei Jahre auf mein Kind auf. So etwas darf nicht sein. Alles andere wird dazu führen, dass die Deutschen immer weniger Kinder bekommen. Wenn es schon heißt: ‚Ich kriege ein Kind und habe somit meine Kündigung unterschrieben', das darf nicht sein. Es muss gefördert werden von der Wirtschaft und der Politik, dass es in Ordnung ist, wenn man ein Kind bekommt."*

Bezüglich Teilzeitarbeitsplätzen konstatieren Mütter dieser Milieus, dass sie nicht zum Leben ausreichen. Als Lösungsansatz sehen sie hier die **Aufstockung mit staatlichen Mitteln** bzw. die Einführung von Mindestlöhnen.

Auch bei **Experimentalisten** werden **Kinder** häufig als **Barriere** auf dem Arbeitsmarkt erlebt, dies gilt insbesondere für **Berufseinsteiger** (das Milieu befindet sich größtenteils in den ersten Jahren des Berufslebens). Die Konsequenz, dass immer weniger Menschen sich für ein Kind entscheiden, wird in diesem Milieu daher als schlichtweg logisch empfunden. Andererseits nehmen Frauen dieses Milieus Beruf und Kind *nicht in dem Maße* als konkurrierende Sphären wahr (sie üben häufig Tätigkeiten von zu Hause aus), wie dies bei anderen Milieus der Fall ist.

Verbesserung der Betreuungssituation und Reformierung des Bildungssystems

Die Relevanz von (öffentlichen) Betreuungsplätzen variiert zwischen den einzelnen Milieus. Während sich *Etablierte* und *Moderne Performer* häufig **private Arrangements** leisten, sind **kommunale Betreuungsplätze** für *Postmaterielle*, die *Bürgerliche Mitte*, *Experimentalisten* und *Hedonisten* von (hoher) **Relevanz**[66], für *Konsum-Materialisten* jedoch häufig **kaum relevant**. Doch selbst wenn Etablierte individuelle (i. d. R. teure) Betreuungslösungen favorisieren, so machen sie sich dennoch stark für die Forderungen der Eltern anderer Milieus. Diese beinhalten folgende Kernelemente:

- **Quantitativer Ausbau** von (öffentlichen und betrieblichen) Betreuungsplätzen (Krippe, Kita, Kindergarten).

- **Qualitativer Ausbau** von Betreuungseinrichtungen: höherer Personalschlüssel, höhere Qualifikation des Erzieherpersonals[67], Integration neuerer Konzepte[68] etc.

- **Längere Betreuungszeiten/innovative Zeitpolitik**, um Eltern ein höheres Maß an Flexibilität zu gewähren. Die dieser Forderung zugrunde liegende Intention unterscheidet sich jedoch zwischen den Milieus: *Etablierte* erhoffen sich Flexibilität, um u. a. Zeit für sich bzw. die Auseinandersetzung mit wichtigen (gesellschaftlichen) Themen zu *gewinnen*; *Moderne Performer* erwarten dringend benötigte Flexibilität, um ihren Job professionell ausüben zu können[69]; *Postmaterielle* wünschen sich z. T. gewisse Freiräume vor dem Hintergrund des Wunsches nach Entschleunigung und Work-Life-Balance; *Experimentalisten* und z. T. *Konsum-Materialisten* benötigen flexible Betreuungsangebote aufgrund

---

[66] Für Experimentalisten und Hedonisten spielen jedoch die Kosten einer solchen Betreuung eine zentrale Rolle – meist werden diese als zu hoch erlebt: *„Kostenlose Kindergartenplätze wären schon superwichtig. Man zahlt ja mehr für den Kindergarten, als man Kindergeld bekommt. Aber die Kinder müssen schließlich dahin."*

[67] Etablierte und Moderne Performer sprechen von „Kompetenz" (Leistungsorientierung), Postmaterielle von „Qualität".

[68] Ein Aspekt, der insbesondere für Postmaterielle und Experimentalisten von Bedeutung ist.

[69] Insbesondere Moderne Performer setzen hier für die Zukunft sehr stark auf Betriebskindergärten sowie das Angebot einer Betreuung über Nacht.

häufig unregelmäßiger, unkonventioneller Arbeitszeiten (z. B. Schichtbetrieb) oder aufgrund der Tatsache, als Alleinerziehende den Lebensunterhalt erwirtschaften zu müssen; *Hedonisten* schließlich streben ein größtmögliches Maß an persönlicher Freiheit an.

- *„Es müssten Ganztagskindergärten und grundsätzlich flexiblere Betreuungsmöglichkeiten geboten werden, was nicht heißen soll, dass das dann auch jeder den ganzen Tag nutzt. Aber dass man es bei Bedarf eben flexibel nutzen kann. Die wenigsten Berufe machen es möglich, dass man sie nur ein paar Stunden am Tag betreibt."*

Vor dem Hintergrund der **aktuellen politischen Diskussion bezüglich der Notwendigkeit von Kinderkrippenplätzen** ab dem 1. Geburtstag des Kindes[70] gibt die nachfolgende Grafik einen Überblick über die persönliche Relevanz in den jeweiligen Milieus.

Persönliche Relevanz von Kinderkrippenplätzen in den Sinus-Milieus®

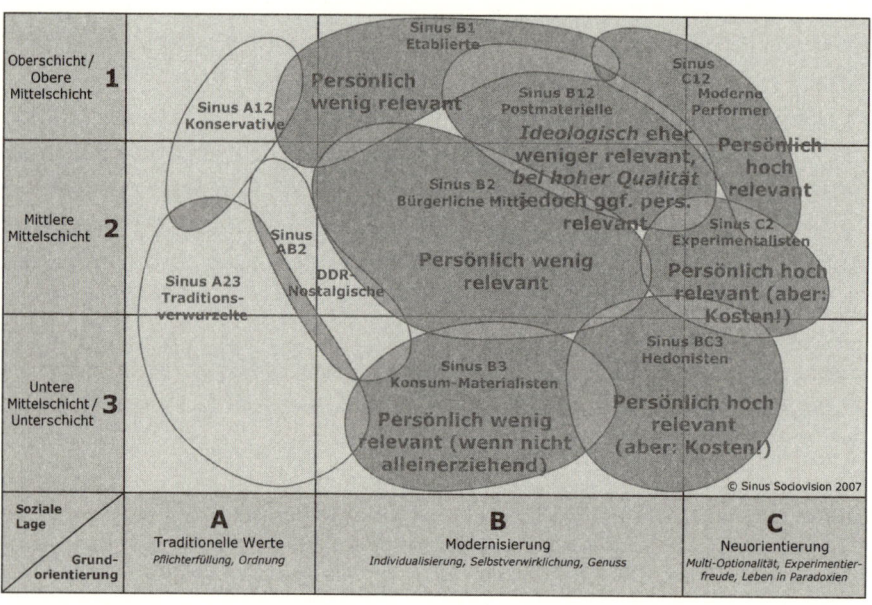

---

[70] 2013 soll der Rechtsanspruch auf einen Krippenplatz (Kinderbetreuungsausbau-Gesetz) eingelöst und die Anzahl der Betreuungsplätze für unter Dreijährige bis dahin auf 750 000 verdreifacht werden. Diese Zielmarke hat Bundesfamilienministerin Ursula von der Leyen gesetzt.

In Bezug auf das **öffentliche Bildungssystem** zeigt sich, dass die **Zustände** von einem Großteil der Milieus als **wenig hinnehmbar** erlebt werden (schlecht ausgestattete Schulen, zu große Schulklassen[71], überforderte, wenig engagierte, schlecht ausgebildete Fachkräfte, starre Strukturen, wenig innovative Konzepte etc.). Während die Kinder von *Etablierten, Modernen Performern* und z. T. der *Bürgerlichen Mitte* (sofern finanziell irgend möglich) **private oder konfessionelle** (z. T. Ganztags-)**Schulen** besuchen („qualitativ *hochwertige*, interessante und *produktive* Angebote") und ihre Eltern dabei häufig den Vergleich zu europäischen Nachbarländern ziehen (insbesondere Etablierte und Moderne Performer), äußern Eltern der anderen Milieus sehr häufig den Wunsch nach Ganztagsschulen bzw. integrierten Gesamtschulen.

Bei *manchen Milieus*, die (mehr oder weniger starke) Kritik am dreigliedrigen Schulsystem üben, findet dies oftmals vor dem Hintergrund einer generellen und kontinuierlichen Auseinandersetzung mit gesellschaftspolitischen Themen statt – sie kritisieren **mangelnde Chancengleichheit aufgrund einer frühen Selektion und bildungssystembedingte Barrieren**, welche in ihren Augen zu sozialer Immobilität führen.[72] Dass sich die Bildungspolitik der Bundesrepublik trotz vieler Modellversuche und Reformkonzepte vom dreigliedrigen, aus dem 19. Jahrhundert übernommenen, ständischen Schulsystem nie distanzieren wollte, so dass das Bildungswesen weiterhin eine starke sozialselektive Kraft besitzt, ist in ihren Augen wenig nachvollziehbar.[73]

Bei *anderen Milieus* geht es weniger um ideologische als vielmehr um primär **praktische Aspekte** (z. B. verlässliche Betreuungszeiten, keine Hortkosten, günstige Hausaufgabenbetreuung und Nachhilfe).

Nachstehende Abbildung fasst die Einstellung in den jeweiligen Milieus in Bezug auf die favorisierte Schulstruktur (dreigliedrig oder möglichst lange integriert[74]) zusammen.

[71] Um auf diese Tatsache hinzuweisen, wurden aktuell z. B. in Baden-Württemberg 54.000 Eltern-Unterschriften gesammelt und am 11.10.2007 Kultusminister Helmut Rau übergeben. Eltern beziehen sich hierbei auf Angaben des Statistischen Landesamtes, wonach z. B. in Gymnasien ein Lehrer für durchschnittlich 27 Schüler zuständig ist.

[72] Insbesondere Postmaterielle und Experimentalisten denken hier nicht nur an das eigene Kind, sondern haben sozial Schwächere mit im Blick.

[73] Vergleiche hierzu z. B. auch Hurrelmann, K.: Soziale Ungleichheit und Selektion im Bildungssystem, in: Strasser, H., und Goldthorpe, J.H. (Hg.): Die Analyse sozialer Ungleichheit, Opladen 1985.

[74] Die ggf. zu berücksichtigende Alternative der Zusammenlegung von Haupt- und Realschule ist hier nicht einbezogen.

Persönlich favorisierte Schulstruktur in den Sinus-Milieus®

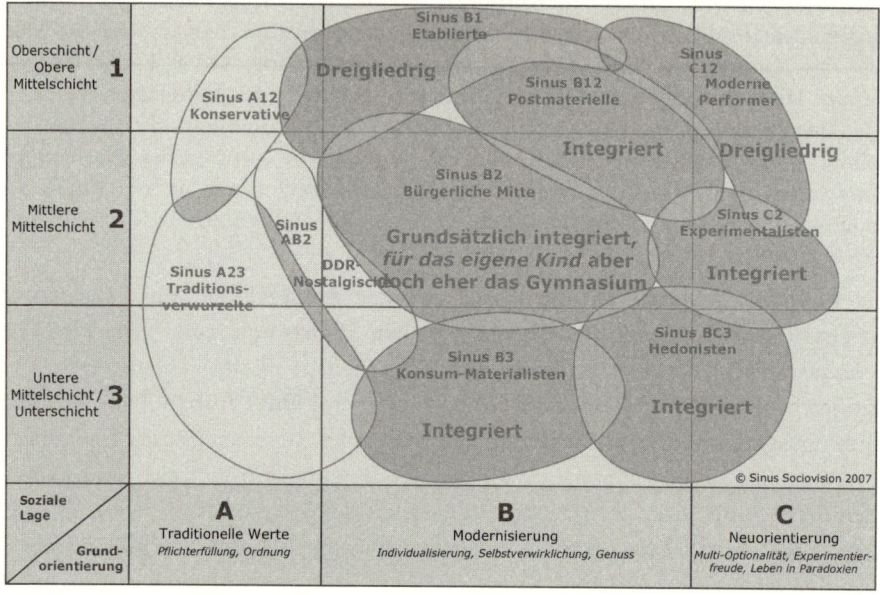

Finanzielle Wertschätzung von Elternschaft

Finanzielle Unterstützung von Elternschaft wird in allen Milieus als wichtig erachtet.
Die *gesellschaftlichen Leitmilieus* sehen hier allerdings weniger starken Bedarf
bei sich selbst (selbst die Bürgerliche Mitte *gibt sich* z. T. zunächst ostentativ selbstbewusst, auch wenn es sich hier eher um ein nach außen getragenes Selbstbild handelt[75]), sondern bewerten **finanzielle Leistungen** insbesondere **für sozial schwächere Milieus** als zentral, in denen Elternschaft häufig ein echtes **Armutsrisiko**
darstellt. Hier sehen sie es als Aufgabe des Staates, die Entscheidung von Menschen
für ein Leben mit Kindern zu unterstützen – auch auf finanzieller Ebene.

---

[75] Gerade in der Bürgerlichen Mitte existieren massive Ängste vor dem Verlust des Status quo
und werden die finanziellen Voraussetzungen für Elternschaft als immer schwieriger erlebt, so
dass Eltern dieses Milieus oftmals nur noch in ein Kind „investieren".

- *„Wir selbst sind mit unserer finanziellen Situation ziemlich zufrieden, aber es ist nicht selbstverständlich, so viel Geld zur Verfügung zu haben".*
- *„Es gibt zwar eine Grundversorgung, aber schlechter verdienende Familien können ihr Kind doch kaum in einer Krippe unterbringen, weil das einfach zu viel kostet."*
- *„Bei Hartz-IV-Empfängern wird das Kindergeld mit angerechnet – das stellt die doch vor echte Probleme!"*[76]
- *„Das Wichtigste ist materielle Sicherheit. Kinder dürfen nicht materiell abgewogen werden."*

Zudem betonen sie den Zusammenhang zwischen einer adäquaten finanziellen Wertschätzung und der **Selbst- und Fremdwahrnehmung von Erziehungsarbeit**, so dass letztlich auch hierdurch eine steigende Akzeptanz innerhalb der Bevölkerung erreicht werden könne.[77]

- *„In Schweden gibt es ein Haushaltsgeld für Mütter, die zu Hause sind. Damit ist der Beruf der Familienmanagerin, der Erzieherin und des Haushaltsvorstands aufgewertet. Es wird anerkannt, dass das Arbeit ist. Das stärkt das Selbstbewusstsein, auch wenn man wieder zurück in den Beruf möchte. Man verkauft sich dann nicht so schnell unter Wert."*

Allerdings werden **sogar in den *gesellschaftlichen Leitmilieus*** häufig **Leistungen** wie das aktuelle Kinder- und Elterngeld bzw. Steuervergünstigungen als **unzureichend** erachtet.

- *„Das Kindergeld von 150 Euro reicht doch vorne und hinten nicht aus. Und richtig teuer wird es ja dann erst später, wenn die Kinder größer werden."*
- *„Früher waren wir zu zweit und hatten zwei Einkommen. Jetzt sind wir zu sechst und haben 1½ Einkommen. Wenn ich früher acht Stunden am Tag gearbeitet habe, müsste ich jetzt rein theoretisch 48 Stunden am Tag arbeiten. 6 mal 8 macht 48."*
- *„Weitere Steuererleichterungen für Familien halte ich für unabdingbar."*
- *„Der ganze Babybedarf, die Kosten für Kindergarten und Schule, die Lernsachen ... das sollte alles steuerlich abzugsfähig sein."*

---

[76] Die Tatsache, dass der das Kindergeld ergänzende Kinderzuschlag für finanzschwache Eltern künftig statt für drei Jahre unbefristet gezahlt werden soll, mag hier ein wichtiger Schritt sein.

[77] Die mangelnde Wertschätzung von Familien- und Hausarbeit sowie die Relevanz eines eigenen Einkommens für das Selbstbewusstsein von Frauen wird u.a. auch in der „Vorwerk Familienstudie 2007" beschrieben.

Für **sozial schwächere Milieus** sehen insbesondere *Etablierte* die Notwendigkeit der **Zweckgebundenheit finanzieller Mittel**, um zu vermeiden, dass diese missbräuchlich, d.h. nicht zum Wohle des Kindes, verwendet werden.[78] Als Alternative benennen sie die Möglichkeit, die Gelder ggf. direkt in Betreuungs- und Bildungsmaßnahmen zu investieren.

Trotz der Bedeutung von finanzieller Unterstützung seitens des Staates ist es den gesellschaftlichen Leitmilieus jedoch wichtig, zu betonen, dass sich **Unterstützung nicht auf monetäre Aspekte beschränken darf**, sondern lediglich eine flankierende Maßnahme darstellen kann.

- *„Nur wegen ein paar Euro mehr bekommt noch lange niemand ein Kind. Entsprechende finanzielle Maßnahmen können nur Teil eines großen Ganzen sein."*

Finanzielle Aspekte stellen bereits in den *Mainstream-Milieus* eine **weitaus zentralere Rolle** dar: Obwohl die Bürgerliche Mitte zunächst Selbstbewusstsein demonstriert, wird deutlich, dass steuerliche Vergünstigungen bzw. direkte Zuwendungen durch den Staat als extrem wichtig erachtet werden. Auch gilt die Bemessungsgrundlage für die Besteuerung des zweiten Einkommens als zu niedrig: Häufig erscheint es **kaum** noch **lohnenswert, ein zweites Einkommen überhaupt zu erwirtschaften**.

- *„Wenn ich genau nachrechne, was mir von meinem Gehalt bleibt, da fragt man sich, ob es sich überhaupt lohnt, diese ganzen Strapazen auf sich zu nehmen."*

Im Milieu der *Konsum-Materalisten* sowie in den *Hedonistischen Milieus* schließlich, wo finanzieller Druck oftmals zentraler Bestandteil des Alltags ist, erweisen sich **staatliche Transferleistungen tatsächlich** als **elementar**. Leistungen wie das aktuelle Kindergeld, aber insbesondere das eingeführte Elterngeld („Gesetz für Besserverdienende") werden dabei stark kritisiert. Menschen dieser Milieus haben das Gefühl, dass bisherige Transferleistungen nicht gezielt genug verteilt werden und bei den Bedürftigen zu wenig ankommt.

Insbesondere *Konsum-Materialisten* sehen in Bezug auf monetäre Aspekte darüber hinaus Optimierungspotential hinsichtlich einer Senkung der Mehrwertsteuer, die in die-

---

[78] Etablierte haben starke Vorbehalte gegenüber etwaigen „Sozialschmarotzern", die „dem Staat auf der Tasche liegen".

sem Milieu als besondere Belastung für Geringverdiener empfunden wird. Gleichermaßen wichtig scheint in diesem Milieu die **Bezuschussung zu Schulmitteln** (z. B. Büchern, Mittagessen in Ganztagsschulen)

> • *„Wenn der Staat die Schulbücher bezahlen würde, wäre das schon eine echte Erleichterung.“*
> • *„Das Mittagessensgeld für die Ganztagsschule ist einfach viel zu teuer.“*

Berücksichtigung von Anrechnungszeiten im Renten- und Sozialversicherungssystem

Mit Ausnahme der Modernen Performer, die dies nicht explizit benennen, erwarten **Mütter** sowohl der *gesellschaftlichen Leitmilieus* als auch der *Mainstream-Milieus* eine adäquate Anerkennung von Familienarbeit hinsichtlich **renten- und sozialversicherungsrelevanter Berücksichtigungszeiträume**.

Diese Forderung ist **besonders ausgeprägt** in der *Bürgerlichen Mitte*, wo die Erwerbsarbeit (sofern die Mutter arbeiten geht) häufig auf Basis von Teilzeit- oder 400-Euro-Tätigkeiten stattfindet und in Anbetracht temporärer außerhäuslicher Betreuung dann meist ein **Nullsummenspiel** darstellt. Vor diesem Hintergrund erwarten Frauen der Bürgerlichen Mitte zumindest bezüglich ihrer Rentenanwartschaft entsprechende Rahmenbedingungen. Konkret sollen die Kosten der Kindererziehung und Ausbildung im Laufe der Jahre berücksichtigt werden, aber auch der Anteil an Steuern und Abgaben, die jedes Kind im späteren Verlauf seines Lebens erwirtschaftet.

> • *„Wenn es in Zukunft überhaupt noch eine Rente gibt, dann ist das ausschließlich uns Eltern zu verdanken. Aber die Erziehungsarbeit wird einem nicht mal angerechnet.“*

Hingegen wird diese **Forderung** in den *Hedonistischen Milieus* **kaum geäußert**: Langfristiges Planen in die Zukunft und diesbezügliche Sorgen scheinen wenig ausgeprägt oder werden „bewusst unbewusst" zur Seite geschoben. Hedonisten denken eher an das, was unmittelbar bevor steht; Experimentalisten haben das Selbstvertrauen, ihren Weg auch noch in höherem Alter zu gehen („Das große Geld mit 50 Jahren").

Kontinuierliche pädagogische Unterstützung

In den *gesellschaftlichen Leitmilieus* (insbesondere bei Etablierten und Modernen Performern) zeigt sich insgesamt ein vergleichsweise **geringer persönlicher**

Bedarf an pädagogischer Unterstützung.[79] Fachlich hilfreiche Informationsange-
bote und professionelle Beratung werden gezielt dann in Anspruch genommen,
wenn es notwendig erscheint.

Für *bildungsferne Schichten*, deren Kinder auf der Schattenseite des Lebens stehen, sehen jedoch sowohl diese Milieus als auch die Bürgerliche Mitte die **Notwendigkeit von Informationsangeboten und einer kontinuierlichen Betreuung**
durch kompetente Einrichtungen (z. B. Jugendämter), um problematische Konstella-
tionen frühzeitig zu erkennen und entsprechende Hilfsangebote zu unterbreiten.

- *„Freiwillige, vielleicht sogar verpflichtende Kurse für Eltern zum Thema Erziehung wären
  eigentlich gar nicht so schlecht. Leider gibt es viel zu viele Menschen, die als Elternteil keine
  Ahnung haben, wie man sich richtig verhält."*
- *„Man sollte Eltern, die mit der Erziehung ihrer Kinder überfordert sind, dringend zur Seite
  stehen."*
- *„Mehr Unterstützung vom Staat für Eltern, die der Aufgabe der Erziehung ihrer Kinder
  hilflos gegenüberstehen."*
- *„Alle, die Bedarf haben, sollten eine entsprechende Ausbildung zu Erziehungsfragen bekommen und lernen, welche Folgen es hat, wenn Kinder falsch erzogen werden."*

Konsum-Materialisten selbst zeigen i. d. R. eine **hohe Abwehr** hinsichtlich pädagogischer Unterstützung und Informationen.[80] Obwohl gerade sie (wie auch Eltern
aus dem Hedonistischen Milieu, v. a. Hedonisten) einer besonderen Stärkung bedürfen, Antworten auf vielfältige Fragen sowie ein Netzwerk an verlässlicher Hilfe und
teilweise Schutz benötigen, vermeiden sie es meist, sich bezüglich ihrer Erziehungsarbeit in die Karten schauen zu lassen. Fände man hier einen entsprechenden
Zugang, so könnten unter Umständen entsprechend ausgebildete **Familienhelfer**
Unterstützung bieten, aber auch die **Einbindung in kostengünstige Krippen- und
Kindergartenprogramme** bis zum Schuleintritt würde voraussichtlich eine kindliche Förderung begünstigen.[81]

---

[79] Postmaterielle sind hinsichtlich professioneller Unterstützung ausgesprochen vorausplanend
      und informieren sich kontinuierlich und umfassend zu diesem Themenbereich.

[80] Eine Ausnahme bezüglich der Akzeptanz von Informationsmaterial stellen Broschüren von
      Krankenkassen (z. B. zu Schwangerschaft und Geburt), der Polizei (z. B. zu strafrechtlichen
      Aspekten) sowie zu generellen (finanziellen) Fördermöglichkeiten seitens des Staates dar. Eine
      Auseinandersetzung mit der Thematik „Kinder großziehen" und den damit einhergehenden
      Aufgaben findet hingegen kaum statt.

[81] Das bisherige Angebot an Krippenplätzen wird in diesen Milieus kaum genutzt, z. T. *auch* auf-
      grund monetärer Erwägungen.

Hedonisten gehen mit der Thematik **professioneller Unterstützung** deutlich **offener** und entspannter um. Sie selbst greifen jederzeit auf Unterstützung zurück, wenn diese für sie selbst Entlastung und mehr Freiraum bedeutet. Eine **qualifizierte, gut organisierte Betreuung** durch pädagogische Fachkräfte könnte auch hier unter Umständen etwaige **Erziehungsdefizite ausgleichen**, welche durch ein Gefühl der **Überforderung** und des Zeitmangels entstehen.

Für die Akzeptanz grundsätzlich zentral ist hierbei ein **nahbares, nicht moralisierendes**, anklagendes[82] oder belehrendes und zudem **kostenfreies Unterstützungsangebot.** Dieses sollte auf Augenhöhe stattfinden und unbürokratische, unkomplizierte, schnelle, praktische und konkrete Hilfestellung in Form einfacher Handlungsanleitungen bieten.

- *„Na ja, wenn man bei Problemen wie ADS schnell und unkompliziert Hilfe bekommt, dann wär das schon ganz gut.“*
- *„Mir ist das oft alles zu viel mit dem Haushalt, den Kindern und der Arbeit. Ich würd mir jemanden wünschen, der mal für mich da ist und zuhört oder auch mal gute Tipps gibt, aber halt welche, die ich auch gebrauchen kann.“*

4.3 Milieuspezifische Bedürfnisse und Optimierungswünsche

Freizeitangebote

Während alle zuvor genannten Aspekte milieuübergreifend benannt wurden, erweist sich das Thema Freizeitangebote als *milieuspezifischer* Need-Gap. Insbesondere die *Bürgerliche Mitte* und die *Konsum-Materialisten*, aber auch die *Hedonistischen Milieus* wünschen sich ein größeres Angebot an (intakten, nicht verwahrlosten) **Kinderspielplätzen** und **Grünflächen**, an preiswerten **Erlebnisparks** (v. a. Konsum-Materialisten und Hedonisten) sowie **Sportvereinen**[83]**, Musik- und Kunstschulen** (v. a. Bürgerliche Mitte, Konsum-Materialisten und Experimentalis-

---

[82] Das Jugendamt wird insbesondere im Milieu der Konsum-Materialisten momentan eher als Überwachungsinstanz erlebt, die wenig willkommene Erziehungs*vorschriften* macht.

[83] Das Vereinswesen spielt im Milieu der Bürgerlichen Mitte eine zentrale Rolle bei der Freizeitgestaltung.

ten[84]) – und dies in unmittelbarer Nähe, um längere Fahrten durch die Stadt zu vermeiden. Die Kinder (mit Ausnahme der Bürgerlichen Mitte) sollten in der Lage sein,
zu diesen Einrichtungen ggf. auch alleine zu gehen. Hier sehen sie den Staat in der
Pflicht, mit entsprechenden Subventionen dafür Sorge zu tragen, dass den jeweiligen
Kommunen dies ermöglicht wird.

> • *„Mehr Grünanlagen ohne die Gefahr durch Autos, mehr Möglichkeiten, sich für die Kinder
> auszutoben, das erwarte ich von einer kinderfreundlichen Politik."*

Große Unzufriedenheit bezüglich des Freizeitangebots herrscht bei **Konsum-
Materialisten** und **Hedonisten** zudem während der **Kindergarten- und Schulfe-
rien**, da Familienurlaube finanziell oft nicht möglich sind. **Ferienprogramme** privater oder kommunaler Anbieter (z. B. Jugendreisen) würden hier eine willkommene
Alternative bieten, werden aber als unbezahlbar erlebt.

> • *„Preiswerte Freizeitangebote in den Ferien wären eine gute Sache."*
> • *„Wir würden gerne auch einfach mal nur alle zusammen in den Urlaub fahren können, aber
> das ist nicht drin. Und dass alle Familien gleiche finanzielle Möglichkeiten für einen Urlaub
> bekommen, ist wohl mehr ein Traum. Aber zumindest die Kinder sollten die gleichen Rechte
> haben."*

Innerhalb der **Leitmilieus** hat das Thema **organisierte Freizeitangebote** hingegen
kaum persönliche Relevanz. Diese Milieus gestalten ihre Freizeit selbständig und
i.d.R. jenseits finanzieller Erwägungen. Häufig verfügen Eltern dieses Milieus über
ein Haus mit Garten, so dass auch der persönliche Bedarf an Spielplätzen und Grünflächen nicht in dem Maße gesehen wird (Postmaterielle stellen hier eine Ausnahme
dar), wie das bei den weiter oben genannten Milieus der Fall ist.

Die Leitmilieus fordern allerdings ein Mehr an staatlicher Unterstützung in Bezug
auf die Gewährleistung der **Partizipation von Kindern sozial schwächerer
Milieus** z. B. bei Klassenfahrten, schulischen Angeboten sowie generellen kulturellen Veranstaltungen (z. B. Kindertheater), aber auch hinsichtlich ermäßigter Tarife
für beispielsweise Schwimmbad- oder Zoobesuche.

---

[84] Hedonisten hingegen nutzen selten institutionelle oder organisierte Freizeitangebote, setzen
sich damit auch kaum auseinander. Gleichzeitig wünschen sie sich aber mehr Unterstützung
und persönliche Freiräume.

Kinder aus **sozial schwächeren Milieus** sehen in ihrer Freizeit häufig **TV** oder spielen **PC-Spiele**, wobei sich vermuten lässt, dass sie dies *nicht nur* mangels alternativer Beschäftigungsmöglichkeiten tun, sondern auch, weil ihnen diese Art der Freizeitgestaltung im Alltag von ihren Eltern *vorgelebt* wird. Dies könnte nun zu der Annahme führen, dass eine Verbesserung des Angebots einen Teil der Kinder und Jugendlichen möglicherweise gar nicht erreichen würde. Andererseits scheint es aber *gerade* **für diese Kinder notwendig, Alternativen aufgezeigt zu bekommen**, die ihnen ihre Eltern oftmals nicht bieten können.

5.   Methodensteckbrief

5.1   Methodisches Vorgehen

Um ein umfassendes Bild zu den Fragestellungen zu erhalten und alle relevanten – manifesten und vorbewussten – Einstellungsdimensionen zum Thema zu erfassen, wurden im Rahmen der **qualitativ-ethnomethodologischen Untersuchung** als Erhebungsmethode **narrative Inhome-Einzelexplorationen** eingesetzt. Ein solches Einzelinterview war für die Dauer von zwei Stunden konzipiert, dauerte aufgrund des Gesprächsbedarfs der Befragten i. d. R. aber deutlich länger, z. T. bis zu vier Stunden.

Die Gesprächsführung erfolgte themengestützt anhand eines Gesprächsleitfadens, in der Fragestellung jedoch offen und nondirektiv, sowie unter Einsatz assoziativer und projektiver Erhebungstechniken. Die Gespräche wurden zunächst sehr frei geführt, wobei der Gesprächspartner die inhaltlichen Schwerpunkte setzte. Der Interviewer folgte den Ausführungen und stellte vertiefende Fragen.[85] Im weiteren Gesprächsverlauf wurden dann schrittweise alle verbleibenden Fragestellungen gezielt angesprochen.

Alle Ergebnisse wurden auf Tonband aufgenommen, auszugsweise transkribiert und anschließend mit verschiedenen Verfahren der sozialwissenschaftlich hermeneutischen Rekonstruktion in verschiedenen Auswertungsphasen analysiert. Methodologische Basis hierfür waren die Ethnomethodologie, die Grounded Theory, die Triangulation sowie Technik narrativer Interviews.[86] Die Analyse orientierte sich an folgenden Deutungsebenen:

---

[85]   Aufgrund dieser Vorgehensweise besitzen die aus diesen Gesprächen abgeleiteten Befunde ein hohes Maß an Authentizität.

[86]   Glaser, B.G., und Strauss, A.L.: The Discovery of Grounded Theory, Chicago 1967./Glaser, B.G.: Basics of Grounded Theory Analysis. Mill Valley, CA. 1992./Strübing, J.: Grounded Theory. Zur sozialtheoretischen und epistemologischen Fundierung des Verfahrens der empirisch begründeten Theoriebildung. Wiesbaden 2004./Flick, U.: Triangulation. Eine Einführung. Wiesbaden 2004./Bohnsack, R.: Rekonstruktive Sozialforschung. Einführung in qualitative Methoden. Opladen 2007, S. 13–30; S. 105–154./Honer, A.: Einige Probleme lebensweltlicher Ethnographie. Zur Methodologie und Methodik einer interpretativen Sozialforschung. In: Zeitschrift für Soziologie, Jg. 18, Heft 4, S. 297–312./Soeffner, H.G., und Hitzler, R.: Qualitatives Vorgehen – „Interpretation". In: Enzyklopädie der Psychologie. Methodologische Grundlagen der Psychologie. Göttingen 1994, S. 98–136./Schütze, Fritz: Zur Hervorlockung und Analyse von Erzählungen thematisch relevanter Geschichten im Rahmen soziologischer Feldforschung. In: Arbeitsgruppe Bielefelder Soziologen (Hg.): Kommunikative Sozialforschung. München 1976, S. 159–260.

- **Kommunikativ orientierte Deutung**: Was wurde gesagt? Was wurde nicht gesagt? → Semantische Analyse von manifesten und latenten Sinngehalten.

- **Funktional orientierte Deutung**: Welche Absicht verfolgten die Teilnehmer? Welche Wirklichkeitsbilder sollten erzeugt werden? Welchem Zweck dient dies? → Analyse von manifesten und latenten Gründen und Motiven.

5.2 Stichprobe

Die Ergebnisse der vorliegenden Untersuchung sind **repräsentativ** in dem Sinne, dass die für Eltern aus verschiedenen Milieus relevanten Motive, Einstellungsdimensionen, Wahrnehmungsfacetten und Visionen festgestellt wurden und in ihrem Sinn- und Lebenswelt-Zusammenhang verstehbar werden.

Empirische Grundlage der *qualitativen Untersuchung* sind

- **N = 100 Interviews**, jeweils 50 mit Müttern und 50 mit Vätern von Mädchen und Jungen im Alter von 0 bis 16 Jahre unter Berücksichtigung eines regionalen Splits (Nord-Süd, Ost-West, Stadt-Land).

- Es wurden typische Vertreterinnen und Vertreter aus verschiedenen sozialen Lagen, sozialen Milieus (nach dem **Sinus-Milieu-Modell**) und mit unterschiedlichem Schulabschluss rekrutiert. Hierbei wurden die Milieus im Werteabschnitt „B" – Etablierte, Postmaterielle, Bürgerliche Mitte und Konsum-Materialisten – sowie im Werteabschnitt „C" – Moderne Performer, Experimentalisten und Hedonisten – untersucht.[87]

Die Einzelinterviews wurden von speziell geschulten Mitarbeiterinnen und Mitarbeitern des Instituts Sinus Sociovision geführt.

Begleitend zur qualitativen Untersuchung fand eine *quantitativ repräsentative Erhebung* mit Eltern von Kindern im Alter von 0 bis 17 Jahre im Haushalt statt. **Basis sind hier N = 502 Fälle.**

---

[87] Die Milieus im Werteabschnitt „A" (Konservative, Traditionsverwurzelte und DDR-Nostalgische) wurden insofern nicht berücksichtigt, als der Altersschwerpunkt der Milieuangehörigen hier deutlich höher liegt und ihre Kinder demzufolge i. d. R. auch bereits älter sind.

Autoren und Herausgeber

Dr. Michael Borchard, Leiter der Hauptabteilung Politik und Beratung der Konrad-Adenauer-Stiftung

Christine Henry-Huthmacher, Koordinatorin für Frauen- und Familienpolitik der Konrad-Adenauer-Stiftung

Tanja Merkle M.A., Soziologin, Senior Research & Consulting, Sinus Sociovision

Dr. Carsten Wippermann, Soziologe, Unitleiter Soziales und Umwelt, Sinus Sociovision

Mitglieder der Sachverständigenkommission für die Studie „Eltern unter Druck"

Thomas Becker
Leiter der Katholischen Sozialethischen Arbeitsstelle in Hamm

Prof. Kurt Hahlweg
Professor an der Technischen Universität Braunschweig;
Abt. Klinische Psychologie, Psychotherapie und Diagnostik

Marie-Luise Lewicki
Chefredakteurin der Zeitschrift „Eltern"

Dr. Thomas Meyer
Universität Siegen, Fachbereich Soziologie

Prof. Dr. Norbert Schneider
Professor für Soziologie an der Johannes-Gutenberg-Universität Mainz

Dr. Martin Textor
Leiter des Instituts für Pädagogik und Zukunftsforschung in Würzburg

Dr. Ilse Wehrmann
Sachverständige für Frühpädagogik

Die Mitglieder der Sachverständigenkommission standen dem Projektteam bei Diskussionen von Methodik, Inhalten und Ergebnissen der Studie beratend zur Seite.
Für die außerordentlich konstruktive Zusammenarbeit und Unterstützung sei allen Mitgliedern der Sachverständigenkommission herzlich gedankt.

Projektleiterin

Christine Henry-Huthmacher
Koordinatorin für Frauen- und Familienpolitik, Hauptabteilung Politik und Beratung der Konrad-Adenauer-Stiftung, Sankt Augustin

Projektmitarbeiterin

Elisabeth Hoffmann
Projektreferentin für Frauen- und Familienpolitik, Hauptabteilung Politik und Beratung der Konrad-Adenauer-Stiftung, Sankt Augustin

Kontinuität und Wandel der Familie in Deutschland

Eine zeitgeschichtliche Analyse

Herausgegeben von Rosemarie Nave-Herz

Bd. 19 aus der Reihe „Der Mensch als soziales und personales Wesen" (hrsg. v. L. Krappmann, K. A. Schneewind und L. A. Vaskovics)

2002. VIII/342 S., kt. 34,– €. ISBN 978-3-8282-0218-4

Im vorliegenden Band werden die Veränderungen der Familie in Deutschland seit dem Zweiten Weltkrieg bis zur Gegenwart nachgezeichnet, und zwar im Hinblick auf die (alte) Bundesrepublik, auf die DDR und auch auf das vereinigte Deutschland.

Neben den innerfamilialen Wandlungsprozessen werden ausgewählte familiale Rahmenbedingungen in ihren zeitgeschichtlichen Veränderungen und ihren Auswirkungen auf das Familiensystem thematisiert, z.B. das Familienrecht, das Schulsystem, der Erwerbsbereich, die wohnungsmäßige und mediale Umwelt, die verwandtschaftlichen und freundschaftlichen Netzwerke.

Die Analyse schließt zudem die Migrantenfamilien in Deutschland und ihre Wandlungsprozesse während der letzten dreißig Jahre ein. Insgesamt zeigt der Band, dass die Familie ein komplizierter Wirkungszusammenhang zu begreifen ist, für den im Zeitablauf gleichermaßen Kontinuität und Wandel gilt.

Inhalt

 *Stuttgart*

Entwicklung in sozialen Beziehungen

Heranwachsende in ihrer Auseinandersetzung mit Familie, Freunden und Gesellschaft

Hrsg. von Beate H. Schuster, Hans-Peter Kuhn und Harald Uhlendorff

Der Mensch als soziales und personales Wesen Bd. 21 (Hrsg. L. Krappmann und K. A. Schneewind)

2005. VI/330 S., kt. 36,– €. ISBN 978-3-8282-0340-2

Entscheidende Impulse für die Individualentwicklung von Kindern und Jugendlichen geben die vielfältigen sozialen Beziehungen, in die die Heranwachsenden durch regelmäßige zwischenmenschliche Interaktionen eingebunden sind. Aus einer solchen Forschungsperspektive, die der US-amerikanische Kinder- und Jugendforscher James Youniss als relational bezeichnet hat, steht der Heranwachsende in seinen sozialen Beziehungen im Zentrum des Interesses.

Die hier versammelten theoretischen Beiträge, Überblicksartikel und aktuellen empirischen Studien knüpfen an die Schriften von James Youniss an und machen seinen Ansatz und dessen Weiterentwicklungen in ihrer ganzen Breite deutlich. Die Beiträge im ersten Teil des Buches befassen sich mit der sozialen Einbindung von Kindern in Familie und Freundeskreis, wobei auch deutlich wird, welche Folgen ein Misslingen der individuellen Arbeit an sozialen Beziehungen haben kann. Im zweiten Teil wird der Fokus auf die erweiterten Handlungsspielräume im Jugendalter in den Bereichen Schule, Freizeit, Beruf und Liebesbeziehungen gelegt. Die Beiträge im dritten Teil erweitern diese Perspektive auf den Bereich des sozialen und politischen Engagements von Jugendlichen.

Sozialisationstheorie interdisziplinär

Aktuelle Perspektiven

Hrsg. von Dieter Geulen und Hermann Veith

Der Mensch als soziales und personales Wesen Bd. 20 (Hrsg. L. Krappmann und K. A. Schneewind)

2004. 384 S., kt., 36,– €. ISBN 978-3-8282-0273-3

Die Diskussion über Sozialisation ist ungebrochen aktuell. Die einschlägige Literatur boomt und das Paradigma erscheint erklärungskräftig. Übereinstimmend wird der Sozialisationsbegriff zur Bezeichnung der „Epigenese menschlicher Subjekte in ihrer komplexen Interaktion mit den materiellen, sozialen und kulturellen Bedingungen der jeweiligen gesellschaftlichen Umwelt" verwendet. Gleichwohl gibt es Auffassungsdifferenzen hinsichtlich der Begrifflichkeit und Methodologie. Klärungsbedürftig ist noch immer, was genau sich an der "Schnittstelle" von Subjekt und Umwelt abspielt, welche psychogenetischen Faktoren und Dynamiken und welche gesellschaftlichen Bedingungen dabei wirksam sind. Bisher vorliegende Forschungsarbeiten sind meist disziplinär begrenzt und lassen einen genuin interdisziplinären Ansatz oder eine entsprechende Kooperation vermissen. Dies ist die Ausgangsproblematik des vorliegenden Bandes. In ihm sind unter dem programmatischen Titel "Sozialisationstheorie interdisziplinär" Beiträge bestens ausgewiesener Autoren versammelt, die sowohl die Aktualität dieser Forschungsperspektive dokumentieren als auch die Vielfalt der für das Thema relevanten Problem- und Fragestellungen reflektieren. Auf diese Weise wird deutlich, wie breit das Thema gefächert ist, aber auch, dass wir von einer übergreifenden, integrierenden Theorie der Sozialisation noch weit entfernt sind.

  *Stuttgart*

Dramaturgie von Entwicklungsprozessen

Ein Phasenmodell für professionelle Hilfe im psychosozialen Bereich

von Tilly Miller

Dimensionen sozialer Arbeit und der Pflege Band 10

2006. VI/134 S., kt. 22,- €. ISBN 978-3-8282-0366-2

Professionelle Hilfe im sozialen Bereich geht in der Regel mit der Erwartung einher, Menschen in ihren Entwicklungsprozessen zu unterstützen, um verbesserte Lebenssituationen zu erwirken.

Was meinen wir aber, wenn wir von Entwicklung sprechen? Was ist der Unterschied zwischen Entwicklung und Veränderung? Wie verlaufen Entwicklungsprozesse und was sollten Professionelle im psychosozialen Bereich wissen, um Entwicklungsprozesse hilfreich begleiten und unterstützen zu können?

Vorliegendes Buch gibt vor dem Hintergrund einer systemischen Sichtweise Antworten auf die gestellten Fragen und bietet ein Phasenmodell, das Entwicklungsprozesse in ihren typischen Verlaufsdynamiken zu beschreiben vermag. Darauf bezogen folgen Überlegungen für das professionelle Handeln. Angesprochen sind insb. SozialarbeiterInnen, BeraterInnen, SupervisorInnen, Coaches, MediatorInnen, Studierende und Lehrende helfender Berufe.

Inhaltübersicht

LUCIUS & LUCIUS *Stuttgart*